정신분석학부터
인지심리학까지,
아이들의 마음을 이해하는
심리학 콘서트

심리학
교실을
부탁해

정신분석학부터
인지심리학 까지,
아이들의 마음을 이해하는
심리학 콘서트

심리학
교실을
부탁해

2016년 3월 21일 처음 펴냄
2023년 8월 1일 5쇄 펴냄

지은이 양곤성
펴낸이 신명철
편집 윤정현
영업 박철환
관리 이춘보
디자인 최희윤
펴낸곳 (주)우리교육
등록 제 313-2001-52호
주소 03993 서울특별시 마포구 월드컵북로 6길 46
전화 02-3142-6770
팩스 02-6488-9615
홈페이지 www.urikyoyuk.modoo.at

ⓒ양곤성, 2016
ISBN 978-89-8040-693-7 03180

이 도서의 국립중앙도서관 출판시도서목록(CIP)는
e-CIP홈페이지(http://www.nl.go.kr/ecip)에서 이용하실 수 있습니다.
(CIP 제어번호:CIP2016006439)

정신분석학부터
인지심리학까지,
아이들의 마음을 이해하는
심리학 콘서트

심리학
교실을
부탁해

양곤성 지음

우리교육

삶을 세 단어로 정의해 보라고 한다면 사람마다 여러 가지로 대답할 수 있을 것입니다. 저는 그중에 하나를 들어 얘기해 보라 하면 인생은 만남, 나눔, 그리고 떠남이라고 정의해 보고 싶습니다. 그리고 삶의 연장선에서 우리 삶의 핵심 영역인 교육 역시 만남, 나눔, 떠남의 관점에서 이해해 볼 수 있습니다.

우리는 태어나서 살아가면서 부모, 형제, 친구, 선생님, 동료, 이웃들을 만나고, 지식, 정보, 음식, 이야기 등 다양한 나눔을 경험하고, 그리고 떠나게 됩니다. 만남에는 좋은 만남도 있고, 때로는 차라리 만나지 않았으면 좋았을, 좋지 않은 만남도 있습니다. 우리의 학교 교육 현장에서 교사와 학생 간, 학생과 학생 간 좋은 만남이 이루어질 때 지적, 정서적, 사회적, 영적 등, 전인적 측면에서 좋은 것들을 나눌 수 있습니다. 그러한 만남과 나눔 속에서 성장이 있고 발달이 있습니다. 그리고 행복을 찾아서 나아갈 힘을 얻으며 또 다른 더 좋은 만남을 위해서 떠날 수 있게 됩니다. 그러나 좋지 않은 만남을 경험할 때 그로 인한 상처, 아픔, 분노, 미움, 적개심, 좌절과 우울, 무력감 등을 경험하게 됩니다. 이로 인해 본인이 원하지 않았던 부정적 만남과 떠남이 반복되는 악순

환을 경험하기도 합니다.

우리의 학교 현장이 더 좋은 만남과 나눔 그리고 떠남을 위한 교육 현장이 되었으면 좋겠습니다. 더 좋은 만남과 나눔을 가져오기 위해서는 이를 가능하게 하는 지식과 방법, 역량의 개발이 필요합니다. 이는 학생에게도 필요하지만 일차적으로 교육의 중요한 주체인 선생님에게 특히 필요한 자질입니다. 이런 측면에서 《심리학 교실을 부탁해》는 학교 교육의 핵심 장면인 교실에서 더 좋은 만남과 나눔, 그리고 더 좋은 만남을 위한 떠남을 창조하기 위해서 필요한 지식, 방법과 실례들을 엿볼 수 있습니다. 선생님들이 자신과 자신의 교실, 학생들을 돌아보며 성찰하고 통찰력을 얻는 데 유익한 책이라고 봅니다.

함께 춤을 추기 위해서는 서로 호흡과 보조를 맞추어야 합니다. 더 멋지고 아름다운 춤을 추기 위해서 서로가 그리고 모든 사람이 만족할 수 있는 춤을 추기 위해서 서로를 알고 이해하고 보조를 맞추는 작업이 필요합니다. 학교 교육 현장에서 학생과 교사 모두가 만족할 수 있는 아름다운 배움이라는 춤을 추기 위해서는 일방적, 지시적 생활지도나 교육이 아닌 돌봄과 공감적 이해, 그리고 회복의 생활지도와 교육의 필요성이 절실히 요구됩니다. 오늘날 이러한 필요성에 대해서는 학생도, 학부모도 그리고 선생님도 모두 동의하고 있을 것입니다. 문제는 이를 위한 구체적 지식, 방법, 실행과 실제입니다.

《심리학 교실을 부탁해》를 저술한 양곤성 선생님은 대학원에서 상담 교육을 전공한 선생님으로서 심리학과 상담의 개념, 지식, 원리들을 적절히 활용하여 실제 학교 교실 현장의 경험을 이야기식으로 풀어서 생생하고 솔직하게 기술하고 있습니다. 그래서 읽는 사람들이 쉽게 이해하고 공감하며 자신을 돌아보고 통찰을 얻게 하고 있습니다. 학교 선생님이라면 누구나 겪을 수 있고 고민하며 씨름을 하게 될 문제들을 솔직하게 기술하면서 이를 어떻게 이해하고 대처하며 풀어 나갔는지를 상담과 심리학의 개념, 지식, 방법과 원리들을 적확하게 사용하여 이야기하고 있습니다. 평소 상담이나 심리학 지식을 어렵게 생각했던 독자들도 쉽게 이해하고 공감할 수 있게 기술한 점이 인상적입니다. 이에 학교 현장으로 나갈 준비를 하고 있는 예비 교사, 미래 세대를 잘 준비시키기 위해서 오늘도 학교 현장에서 씨름하고 있는 현직 교사, 누구보다도 우리의 아동, 청소년 학생들의 행복을 소망하고 애쓰는 학부모님들에게 일독을 적극 권합니다.

　아무쪼록 이 작은 책의 시도가 우리 학교 교실 현장에 행복의 작은 파장을 일으키는 나비효과를 가져와 선생님과 학생, 학생과 학생, 그리고 더 나아가 학생과 학부모 간에 더 좋은 만남과 나눔을 통해 건강한 자아, 관계, 학습 공동체를 만들어 가고, 더 좋은 만남과 나눔을 위해 행복한 떠남을 가져오는 촉매 역할을 할 수 있기를 기대합니다.

2016년 2월 19일 서초동 서초골에서
서울교육대학교 교육전문대학원 상담교육 주임교수 김광수

어느 칠흑같이 어두운 밤에 한 남자가 가로등 밑에서 무언가 열심히 찾고 있었습니다. 마침 지나가던 한 사람이 그 모습을 보고 궁금해서 물었습니다.

"무엇을 잃어버렸기에 그렇게 열심히 찾고 계십니까?"

"중요한 열쇠를 잃어버렸는데 아무리 찾아도 보이지 않네요."

안타까운 마음에 길을 가던 사람도 함께 찾아보기로 했습니다. 그런데 아무리 주변을 샅샅이 뒤져도 열쇠는 발견되지 않았습니다. 답답한 나머지 열쇠를 잃어버린 남자에게 그가 다시 물었습니다.

"도대체 여기 어디쯤에서 잃어버린 겁니까?"

그러자 그 남자는 가로등이 없는 캄캄한 골목을 가리키며 말했습니다.

"저기 어두운 골목에서 잃어버렸습니다."

"네? 그런데 왜 여기서 찾고 계신 겁니까?"

"저기는 너무 어두워 여기 밝은 곳에서 찾는 중이랍니다."

누구나 피식 웃음이 나올 만한 어리석은 남자의 이야기입니다. 고백

하건대 저 자신의 이야기이기도 합니다. 초임 교사 시절 저는 넘치는 열정과 학생들을 향한 사랑이라면 어떤 문제든지 해결할 수 있을 거란 믿음을 가지고 있었습니다. 모두 예상하실 수 있듯이 그 믿음은 오래 가지 못했죠. 시시때때로 버럭 화를 내는 학생, 습관처럼 거짓말하는 학생, 항상 자기만 피해자라고 우기는 학생 등, 제 능력으론 해결 불가능했던 수많은 골칫거리가 저의 어리석음을 깨우쳐 주었습니다. 그럴 때마다 저는 아이들을 통제하는 방식에 문제가 있다고 생각하고 학급 규칙, 상점, 벌점 제도 등 학급 경영 방식을 개선하려 했습니다. 더욱 세밀한 규칙, 혹할 만한 상, 진저리치게 하는 벌들을 연구했죠. 학생을 변화시킨다면서 학생을 통제하는 것에만 집착했던 제 행동은 어둡다는 이유로 밝은 곳에서 쉽게 열쇠를 찾으려던 남자와 다를 바 없었습니다.

열쇠를 찾기 위해선 열쇠를 잃어버린 바로 그 장소로 가야 합니다. 그렇다면 학생들이 부적응 행동을 보일 때 가장 먼저 살펴봐야 할 장소는 어디일까요? 당연히 부적응 행동을 일으킨 학생의 마음일 것입니다. 그곳이 바로 열쇠가 있는 장소입니다. 하지만 저는 이 당연한 사실을 외면하고 학생의 마음을 헤아리는 데 노력을 기울이지 않았습니다. 돌이켜보건대 제가 노력하지 않은 이유 역시 열쇠를 잃어버린 남자와 같았습니다. 열쇠가 있는 장소, 즉 학생의 마음속은 저에겐 너무 어둡고 어려웠기 때문입니다. 그렇기에 저는 살펴볼 엄두도 내지 못한 채, '저 학생은 원래 못됐어, 저 학생은 원래 피해의식이 심해.' 같이 안일한 답을 손에 쥔 채 열쇠를 찾았다고 혹은 찾을 필요도 없다고 핑계를 댔습니다.

엉뚱한 장소에서 열쇠를 찾고 있었다고 인정하기까진 꽤 오랜 시간이 걸렸습니다. 그 사실을 인정하고 난 후에야 진짜 열쇠를 찾기 위한 어둠 속 탐험에 발을 디딜 수 있었습니다. 진짜 열쇠를 찾기 위해선 어둠을 밝힐 등불이 필요했습니다. 바로 상담심리학이 저에겐 어둠을 밝히는 빛나는 등불이 돼 주었습니다. 저는 이 등불을 통해 그 전엔 보이지 않던 열쇠들을 찾을 수 있었습니다. 그리고 많은 깨달음을 얻게 되었습니다. 그중 가장 소중한 깨달음은 학생들의 다양한 행동 이면에 정서가 자리 잡고 있다는 사실입니다. 저는 지금까지도 학생의 성장을 돕기 위한 최고의 방법은 이 정서를 헤아리고 보듬는 일이라고 믿습니다. 또한 자신의 감정을 진심으로 이해해 주는 혹은 이해하려 노력하는 교사와의 만남이 그 무엇보다 학생의 성장과 발달에 지대한 영향을 끼친다고 확신합니다.

저 역시 이 깨달음을 통해 교사로서 나아가 인간으로서 한 뼘 더 성장할 수 있었습니다. 저를 눈뜨게 해 준 이 등불을 많은 분께 전해 드리고 싶은 마음에 이 '졸고'의 집필을 시작하게 되었습니다. 단 한 분의 독자라 할지라도 이 책으로 상담심리학에 흥미를 갖게 되거나 나아가 이 책과의 만남이 상담심리학을 더 깊게 탐구하는 계기가 된다면 무척이나 보람될 것 같습니다. 더불어 이 책에 쓰인 저의 시행착오들이 학생의 성장과 행복에 조금이라도 도움이 될 수 있기를 소망해 봅니다.

혹여 이 책의 내용이 독자들에게 훈계, 설교 같은 교조적 폭력으로 다가가진 않을까 걱정됩니다. 이 책을 집필한 저 역시 책의 내용을 모두 실천하고 있지 못합니다. 이 책의 내용을 완벽히 실천하는 교사가 되는 것은 불가능한 일일 것입니다. 교사도 감정이 있고 인내심의 한계가 있는 인간이기 때문입니다. 어떤 교사도 완벽할 수 없고 또한 완벽할 필요도 없습니다. 특히 미성숙한 인간을 다루는 교육에서 완벽의 추구란 또 하나의 속박, 굴레로 작용해 교각살우矯角殺牛(쇠뿔을 바로 잡으려다 소를 죽인다)의 우를 범하게 만들 수 있기에 실수도 성장의 한 과정으로 받아들이는 넉넉한 마음가짐만 못합니다.

그리고 교육엔 정형화된 정답은 있을 수 없습니다. 모든 상황에 완벽히 적용될 교육 공식이란 존재할 수 없으며, 교육은 사회 맥락적 가치 판단과 교육자 개인의 철학이 합쳐진 행위라는 관점에서 창조적 예술과 맞닿는 지점이 있습니다. 그렇기에 이 세상에 존재하는 교육자의 수만큼 다양한 교육철학과 방법이 존재합니다. 본 원고는 그중 한 가지 방식a way을 제안할 뿐 유일한 길the way을 제시하는 것이 아님을 말씀드립니다. 저는 그저 독자들이 이 책을 통해 학생의 성장을 위한 새로운 아이디어나 고민해 볼 만한 주제 한 가지만이라도 얻어갈 수 있다면 무척 흡족할 것입니다.

글을 쓰며 이 책을 쓰는 것은 저 혼자만이 아니라는 사실을 절실히 느낄 수 있었습니다. 글을 쓰는 매 순간, 제가 이제껏 받은 수많은 도움과 가르침들이 제 곁을 함께 지켜 줬습니다. 저를 이끌어 주신 모든 분께 감사 말씀드립니다.

저에게 상담, 심리, 연구 방법을 지도해 주셨을 뿐 아니라 깊이 고민하고 정진하는 진정한 학자의 길을 몸소 실천을 통해 가르쳐 주시는 김광수 교수님, 인간의 뇌라는 넓디넓은 세계를 소개해 주신 김유미 교수님, 상담대학원 시절 감명 깊은 수업을 펼쳐 주신 김경집 교수님, 저의 롤모델이며 존경하는 선배님이신 하요상 교수님, 2년 동안 그 성실함과 노력에 큰 도움을 받았던 한선녀 선생님, 그 외에도 학생들의 바른 성장을 위해 쉼 없이 함께 연구하는 긍정심리연구회의 김은향 교수님, 기경희 선생님께 감사 말씀 드립니다.

'독서의 끝은 집필'이라며 집필을 처음 권해 준 나의 평생 단짝, 소울

메이트 안제민, 제 원고를 검토해 주고 원고에 대해 다양한 화두를 던져 준 오병권, 출판을 고민할 때 실질적이고 도움되는 충고를 아끼지 않은 이혜선, 강추경, 김진영, 한 챕터의 원고가 나올 때마다 정성껏 읽어 주고 한결같은 응원을 아끼지 않았던 제 베프 심민수에게 감사 말씀드립니다.

성숙지 못한 저로 인해 제가 알게 혹은 모르게 상처 준 제 모든 학생에게 미안함을 전하고 싶습니다. 그럼에도 불구하고 이 못난 선생님을 좋아하고 존경해 준 학생들에게 고마움을 전합니다.

더불어 이 세상을 보고, 듣고, 느낄 수 있도록 삶이란 큰 선물을 주시고 이 삶 속에서 제가 스스로 설 수 있도록 물심양면 보살펴 주신 아버지, 어머니 온 마음으로 감사합니다.

부모라는 이 세상 비할 바 없는 기쁨을 선물해 준 우리 귀요미들 승찬이, 효주 사랑해!

날 구원해 준 내 영원한 반쪽, 사랑하고 사랑하는 그녀, 민영이에게 매 순간 한없이 감사하고 있다고 전하고 싶습니다.

마지막으로 부족한 글을 다듬고 예쁘게 꾸며주시느라 땀 흘리신 우리교육 출판사 관계자분들과 신명철 대표님, 장원, 윤정현 편집자님께 깊은 감사 말씀드립니다.

2016년 3월
양곤성

차례

교실에
심리학이
필요한
순간

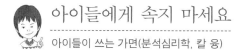

아이들에게 속지 마세요

아이들이 쓰는 가면(분석심리학, 칼 융)

"승민아, 이 용수철이랑 도르래 어떻게 매달아야 하나?"

6학년 과학시간 3단원 에너지와 도구 단원에서는 힘의 효율을 높여 주는 도구로 움직도르래, 고정도르래를 공부합니다. 이 도르래가 겉으로 보긴 간단한 구조이지만 직접 만드는 일은 보기보다 쉽지 않아 많은 학생이 헤매곤 합니다. 준호 역시 계속 실패하자 같은 모둠 승민이에게 도움을 청하였습니다.

"아, 이건 고정도르래니까 이렇게 실에 묶어서 스탠드에 걸고 고정시켜야지."

승민은 준호를 도와주기 위해 직접 도르래를 만들어 주었습니다.

"이승민, 아닌 것 같은데? 책에 나와 있는 그림이랑 다르잖아."

"뭔 소리야, 제대로 만든 거야."

기껏 도와줬더니 딴죽을 거는 준호의 말에 승민이는 적잖이 기분이 상했습니다.

"아니야, 너도 틀렸구만. 선생님이 보여 준 것이랑 모양이 다르잖아. 이승민 너도 모르지? 모르면서 잘난 척은."

준호는 승민이가 스탠드에 단 도르래를 떼어 버렸습니다. 승민이는 자기가 설치한 도르래를 다시 떼 버리는 준호의 모습을 보고 울컥 짜증이 솟아올랐습니다.

"아이 씨, 모르면 가르쳐 주는 대로 가만히 있을 것이지. 진짜 짜증나네, 병신. 아휴…"

준호의 주먹이 날아간 것은 승민이의 한숨이 채 다 입에서 새어 나오기도 전이었습니다. 주먹이 코와 입에 두 방 더 꽂힐 때까지도 승민이는 무슨 일이 벌어지는 건지 깨닫지 못했습니다. 승민이는 얼굴을 감싸 쥐고 허리를 숙였지만 준호는 멈추지 않고 주먹을 계속 뻗었습니다.

"선생님! 준호가 승민이를 때려요!"

"꺅!"

"야! 그만해."

각 모둠을 돌아다니며 아이들의 도르래 설치를 도와주던 저는 깜짝 놀라 뛰어갔습니다.

"김준호! 뭐하는 짓이야. 멈추지 못해!"

교사인 제가 달려가서 뜯어 말린 뒤에야 준호를 겨우 제지할 수 있었습니다. 겨우 떼어 냈지만 준호는 아직도 자신의 화를 진정시키지 못하고 씩씩거리고 있었습니다. 승민이는 얼굴을 손으로 감싸 안은 채 고개를 들지 못했습니다.

학교폭력사건 처리

남학생들의 싸움은 초등학교 고학년 교실에서 흔히 볼 수 있는 광경입니다. 요즘은 학교폭력 예방교육 및 처벌이 강화되어 폭력사건이 점점 줄어들고는 있지만 혈기왕성한 남자아이들은 자기도 모르게 준호 같은 사고를 치곤합니다. 저는 6학년을 주로 가르쳤기 때문에 남학생 간 주먹다툼은 이골이 나 있었습니다. 코피가 나는 승민이를 부축하고 위로하면서 보건실로 달려갔습니다. '승민이의 상처가 별것 아니어야 할 텐데….' 머릿속의 감정을 담당한 부분이 승민이를 안타까워하고 걱정했다면 이성을 담당하는 부분에서는 이번 사건을 어떻게 처리할지 계획을 세우고 있었습니다.

'우선 왜 싸웠는지 아이들에게 사실관계를 조사하고 문서화해서 부모님에게 보내드려야겠지. 그리고 준호, 승민이 모두 서로 잘못한 것들을 사과한 다음 서로 화해시키고, 사과 편지도 교환하게 해야지. 그것도 양쪽 부모님께 보내드려야겠지? 부모님들끼리의 싸움으로 번지면 안 되는데…. 우선 제일 먼저 할 일은 준호, 승민이와 같은 모둠인 은지에게 어떻게 벌어진 일인지 진술서를 써 보라고 해야겠다.'

많은 수의 학교폭력 사안을 다뤄 왔기에 학생들을 어떻게 화해시킬지, 어른 싸움으로 번지지 않도록 하기 위해 학부모님들을 어떻게 대해야 할지 시행착오를 통해 쌓아 온 노하우를 바탕으로 이미 머릿속에선 계획이 완성되었습니다. 학생들을 화해시키는 것은 쉽습니다. 가장 까다로운 과정은 아이 싸움이 어른 싸움으로 번지지 않도록 학부모님들을 설득시키는 일입니다.

'학부모님들께 아이들이 직접 쓴 글로 사실관계를 명확히 전달해야지. 서로 딴말이 나오면 안 되니까. 그리고 재발 방지를 약속드리고 아이들을 빨리 화해시켜 화해한 모습을 보여드려야겠다.'

머릿속에서 계획은 이미 정리 단계에 접어들고 있었습니다.

다행히 승민이는 코피가 났을 뿐 상처는 크지 않다고 보건 선생님이 말씀해 주셨습니다.

"휴…. 정말 다행이네요."

제 입에선 반사적으로 안도의 한숨이 크게 새어 나왔습니다. 승민이의 상처가 가볍단 사실에 마음속으로 감사 기도를 올렸습니다. 승민이가 크게 다치지 않아 다행스런 마음이 첫 번째라면 학교폭력 사안도 그리 커지지 않겠다는 안도감이 두 번째 이유였습니다. 꽉 막혔던 고속도로가 갑자기 뻥 뚫린 느낌이었습니다. 이젠 보건실에서 세운 계획을 그대로 시행하기만 하면 됩니다.

점심시간에는 준호, 승민이와 주변 목격자들의 이야기를 들어 보고 어떻게 벌어진 일인지 경위를 설명하는 문서를 만들었습니다. 그리고 방과 후 준호, 승민이가 화해할 시간을 마련했습니다. 우선 각자 반성할 점을 글로 적게 합니다. 승민이는 '준호를 무시하는 말을 하고 욕한 점을 반성합니다.'라고 적었고, 준호 역시 '승민이가 도와줬는데도 고마워하지는 못할망정 투덜대고 욱하는 마음에 때려 미안합니다.'라고 적었습니다. 저는 평소처럼 서로의 반성문을 교환해 읽어 보게 하고 서로 잘못한 점에 대해 사과하도록 시켰습니다.

"승민아, 미안해… 내가 때린 것, 폭력을 쓴 것 사과할게."

"나도 무시하듯이 말해서 미안해."

"그래, 서로 잘못한 점은 인정했고 그럼 준호, 승민이 너희 이제 다시 잘 지낼 수 있겠어요?"

"네!"

"…네."

바로 대답한 준호에 비해 승민이의 대답이 조금 늦었지만 딱히 신경 쓰진 않았습니다.

"그럼, 악수."

승민이와 준호는 손을 맞잡았습니다.

"더 흔들어."

"더 힘차게…."

"천장까지 닿도록 크게!"

"손이 안 보이도록 빠르게!"

아이들의 악수한 손이 잔물결에서 큰 파도로 마지막엔 쓰나미가 될 무렵 굳었던 두 아이의 얼굴에 웃음기가 퍼졌습니다. 악수한 손이 바닥까지 내려갔다 천장에 닿을 만큼 다섯 번쯤 더 흔들었을 때 저는 드디어 마무리를 지어야 할 시간이 왔다고 생각했습니다.

"그래 이제 됐다. 앞으로는 싸우지 말고 잘 지내야 돼. 물론 준호는 폭력을 썼으니 추가로 반성의 시간과 학부모 면담이 있을 거예요. 폭력에 대한 벌은 받아야 하니까요, 알겠죠?"

"네."

정확한 사실관계를 조사한 후, 학생들 스스로 잘못한 행동을 찾아 반성 및 사과를 하고, 서로 화해시키는 것이 제가 학교폭력사건을 처리하는 3단계였습니다. 학부모님들도 자녀의 잘못을 인정하고 서로 사과를 한 것으로 학교폭력사건이 별 탈 없이 빠르게 마무리되었습니다. '이번에도 깔끔했어.' 저는 흐뭇한 웃음을 지었습니다. 하지만 마무리됐다는 생각이 저만의 착각이었다는 것을 알게 되기까진 그리 긴 시간이 걸리지 않았습니다. 모든 것이 끝났다고 생각한 날로부터 3일 뒤 쉬는 시간에 승민이가 다가와 제게 조심스레 말을 걸었습니다.

승민이의 고백

"선생님, 다음에 자리 바꿀 때 준호와 떨어져 앉을 수 있을까요?"

저는 소스라치게 놀라며 제 귀를 의심했습니다. 그 순간 으슥한 동네 뒷골목에서 준호가 승민이를 괴롭히는 장면이 머리를 스쳤기 때문입니다.

"뭐라고? 왜? 혹시 준호가 그날 이후로 혹시 또 승민이를 괴롭혔니?"

"아니요. 그건 아닌데요…."

"정말? 그런 일 있으면 선생님에게 솔직히 말해 줘야 해요. 뒷일은 선생님이 모두 책임질게."

"아니, 진짜 그런 것은 아니에요."

"그럼 무슨 일이야?"

"음…. 그게…."

승민이 눈동자가 흔들렸습니다. 저는 떨리는 마음에 최대한 빨리 대답을 듣고 싶었지만 승민이가 이 자리에서 길게 설명하긴 곤란해 하고 있다는 사실을 눈치챘습니다. 혹시나 '준호의 눈치를 보고 있는 걸까?' 걱정이 들었습니다. 친구들이 없는 곳에서 조용히 이야기해 봐야겠다고 결심했습니다.

"무슨 일인지 선생님이 무척 듣고 싶구나. 그런데 지금은 쉬는 시간이니 긴 이야기를 하기는 힘들 것 같고 이따가 6학년 연구실로 가 친구들이 없는 곳에서 자세히 이야기해 보면 어떨까? 그럴 수 있겠니?"

"네…."

그로부터 두 시간 후 점심시간, 대부분의 아이들은 운동장과 복도에 나가 있고 교실이 썰렁해졌을 무렵 저는 아이들이 눈치 못 채도록 조용히 학년 연구실로 자리를 옮겼습니다. 승민이는 몇 분 뒤 제 뒤를 따라 오도록 약속해 놓은 상태였습니다. 둘만의 공간을 만들자 그제야 승민이가 무겁게 입을 떼었습니다. 힘없는 목소리였지만 그 울림은 아직도 제 가슴속에 남아 있습니다.

"저… 선생님. 준호가 저랑 친하게 지내려고 해서 힘들어요."

가면 쓰기

'페르조나persona'라는 심리학 용어가 있습니다. 로마 시대 연극 무대에서 쓰인 라틴어로 '가면'을 의미합니다. 또한 연극의 배역, 역할을 의미하기도 하죠. 정신분석학자 칼 융Carl G. Jung은 자신이 창시한 이론인 분석심리학Analytic Psychology에 이 용어를 차용합니다.

칼 융

인간은 사회적인 동물로 누구도 혼자만의 힘으론 살아갈 수 없습니다. 생존을 위해 타인과 관계가 필수적입니다. 첫 관계는 대부분 어머니로부터 시작되며 시간이 흐르며 가족, 친구, 교사, 직장 동료, 부부, 자녀 등으로 끝없이 확대됩니다. 분석심리학의 관점에서는 이 수많은 타인과의 관계가 연극 무대인 것입니다. 이때 연기자가 무대 위에서 쓰는 가면, 즉 연극의 배역을 융은 '페르조나'라고 칭했습니다.

구체적으로 예를 들자면 저는 교사-학생이라는 연극 무대 위에서 교사(페르조나)의 역할을 연기하며 살아갑니다. 퇴근 후 집으로 돌아가서는 부부관계라는 무대 위에서 남편(페르조나) 역을, 아이들에겐 아버지(페르조나) 역을 연기하기도 하죠. 저는 각기 다른 무대 위에서 다양한 가면을 쓰며 가지각색의 연기를 보여 줍니다. 동창을 만나 친구라는 가면을 썼을 때는 술을 마시며 시답잖은 농담 따먹기를 즐깁니다. 교사라는 가면을 썼을 때는 완전히 반대로 근엄하고 올바른 모습을 보여 주려 노력합니다. 이처럼 저는 삶이란 연극 무대 위에서 다양한 배역을 연기하는 배우인 동시에 연극을 관람하는 관객입니다.

가면을 쓰는 이유

가면을 쓰고 있는 것은 저만이 아닐 것입니다. 이를 보여 주는 재미있는 설문 조사가 있습니다. 2007년 설문 조사 기관 마르코밀 엠브레인에서 직장인 1천 363명에게 '회사에서 감정을 숨긴 적이 있는가?'라는 설문을 진행하였습니다. 그 결과 93.3%가 '그렇다'고 답했다고 합니다. 직장인들이 감춘 주요 감정으로는 '화나도 안 난 척'(45.6%)이 꼽혔습니다. 또한 '즐겁지 않아도 억지로 웃긴 척'(26.9%) '내성적이지만 활발한 척'(8.3%) 등이 뒤를 이었습니다. 이처럼 가면을 쓰고 살아가는 것은 승민이와 저 둘

뿐만이 아닙니다. 제가 교장 선생님 앞에서 쓰는 '예의 바른 교사' 가면, 아버님들이 직장 상사 앞에서 쓰는 '성실한 직원' 가면, 어머님들이 시부모님 앞에서 쓰는 '효녀 며느리' 가면 등 이 세상 모든 사람들은 가면을 쓰고 살아갑니다.

그렇다면 왜 사람들은 가면을 쓰고 살아갈까요? 이와 똑같은 질문이 앞의 설문 조사에 있었습니다. 감정을 감추는 이유에 대해 직장인들은 '내 평판 관리를 위해서'(34.5%)라고 답했습니다. 다른 응답으로는 '프로라면 당연하다'(27.7%)고 말하거나 '저절로 그렇게 됐다'(17.5%) 혹은 '상사에게 밉보이기 싫어서'(14.7%)라고 대답했다고 합니다. 즉 우리가 가면을 쓰고 살아가는 이유는 '타인에게 잘 보이기 위해서'입니다.

흥미로운 점은 사람person이란 영어 단어의 어원이 라틴어 페르조나persona 즉 가면, 배역이라는 사실입니다. 문명사회에 사는 인간이라면 누구나 가면을 쓴 채 연기하며 살아가야 한다는 쓸쓸한 운명을 말해 주는 듯합니다.

가면의 진화

페르조나는 연극의 흥행을 위해 관객의 기대와 욕심을 채워 주는 쪽으로 진화합니다.

"성호의 핸드폰 너무 부러워. 뺏어서라도 갖고 싶어."
"우희는 나하고만 친하게 지내야 돼, 우희와 나 사이에 끼어드는 예진이는 너무 미워."

"우리 선생님 숙제를 너무 많이 내줘. 선생님 진짜 짜증 나."

아이들이 가진 위와 같은 순수한 감정들을 정제하지 않은 채 표출할 경우 연극은 흥행할 수 없습니다. 페르조나는 이 감정들을 예쁘게 포장하는 역할을 합니다. 가장 눈치 보이는 관객인 부모나 교사가 앞에 있다면 아이들은 가면을 예쁘게 치장한 채 더욱 혼신의 연기를 펼칠 것입니다.

"성호야, 새 핸드폰 사서 축하해, 멋있다."

"우희야, 예진아, 우리 함께 친하게 지내자."

"전 선생님이 제일 좋아요!"

멋진 연기를 펼칠수록 관객(부모, 교사, 친구들)의 박수갈채는 높아집니다.

승민이의 가면 뒤

그 싸움 뒤로도 준호와 승민이는 잘 지내는 듯이 보였습니다. 주먹질을 했던 준호가 미안했는지 승민이를 챙겨 주고 함께 어울리려는 모습을 자주 목격할 수 있었습니다. 그래서 저는 아이들이 다 화해했다고 생각하곤 '잘못을 저질렀어도 노력하는 모습을 보이는구나.'라는 생각에 내심 준호를 기특하게 여기고 있었습니다. 하지만 승민이는 준호의 행동에 불편함을 느끼고 있었습니다.

'준호가 밉다. 준호 얼굴은 쳐다도 보기 싫다. 준호가 나에게 말거는 것조차 화난다.'

이것이 승민이가 가진 날 것 그대로의 생각이었을 것입니다. 시간이 갈수록 준호에 대한 '순수한 분노'는 사라지기는커녕 승민이의 마음속을 엉망으로 헤집으며 커져 가고 있었던 것입니다. 그럼에도 불구하고 승민이는 겉으론(적어도 선생님인 제 앞에서는) 모두 잊었다는 듯이 준호와 어울리며 "전 화나지 않았어요." 쿨한 척 연기를 해 온 것입니다. 저는 승민이의 연기에 푹 빠져 승민이의 진실한 감정을 놓치고 말았고 본의 아니게 승민이를 괴롭힌 셈이 돼 버렸습니다.

아이들은 쉽게 잊어버린다?

'아이들은 쉽게 상처받는 대신에 쉽게 잊어버린다.'
저는 많은 경우 이 믿음에 기대어 아이들을 대해 왔습니다. 그래서 학생들의 다툼 후엔 최대한 신속히 화해하도록 몰아붙였습니다. 이것이 학생들을 빠르게 회복시키는 길이라고 생각했습니다. 하지만 승민이와 이야기한 후 근본적인 의문을 가지게 되었습니다.
'정말 아이들이 쉽게 잊어버릴까? 이제껏 내가 화해시킨 아이들 모두 잊어버린 척 가면을 쓴 것은 아니었을까?'

'그렇다면 지금까지 많은 학생이 선생님이 시키니까 화해한 척만 했을 뿐이지 사실은 무척 억울하고 속상했던 마음을 억눌렀던 건 아닐까?'

저는 승민이와의 대화 후 학생들 간 다툼을 다루는 방식을 바꾸게 되었습니다. 심각한 싸움이 벌어졌을 때 저는 일련의 과정을 거친 후 화해할 것인지 아닌지 학생 스스로 정하도록 선택권을 줘 보았습니다. 그러자 놀랍게도 많은 학생이 "지금은 친구와 이야기하기 싫다. 시간을 더 갖고 싶다."라고 말하며 화해를 거부했습니다. 제가 서로에게 악수 혹은 포옹을 시키며 "이제 화해하는 거야."라고 말할 때는 웃으며 화해하던 학생들이 선택권을 갖게 된 후에는 "지금은 친하게 지내고 싶지 않다."는 정반대의 선택을 하였습니다. 특히 남학생보다 여학생이 화해를 거부하는 빈도가 높았습니다. 그제야 저는 확신할 수 있었습니다. 저는 학생들에게 가면을 씌우고 거짓 쇼를 하라고 억지를 부려 왔던 것입니다. '아이들은 쉽게 싸우고 쉽게 상처받는 대신 쉽게 잊어버린다.'는 말은 그저 제가 쉽게 일을 마무리 짓기 위한 변명에 불과했던 것이었습니다. 물론 쉽게 잊는 학생들도 있을 테지만 교사의 강요로 솟아오르는 분노를 잊은 척 연기하는 학생들도 존재합니다.

아이들은 억지로 잊어버린다

'아이들은 쉽게 상처받고 쉽게 억제suppression한다.'

많은 시간이 흐른 후 제가 내린 결론입니다. 억제란 말 그대로 자신의 감정을 의식적으로 누르는 행위를 의미합니다. "화내면 안 된다. 얌전히 있어야 한다. 참을성 있어야 한다. 착하게 굴어야 한다. 울면 안 된다. 친구와 사이좋게 지내야 한다. 싸우면 바로 화해해야 한다." 등의 이야기들은 학생들이 그들의 '갑'인 어른들에게 끊임없이 들어 온 성스런 진리입니다.

분노를 누르는 데 성공했을 경우 '착하고 예쁜 아이, 모범적인 학생' 등의 찬사가 돌아옵니다. 지키지 못했을 때는 '못된 아이, 버릇없는 아이'라는 무수한 비난의 소리를 듣게 됩니다. 칭찬과 비난의 반복 속에서 아이의 마음속에 무언가가 자라납니다. 이 무언가는 주위의 칭찬과 비난을 양분으로 점점 커집니다.

수년의 시간이 흐른 후 형체를 갖추게 되는데 겉모양이 아이의 부모와 매우 닮아 보입니다. 부모의 형상을 띤 이 무언가는 아이의 마음속 깊은 곳에 자리 잡습니다. 이젠 따로 주변의 칭찬이나 비난이 없이도 홀로 움직일 수 있습니다. 승민이의 마음속에도 존재하는 이 무언가는 승민이가 준호에게 화가 치밀 때마다 마음속 깊은 곳에서 승민이에게 속삭입니다. '승민아, 착한 아이는 그럼 안 돼.'

인간이라면 누구나 자신의 마음속에 부모의 성향을 꼭 빼닮은 심리적 기제를 지니고 있습니다. 이 심리적 기제를 정신분석학에서는 초자아superego라고 부릅니다. 흔히 '죄책감'이라고 불립니다. 초자아는 인간이 잘못된 행동을 범할 때 스스로를 비난함으로써 죄책감을 느끼게 만드는 역할을 합니다. 죄책감은 마음의 평화를 부수는 커다란 파도입니다. 죄책감이 드는 순간 인간의 마음은 불편해지고 때론 고통스럽기까지 합니다. 인간은 이 파도를 막기 위해 마음속에 커다란 방파제를 건설합니다.

이 방파제를 정신분석학에서는 방어기제defensive mechanism라고 부릅니다. 마음의 평화를 유지해 주는 수많은 종류의 방파제가 있는데 그중 가장 사용 빈도가 높은 것 중의 하나로 꼽히는 것이 바로 억제 suppression 방어기제입니다.

비난, 죄책감을 피하기 위해 의식적으로 감정을 감추는 행위가 모두 억제에 속합니다. 엄마에게 혼났지만 울지 않기, 내가 혼자 먹고 싶지만 동생에게 양보하기, 친구와 싸워 화났지만 참기, 화났는데도 친구와 화해하기 등 사회적 압력에 의해 감정과 욕구를 억누르는 행동을 총칭합니다.

아이의 억제가 효과적으로 작동할 때 우리는 이런 표현을 쓰기도 합니다.

"우리 아이 어른스럽다, 다 컸네."

어른이 된다는 것, 사회화된다는 것은 자신의 욕구를 조절하는 법을 배우는 과정이라고 할 수 있습니다. 배려, 나눔, 이타심 같은 우리 사회에 꼭 필요한 가치가 페르조나, 억제의 과정에서 성장합니다. 융이 페르조나를 설명할 때, 프로이트가 억제를 설명할 때 두 거장 모두 이 기제들은 인격 발달에 필수적이며 어떤 사회에서든 인간관계를 촉진시키는 데 꼭 필요한 수단이라고 말합니다.

이처럼 자신의 욕구를 감추는 훈련은 아동, 청소년이 성장하기 위해 요구되는 필수적 발달과업이라고 할 수 있습니다. 하지만 세상 모든 것이 그렇듯 억제라는 방어기제의 순기능 이면엔 그림자도 함께 존재합니다.

억제한 감정이 가는 곳

억제란 방어기제를 주로 사용하는 학생은 좀처럼 화내는 법이 없습니다. 친구가 내가 아끼는 샤프를 뺏어 갔어도 성질 한번 내지 않고 "괜찮아, 난 다른 것 쓰면 되지." 하며 금방 평정을 되찾습니다. 이런 학생이 계속해서 참는 이유는 많은 경우 자신이 받은 상처, 분노를 삭혀 버리는 대가로 '모범생, 착한 아이'라는 훈장을 받아 왔기 때문입니다. 훈장과 바꾼 욕구와 감정은 어디로 가게 될까요? 화를 삭이고 잊어버리려 노력하면 모두 사라질까요?

정신분석학에서는 억압된 충동, 감정은 결코 사라지지 않는다고 주장합니다. 다만 사라진 척하고 잠시 피난처를 찾아 숨어 있을 뿐입니다. 정신분석학에서는 쫓겨난 감정의 피난처를 일컬어 '무의식 unconsciousness'이라고 부릅니다. 무의식으로 이동한 억압된 감정은 없어지기는커녕 자신이 잊혀졌다는 사실에 심통이 나 호시탐탐 주인을 골탕 먹일 계획을 세웁니다. 그리고 주인이 잠시 방심할라 치면 기회를 놓치지 않고 불쑥불쑥 튀어나오죠.

그 예로 앞에 언급했던 직장인 대상 설문 조사의 또 다른 문항을 보여 드리겠습니다. 설문에서 자신의 감정을 감춘다고 했던 직장인들은 "내가 왜 이래야 하나." 하며 우울해지거나(46.6%), 원래 감정과 성격을 못 드러내 울화증이 생기는(26.8%) 등의 부작용을 겪었다고 답했습니다. 이외에도 까닭 모르게 우울한 느낌, 목욕을 하다 갑자기 욕을 하는 일, 괴물에게 쫓기는 악몽, 아무것도 아닌 일에도 심각하게 짜증을 내거나 분노를 폭발시키는 일 등이 모두 억압된 감정의 복수라고 할 수 있습니다. 더 심각하게는 두통, 다리 마비 등의 신체적 증상이 나타나기도 하고 우울증, 불안증, 신경증 등 정신 질환의 원인이 되기도 합니다. 우리나라에서도 정서적 원인으로 인해 신체적 증상이 발생하는 경우를 부르는 전통적 용어가 있습니다. 바로 '화병'입니다. 화병의 원리도 정신분석의 억압이론과 같은 맥락이라고 볼 수 있을 것입니다.

승민이와 준호

아이들은 어차피 금방 잊어버린다고 믿고 최대한 빨리 화해시키는 것이 옳을까요?

승민이의 분노를 막지 말았어야 할까요? 어느 쪽이 승민이가 바르게 성장하는 길일까요? 가면을 씌우는 일, 벗기는 일 모두 승민이의 성장을 위해 중요하다면 어느 쪽에 더 무게를 두어야 할까요?

"…준호가 친하게 지내려고 해서 힘들어요."라는 승민이의 대답이 제 머릿속에 심은 의문의 씨앗들입니다. 여기엔 어떤 일관된 정답은 없다고 생각합니다. 상황마다 그리고 그것을 다루는 교사나 부모의 성향에 따라 내려지는 결론은 모두 다를 것임이 분명합니다. 이에 더해 학생의 성격, 문화 사회적 배경, 가정 배경, 사건의 구체적인 상황이 고려돼야 할 것입니다. 무엇보다 교사, 부모가 추구하는 교육철학이 가장 중요한 결정 요인일 것입니다. 이 모든 것을 고민한 후 승민이에 대한 저의 해답은 다음과 같았습니다.

"준호의 어떤 행동이 너를 힘들게 하는지 조금 더 자세히 말해 줄 수 있겠니?"

"준호가 계속 나랑 놀자고 하고, 저한테 장난쳐요."

"그래? 그런데?"

"그런데 그게… 별로…"

승민이가 말을 잇지 못했습니다. 아마도 자신이 소심한 사람으로 보일 것 같은 두려움 때문이었을 것입니다.

"그랬구나…. 말하기 힘들면 선생님이 물어볼게 확인해 줄 수 있지?"

"네."

"혹시 준호가 너를 놀리기 위해 장난친다고 느껴요?"

"아니요. 그런 것 같지는 않아요."

"그렇구나, 그럼 어떤 점에서 준호가 불편하니? 자세히 이야기해 줄 수 있겠니?"

"준호가 나랑 다시 친하게 지내고 싶어서 그러는 것 같긴 해요. 근데…"

"그런데?"

"근데…"

꽤 긴 침묵이 이어졌습니다. 승민이의 눈길은 조물락, 조물락 쉼 없이 움직이는 자신의 조그마한 손으로 가 있었습니다. 1분 정도 이어진 고요함 속에서 저는 아무 말 하지 않고 기다렸습니다.

"그냥 불편해요."

1분간의 기다림 끝에 얻은 여섯 글자였습니다. 승민이의 자존심이 승민이의 목을 꽉 막고 있는 것 같았습니다. 승민이는 운동이든 공부든 항상 이기고 싶어 하는 승부욕이 강하고 자존심도 센 아이였습니다. 그런 승민이를 이런 말까지 하게 만든 무신경함에 죄책감을 느꼈습니다.

"그렇구나. 승민아, 선생님이 네 마음은 생각도 안 하고 너무 서둘러 준호와 화해하고 다시 친하게 지내라고 강요한 것 같구나. 선생님 생각이 짧았어요. 우선 선생님이 사과할게. 선생님이 정말 미안해요. 지금부터는 승민이 말에 더 귀 기울이려고 노력할게. 우선 승민이와 준호가 떨어져 앉도록 할게요. 그리고 그 외에 바라는 점은 없니? 있다면 뭐든지 말해 줄래?"

"…없어요."

"그렇구나. 승민아 선생님이 승민이 마음을 눈치채지 못한 점 다시 한 번 사과할게. 그리고 이런 말 용기 있게 해 줘 고마워요. 승민이와 준호가 앞으로 어떻게 지낼지에 대해 승민이의 의견을 듣고 승민이 마음이 편한 쪽으로 가 보기로 하자. 대신 마음이 좀 진정되고 나면 이일에 대해 좀 더 자세히 이야기해 주렴. 그래 줄 수 있죠?"

"네…."

"알았다. 그럼 수업시간 다가오니 들어가자. 그리고 자세한 이야기는 나중에 하자."

방과 후 준호를 남겨 승민이가 아직 준호와 친해질 마음의 준비가 되지 않았다는 점, 그래서 준호가 승민이에게 시간을 주기 위해 되도록 승민이에게 장난치는 행동을 당분간 자제해 달라고 부탁했습다.

"선생님, 전 빨리 승민이랑 화 풀고 친해지고 싶었어요. 그래서 일부러 더 말을 건 거예요."

"선생님도 알아. 선생님도 준호가 노력한다고 느꼈어요. 노력한 점 참고맙게 생각해요. 그런데 준호야, 준호가 가장 아끼는 물건이 뭘까?"

"음…. 컴퓨터요."

"그럼 준호가 아끼는 컴퓨터를 친구가 부쉈어. 그래서 너무 화가 나고 마음이 상했어. 그런데 그 친구가 다음 날 와서 사과하고 다시 친하게 지내자고 장난을 치면 준호 마음이 어떨 것 같아요?"

"음…. 안 좋을 것 같아요."

"그렇지? 선생님도 그럴 것 같아. 그리고 지금 승민이의 마음이 그런 것 같아. 그러니까 승민이가 마음을 추스를 때까지 시간을 주면 어떨까요? 그게 승민이를 배려하는 길인 것 같아요. 시간이 지나면 준호의 마음도 승민이에게 전달될 거야. 그래 줄 수 있겠니?"

"…네. 그럴게요."

"그래, 고맙다 준호야."

준호가 웃는 얼굴로 말을 걸 때, 자기한테 농담하며 장난칠 때, 그럴 때마다 '나는 화나는데 쟤는 아무렇지도 않게 웃고 떠드네. 나한테 미안하지도 않나 봐. 때린 준호는 즐겁고 맞은 나만 괴로워하잖아.'라는 생각에 괴로웠다는 이야기를 승민이에게 들을 수 있었던 것은 그로부터 일주일 뒤였습니다. 점심시간에 두 녀석 모두 사랑해 마지않는 축구를 함께 즐기는 모습을 보기까지는 그로부터 2개월이 더 걸렸습니다. 2개월의 시간 속에는 억지로 악수를 강요해 승민이의 벌어진 상처를 더욱 헤집어 놓은 저의 몫도 얼마간 존재할 것입니다.

승민이 그 후

저도 이 사건 이후로는 친구간의 다툼이 있을 때 반드시 빠르게 화해로 마무리해야 한다는 강박관념을 버리게 됐습니다. 전에는 다툼이 일어났을 때 행동의 옳고 그름을 따지고 즉시 서로의 잘못을 사과, 화해시키고는 마무리했습니다. 가벼운 다툼에는 여전히 이렇게 처리하지만 심각한 다툼이라고 판단했을 경우 다른 방식을 사용합니다. 그중 가장 중요한 과정은 옳고 그름에 관계없이 학생이 느끼는 감정을 있는 그대로 표현하고 상대방에게 터놓는 시간입니다.

(1) 자신의 감정 들여다보기

이 단계에 들어가기 전 가장 주의할 점은 학생들이 다툰 사실관계는 먼저 정확히 정리해 줘야 한다는 것입니다. "네가 그랬잖아, 내가 언제? 거짓말하지 마." 같은 진실 게임은 미리 모두 끝마쳐야 합니다. 그렇지 못하면 서로의 감정을 터놓는 시간이 갑자기 다툼 2라운드로 뒤바뀔 수도 있기 때문입니다. 사실관계를 당사자끼리 서로 확인한 후 이를 바탕으로 상대방의 행동으로부터 자신이 느낀 분노, 질투, 미움, 상처 등의 감정을 들여다볼 시간을 줍니다.

"당장 화해할 필요도 없고 당장 친하게 지낼 필요도 없어요. 원래 상처받은 마음은 순식간에 회복될 수 있는 것이 아니거든. 너희가 서로에게 받은 상처, 그리고 서로에게 준 상처에 대해 천천히 생각할 시간을 가졌으면 좋겠어요. 우선 하루 시간을 줄 테니 서로에게 하고 싶은 말을 적어 볼래?

첫번째로 무엇이 자기를 상처받게 했는지, 왜 마음이 상했는지, 얼마나 화나고 억울했는지 자유롭게 하고 싶은 말을 모두 적어 보세요. 단 조건이 있어요. '넌 나쁜 놈이야. 넌 못된 아이. 난 네가 미워.'와 같은 비난, 욕은 금지예요. 이 종이의 모든 문장은 '너의 ○○○한 행동 때문에 나는 ○○ 감정을 느꼈어.'라는 방식으로 적어 주세요. 상대방의 행동을 구체적으로 쓰고, 내 감정도 최대한 구체적으로 생각해 적어 보세요. 상대방의 행동 더하기 자신이 느낀 감정이에요. 잊지 마세요.

그리고 둘째, 상대방의 감정도 생각해 적어 주세요. 역시 똑같은 형식을 지켜 주셔야 해요. '내가 ○○○한 행동을 했기 때문에 네가 ○○○한 감정을 느꼈을 것 같아.'라고 적어 주세요. 내 감정과 친구의 감정 모두 고민해 보고 최대한 솔직하게 써 주세요. 그리고 내일 그 편지를 바탕으로 다시 대화하는 시간을 갖자."

(2) 마음 터놓기

하루 동안 생각을 정리한 후 서로의 마음을 있는 그대로 터놓을 시간을 가집니다. 자신이 반성할 점을 먼저 이야기하는 걸로 시작합니다.

"먼저 내 행동 때문에 친구가 느꼈을 감정 먼저 이야기해 보자. 그리고 그에 대해 사과도 해야겠지?"

그 후 서로가 받은 상처에 대해서 털어놓도록 합니다.

"그 다음은 서로가 마음 아팠던 점에 대해 이야기해 보자."

이때 중요한 것은 서로가 상대방을 일방적으로 비난하지 않도록 하는 것입니다. "너는 병신이라고 욕했으니 참 나쁜 애야."와 같이 상대방을 평가할 때 당사자는 비난받는다는 느낌을 받습니다. 비난받는다는 느낌을 받게 되면 누구든 본능적으로 방어적인 자세를 취하게 됩니다. 설혹 정말 나쁜 짓을 저질렀다고 해도 "너는 못된 놈이야."라는 말을 들으면 "아니야, 내가 욕한 건 이유가 있어서 그런 거야. 내가 아끼는 샤프를 네가 말도 안 하고 가져갔으니까 그런 거잖아."라는 식으로 변명하게 되고 또 다른 싸움이 시작될 수도 있습니다.

또한 상대방의 의도를 단정 짓는 방식으로 말할 때 상대방의 반발을 부르게 됩니다. 예를 들어 승민이가 "네가 알지도 못하면서 라고 날 무시했잖아."라고 준호가 날 무시했다고 단정 짓게 되면 준호는 "난 무시하려고 한 말이 아니야."라고 반발하게 될 수 있습니다.

　① 네가 날 무시했잖아
　② 네가 날 무시한다고 느껴졌어

　다투지 않고 감정을 나누기 위해선 ②처럼 상대방의 행동을 이야기
하되 그로 인해 내가 느낀 느낌을 설명하는 방식으로 이야기를 이끌어
야 합니다. "나는 ○○하게 느꼈어."와 같이 자신의 감정을 주관적으로
전달하는 것이지요. 만약 학생이 ①과 같이 이야기할 경우 교사가 나서
서 중재할 필요가 있습니다.

　"잠깐만, 방금 그 말은 승민이가 무시당했다고 느꼈다는 말이지?"
　"네…."
　"승민이가 느꼈다는 방식으로 이야기해 줬으면 좋겠어요. 혹시나 상
대방은 그런 의도가 아니었을 수도 있으니까, '나는 무시당했다고 느꼈
어.'라고 말해 줘야 서로 기분 나쁘지 않을 것 같아요. 그렇게 해 줄 수
있겠니?"

(3) 앞으로의 행동 결정하기

마지막으로 앞으로의 일에 대해 의견을 묻습니다.
　"그럼 앞으로 서로 어떻게 지내면 좋을까요?"
　앞서 말씀드렸듯이 학생에게 선택권을 줬을 때 쉽게 화해하지 않으
려는 학생을 많이 볼 수 있었습니다. 특히 초등학교 고학년 여자아이들
의 경우 "저 화해하기 싫어요.", "전 계속 화영이랑 안 할래요."와 같이
화해를 거부하는 빈도가 특히 높았습니다. 때론 한쪽은 화해하고 싶다

고 하고 반대쪽은 화해를 완강히 거부하는 경우도 있었고 양쪽 모두 거부하는 경우도 있었습니다.

이런 경우 억지로 화해시키지 않습니다. 시간을 가지고 싶은 만큼 서로 시간을 갖도록 허락합니다. 다만 서로가 떨어져 있는 시간 동안은 서로에게 상처 주는 말이나 행동을 친구 앞에서건 뒤에서건 하지 않도록 약속합니다.

"그럼 정현이가 이야기한 대로 서로 얼마간은 떨어져 지내기로 하자. 학급 자리 배치를 할 때도 고려할게요. 하지만 수업 중 서로 이야기할 상황이 있을 때 그것까지 피하면 안 돼요. 서로 해야 할 말은 하면서 지내되 일부러 말 거는 것은 피하는 걸로 하자. 그리고 혹시나 뒤에서도 서로에 대해 좋지 않게 이야기 하는 일은 없도록 약속하자. 무슨 말인지 알죠? 더 이상은 서로에게 상처는 주지 않기로 약속해요. 그럼 명심하고 일주일 뒤에 다시 한 번 이야기해 보는 것이 어떨까요?"

이런 방식은 즉시 사과하고 바로 화해시키는 방법보다 훨씬 귀찮고 시간도 오래 걸립니다. 교사의 피로도도 훨씬 높습니다. 하지만 일정 이상 심각한 다툼이라고 판단했을 경우 전 이 방법을 선택합니다. 승민이의 사건 이후 많이 고민해 보았습니다. 그 결과 저의 결론은 저의 학생들이 선생님 말에 따라 분노를 누르고 억지로 화해하는 모범적인 학생보다는 조금 삐딱하고 때론 반항적일지라도 자기감정에 당당하고 솔직한 사람으로 자라길 바랍니다. 타의 모범적인 사람보단 철없이 보일 수도 있지만 자기감정에 솔직하고 당당한 사람이 더욱 행복한 삶을 살 것이라고 믿기 때문입니다.

내가 아이에게 그렇게 화를 낸 이유는 뭘까?

아이를 다루는 어른의 무의식에 관하여(정신분석학, 지그문트 프로이트)

"휴…. 장훈아 몇 번째죠?"

"…네 번째요."

저는 장훈이의 얼굴을 볼 수 없었습니다. 그저 장훈이의 정수리만 보일 뿐이었습니다. 장훈이의 시선이 땅바닥에 고정되어 있기 때문이었습니다. 저도 모르게 장훈이의 시선을 따라가다 보니 장훈이의 발에 시선이 멈췄습니다. 늘 깜박깜박하는 장훈이의 발에는 실내화가 아닌 신발이 신겨져 있었습니다.

"장훈아, 너 오늘 실내화 신고 왔었죠?"

"네…"

"그런데 지금은 왜 신발을 신고 있어요?"

"…저 실내화 주머니를 운동장에 두고 왔어요."

점심시간 운동장으로 나갈 때는 실내화 주머니를 들고 가 신발로 갈아 신었지만 들어올 때는 실내화 주머니를 챙기지 않고 운동화를 신은 채 교실로 뛰어온 것이었습니다. '아 늦었다! 빨리 뛰어!'라고 외치며 수업 종이 칠랑말랑할 아슬아슬한 시간에 맞춰 번개같이 뛰어오는 장훈이의 모습이 그려졌습니다. 그렇지 않아도 덤벙대는 장훈이가 신발을 갈아 신지 못한 것은 어찌 보면 당연한 일이었습니다.

"휴…."

혼내야 할 건수가 한 개 더 추가돼 버린 이 상황이 저의 신경을 또한 번 건드렸습니다.

"장훈아. 그러니까 점심시간 예비종이 치면 놀던 일을 그만두고 바로 들어와야죠."

지적하고 넘어가야 하지만 이번엔 이 말만 하고 참고 넘어가고 다음을 기약하기로 결심했습니다. 수업 시작이 채 1분도 남지 않은 지금 신발까지 이야기하기엔 잔소리할 시간도 여력도 없었습니다. 또한 하루에도 몇 번씩 저에게 잔소리할 기회를 선물하는 장훈이기에 다음 기회가 있을 것이 분명했습니다. 그리고 본론으로 들어갔습니다. 본론은 1인 1역이었습니다.

'장훈아, 벌써 수없이 이야기했지만 1인 1역은 장훈이가 지켜야 하는 약속이에요. 장훈이가 점심시간에 나가서 노는 동안 4모둠 친구들은 장훈이 몫까지 급식을 다 치웠어요. 친구들 기분이 어땠을까?'

"…나쁠 것 같아요."

"그렇지? 그리고 어제 1인 1역을 빼먹고 난 후 친구들이랑 한 약속 기억나요?"

"네…."

"어떤 약속을 했죠?"

"오늘 급식은 제가 혼자서 치운다고요."

"그렇지? 그런데 오늘도 빼먹었네."

"…."

"장훈아, 내일은 꼭 약속 지키자. 그냥 넘어가는 건 이번까지만이야.

다음부터는 정말 혼날 거예요."

"네…."

땡땡, 그때 종소리가 울렸습니다.

"이제 종쳤네요. 빨리 들어가서 수업 준비 하세요."

'잘했어, 화내지 않고 차분히 이야기했어.'

저는 크게 한숨을 내뱉고는 마음속으로 제 자신을 칭찬했습니다.

언젠가부터 장훈이와의 대화할 때면 제 마음속에선 파블로프 행동주의(종소리와 먹이로 개의 행동을 조절한 파블로프의 개 실험으로 유명한 심리학 기조. 꾸준하고 강한 자극으로 인간 행동을 조절할 수 있다고 주장) vs 로저스의 인간주의(진심 어린 이해, 존중, 공감의 자세로 누군가를 대한다면 그는 스스로 변화한다는 심리학 기조)의 치열한 전투가 벌어집니다.

'이게 도대체 몇 번째야. 장훈이는 좋은 말로 하면 끝이 없어. 다시는 잊어버릴 생각조차 못하도록 한번 눈물 찔끔하게 혼내 줄까?'

'아니야…. 장훈이가 혼낸다고 변할까? 원체 행동도 느리고 덤벙대서 벌어지는 일인데…. 그래, 악의는 없어. 그저 노는 것을 너무 좋아하고 깜박깜박하는 버릇 때문이야. 이런 건 장훈이가 더 성장해야 나아지는 문제지. 그리고 성적도 별로여서 자신감이 부족한 아이인데…. 내가 한 번 더 이해하고 참는 것이 장훈이를 위한 거야. 화내지 말고, 혼내기보다는 잘한 점을 찾아 하나라도 더 칭찬해 줘야지….'

오늘도 맘껏 내지르고 장훈이의 눈물을 쏙 빼 버리고자 하는 파블로프의 유혹으로부터 훌륭히 벗어난 저 자신을 대견해 하며 수업을 시작하였습니다. 장훈이는 전형적인 개구쟁이 남학생입니다. 앉아 있는 것을 못 견뎌 하며 짧은 쉬는 시간 동안에도 친구들과 뛰어다니느라 정신이 없습니다. 공식적으로 뛰어다니는 게 허락되는 체육시간, 점심시간만을 바라보며 등교하는 초등학교 5학년 학생입니다. 그리고 장훈이가 하루 몇 번씩 꼭 하는 말이 있습니다. 바로 '아, 맞다!'입니다. 가정통신문, 공책, 필기도구 등 준비물부터 청소, 급식 당번, 숙제 등 꼭 해야 할 과제까지, 자신이 맡은 일들 뒤에는 항상 '아, 맞다!'가 따라다녔습니다. 처음에는 최대한 너그럽게 대하려고 노력했지만 실수가 계속 쌓여감에 따라 점점 짜증이 늘어가는 것을 느낄 수 있었습니다.

다음 날 동아리 활동이 있는 목요일이었습니다. 동아리 활동이 있는 날은 학생들이 반을 이동해 5교시 수업을 받기 때문에 점심식사 전 미리 하고 준비를 한 후 급식을 먹었습니다. 학생들과 함께 점심을 먹고 있을 무렵 '따르르르릉', 전화벨이 울렸습니다.

"양 선생, 결재 올린 서류에 고칠 것이 있어요. 점심 먹고 교무실로 내려와 줄 수 있으세요?"

"아, 제가 뭔가 실수했나 보네요. 죄송합니다. 교감 선생님, 바로 내려가 보겠습니다."

저는 급한 마음에 속도를 올려 점심을 흡입했습니다.

"얘들아, 오늘은 동아리 활동이 있는 날이니 점심식사 후 바로 동아리 교실로 갔다가 하교하시면 됩니다. 알림장은 모두들 썼죠?"

"네!"

"그럼 점심 먹고 바로 동아리 교실로 가세요. 선생님은 급한 일이 생겨 교무실에 내려갔다 올게요. 6모둠은 동아리 교실로 가기 전 청소해 주세요."

"네!"

"마지막으로 장훈아."

"네?"

"어제 약속했지? 오늘은 급식 마무리 꼭 해야 해요. 급식차는 꼭 장훈이가 가져다 놓으세요."

"…아 맞다. 네."

"그럼 장훈아, 꼭 부탁한다. 안녕, 애들아 선생님은 다녀올게요."

"네, 선생님."

장훈이가 또 깜박할까 봐 겁이나 재차 당부하곤 교무실로 내려갔습니다.

불덩이

교무실에서 제가 기안했던 현장학습 결재서류의 오류를 지적받고 약간의 핀잔을 듣고는 다시 교실로 올라왔습니다. 날짜를 잘못 쓴 자잘한 실수였습니다.

'아휴, 이놈의 실수.'

기안을 늦게 올린 데다 날짜까지 잘못 쓴 자신을 자책하며 교실에 도착해 문을 열었습니다. 그 순간 저는 그 자리에 얼어붙듯 멈춰 버렸습니다. 잠깐 동안이지만 마치 시간이 정지한 것처럼 느껴졌습니다. 아무 생각이 나지 않았습니다. 눈앞에 펼쳐진 광경은 텅 빈 교실 안에 덩그러니 서 있는, 전혀 정리가 되지 않은 급식차였습니다. 곧 가슴 속에서부터 치솟아 머리까지 올라오는 불덩이가 느껴졌습니다. 곧바로 장훈이의 동아리 교실로 성큼성큼 걸어 내려갔습니다. 그때 당시 제 얼굴을 제가 볼 순 없었지만 복도를 메운 학생들이 모세의 홍해처럼 갈라지는 모습에서 제 표정을 상상할 수 있었습니다. 하나하나 계단을 내려가면서 가슴속에서부터 올라온 불덩어리가 고삐 풀린 망아지처럼 제 머릿속을 휘저으며 외치고 있었습니다.

'박장훈 이 녀석이 감히 날 뭘로 보는 거야. 이게 오냐오냐 잘해 주니까 나를 우습게 보고 있어! 이번에는 정말 가만히 안 둬!'

장훈이가 수업을 듣는 동아리 교실 문을 거칠게 열려는 찰라 저는 멈출 수밖에 없었습니다. 이미 동아리 수업이 시작되어 조용한 분위기 속에서 담당 선생님께서 수업을 진행하고 계셨습니다. 문을 열어 선생님께 동의를 구해 장훈이를 불러낼까 잠시 고민도 했지만 긴급 상황도 아니고 단지 혼내기 위해 수업을 끊고 장훈이를 불러낼 수는 없었습니다. 무엇보다 동아리 수업을 진행하시는 나이 지긋한 선배님의 존재가 제 발길을 붙잡았습니다.

저는 한껏 인상을 찌푸린 후 다시 제 교실로 발걸음을 돌렸습니다. 동아리 수업이 끝난 다음에 장훈이를 찾아와 혼쭐을 내 줘야겠다고 다짐했습니다. 40분이 지나고 벼르고 별러서 장훈이를 다시 찾아갔을 때 '아뿔사' 교실이 텅 비어 있었습니다. 동아리 수업이 일정보다 조금 일찍 끝나고 아이들 모두 하교한 것입니다.

'빠드득.'

저는 이를 갈며 제 손으로 급식차를 치울 수밖에 없었습니다. 그리고 마음속으로 내일을 기약하며 앞으로 다시는 '아, 맞다.'라는 말을 꺼낼 생각도 못하게 할 만큼 혼내 주리라 다짐하였습니다.

식어 버린 불덩이

그리고 대망의 다음 날, 장훈이를 마주했을 때 제가 느낀 감정은 당혹 그 자체였습니다. 장훈이의 얼굴을 쳐다보는 제 마음속에서 아무런 화도 분노도 느껴지지 않았던 것입니다. 심지어 왜 자기를 불렀는지 모르겠다는 그 해맑은 표정이 귀엽게 느껴지기까지 했습니다.

'그래, 장훈이는 원래 잘 깜박하는 아이였어.'

장훈이는 그냥 평소대로 1인 1역을 또 한 번 까먹은 것뿐이라는 생각이 드는 동시에 어제 그렇게까지 화를 낸 제 자신이 바보같이 느껴졌습니다.

"장훈아, 너 어제 급식…."

"아! 맞다!"

말이 끝나기도 전에 장훈이의 외마디 비명이 터져 나왔습니다. 그와 동시에 흙빛이 된 얼굴을 봤을 때, 저는 터져 나오는 웃음을 억지로 참아야 했습니다.

"장훈아, 이번이 몇 번째지?"

"그게… 다섯 번째요."

"그래, 벌써 다섯 번째야. 1인 1역이 잘 안 지켜지면 어떤 일이 일어날까?"

"음… 모르겠어요…."

"우리 반 1인 1역에는 무엇이 있어요?"

"청소, 급식 당번, 칠판 지우기 같은 거요."

"그렇지, 만약에 우리 반 친구들 모두가 1인 1역에 소홀하다면 어떻게 될까요?"

"음…. 우리 반이 더러워 질 것 같아요."

"그렇지, 그리고 또?"

"급식을 먹기 힘들 것 같아요."

"그렇게 되겠지. 모두가 함께 노력하기 때문에 우리 반 친구들이 깨끗한 환경에서 밥 먹고 공부할 수 있는 거야. 이해할 수 있죠?"

"네."

여기서 끝낼까 생각도 했지만 이번 잔소리는 조금 더 길게 이어 나가기로 마음먹었습니다.

"그리고 장훈이가 점심시간에 밖에서 노는 동안 급식은 누가 치웠을까요?"

"저희 모둠 친구들이요."

"음… 그렇지. 아이들이 장훈이 대신 고생했지. 그럼 어제는 누가 치웠을까?"

"모둠 친구들이요."

"어젠 동아리가 있어 아이들이 모두 일찍 동아리 교실로 갔었죠. 그래서 선생님이 직접 치웠어요."

장훈이의 머리가 푹 떨어졌습니다.

"선생님도 장훈이 대신 급식을 치우면서 기분이 어땠을까요?"

"…안 좋아요."

"음… 그렇지. 그리고 또 어떤 기분이었을까?"

"짜증 나요…."

"맞아. 선생님도 무척 짜증 나고 속상했어. 억울하기도 했고. 무엇보다 장훈이가 밉다는 생각이 들었어요."

"…."

"장훈이 모둠 친구들은 어땠을까?"

"…."

"아마 선생님이 느낀 것과 비슷했을 것 같은데 장훈이 생각은 어때요?"

"그럴 것 같아요."

"선생님도 그렇게 생각해요. 그리고 다른 친구들도 점심시간에 밥 먹은 다음엔 급식을 치우고 싶을까 놀고 싶을까?"

"놀고 싶어요."

"그래, 장훈이처럼 운동장에 나가 놀고 싶은 친구도 있을 것이고 친구들과 수다 떨고 싶은 친구들도 있을 거야. 그런데 참고 자신의 역할을 하는 건데 장훈이만 계속 빠지니까 아마 친구들이 속상하겠죠?"

"네…."

"그렇지, 잘 알고 있구나. 그럼 장훈아, 장훈이가 이때까지 빠진 만큼 친구들에게 해 줄 수 있는 일은 무엇이 있을까?"

단순히 벌칙을 주기보다는 장훈이가 모둠 친구들과 틀어진 사이도 회복시켜 줄 수 있는 방법을 찾고 싶었습니다. 장훈이가 '음, 음.'이란 소리를 내고 있었습니다. 고개를 푹 숙인 장훈이의 얼굴은 여전히 보이지 않았지만 눈알을 굴리며 열심히 골몰하는 표정이 상상돼 피식 웃음이 나왔습니다.

"음…. 제가 앞으로 우리 모둠 애들 대신에 혼자 급식을 치울게요."

"그래? 장훈이가 아이들 몫까지 대신해 준다면 장훈이 모둠 친구들 기분이 좋겠는 걸? 정말 좋은 생각이다! 잘 생각했어, 장훈아."

"그렇다면 마지막, 장훈이가 1인 1역을 해야 하는 이유를 잘 알고 있는데 왜 장훈이는 계속 급식을 치우지 않고 나가 놀까요? 어떤 이유 같아?"

"…음. 계속 까먹어요."

"그래? 잊어버리는 거야?"

"네, 그런 것 같아요."

"그럼 어떻게 하면 장훈이가 잊어 먹지 않고 1인 1역을 할 수 있을까?"

"…음. 잘 모르겠어요."

"그래? 그럼 한번 방법을 생각해 보자. 그리고 장훈이가 생각나면 선생님에게 가르쳐 주세요. 오늘 아침자습시간 끝나기 전까지 잘 생각해 보고 가르쳐 주면 좋겠다. 그럼 오늘부터 며칠간 장훈이가 혼자서 급식을 치울래? 장훈이가 결정해 보세요."

"음…. 이번 주 내내 할게요."

"우와? 4일씩이나? 대단한 걸? 그럼 그렇게 하자. 오늘부터다. 약속할 수 있지?"

"네…. 그렇게 할게요."

"그럼, 꼭 약속 지키자. 그리고 어떻게 하면 약속을 지킬 수 있을지도 이번 아침자습시간 동안 생각해 오세요."

"네, 얘들아, 이번 주는 내가 급식 다 치울게!"

대화를 마치고 친구들에게 자랑스러운 듯 소리치며 들어간 장훈이는 아침자습이 끝나기 직전 다시 돌아와 자기가 안 까먹도록 짝이랑 모둠친구들이 감시해 주기로 약속했다고 말했습니다. 그러곤 이번엔 정말 약속을 지키겠다고 재차 다짐했습니다. 그런 장훈이를 보곤 자연스레 입꼬리가 올라갔습니다. 장훈이의 자신감 넘치는 모습이 귀엽게 느껴져

서이기도 했지만 무엇보다 내 감정에 휘둘리지 않고, 아이에게 상처 주는 일 없이 교사로서 역할을 다했다는 뿌듯함이 가장 컸습니다.

하루라는 시간

'화가 나거든 열을 세어라. 아주 지독하게 분노했다면 백을 세어라.' 미국 건국의 아버지이며 교육자이기도 했던 토마스 제퍼슨Thomas Jefferson의 격언입니다. 욱한 감정은 그 자리에서 바로 표출하는 것과 10분, 1시간, 하루를 생각한 후 표현하는 것, 이 둘은 표현의 방법과 그 결과에 엄청난 차이를 만들어 냅니다. 제가 교사로서 평생 지켜 나가게 될 원칙 하나가 장훈이와의 경험으로 만들어졌습니다.

'정말 화가 나도 한 시간만 참자. 그리고 이야기하자.'

수년이 흐른 지금까지 매일 매일 아이들을 대하며 이 원칙을 깨지 않기 위해 노력하고 있습니다. 굉장히 간단하지만 지키기는 매우 괴로운 원칙입니다. 하지만 괴로운 것 이상으로 장훈이의 경우처럼 믿기 힘들 정도로 놀라운 결과가 펼쳐지곤 합니다.

도대체 왜?

장훈이와의 사건은 그렇게 해피엔딩으로 끝났지만 머릿속에서 떠오른 의문은 한동안 지워지지 않았습니다.

'내가 왜 그렇게까지 화를 냈을까?'

52

물론 화가 날 일이었지만 그 당시 제가 느낀 분노를 표현하자면 있는 힘껏 소리 지르며 있는 대로 욕을 하고 심지어 패 주고 싶은 공격적인 분노였습니다. 장훈이의 행동은 그저 급식 치우는 것을 몇 번 깜박한 것이 전부였습니다. 아무리 생각해도 장훈이의 행동에 비해 저의 분노는 과도했습니다. 그 당시에는 무척 궁금했지만 정확한 해답을 얻진 못했습니다. '그저 많이 피곤했구나.' 혹은 '그전에 교무실에서 핀잔을 들어서 기분이 안 좋았구나.'라고 께름칙한 결론을 내린 후 지나갔었습니다. 그 답은 내 속에 나도 인식하지 못하는 세계가 있다는 것을 깨닫고 나서야 알게 됩니다.

무의식으로 가는 길

미국의 유명한 잡지 타임the Times지에서 20세기 가장 위대한 과학자로 아인슈타인과 지그문트 프로이트Sigmund Freud를 뽑은 바 있습니다. 또한 인류에게 가장 도움이 된 사람으로 프로이트를 7위로 선정하기도 했습니다. 이렇게 인류사에 남을 과학자로 칭송되는 프로이트의 가장 큰 업적은

지그문트 프로이트

뭐니 뭐니 해도 인류에게 최초•로 '무의식The Unconscious'이란 거대

• 프로이트가 인류 최초 무의식 탐구의 개척자라는 주장은 사실 무리가 있습니다. 무의식의 개념이나 탐구 방법은 지난 수천 년 간·불교, 힌두교, 도교, 그노시스 등 동양철학, 종교, 고대 신비주의의 핵심 주제였기 때문입니다. 하지만 무의식을 현대과학, 현대의학의 체계로 편입시키고 과학적 탐구 주제로 삼은 것은 그가 최초임에 틀림없습니다.

한 세계의 문을 열어 준 것이라고 할 수 있습니다.

무의식이란 말 그대로 인간이 의식하지 못하는 광활한 내면의 세계입니다. 프로이트는 의식하지 못하기에 무엇이 있는지도 모르고 어떻게 도달해야 할지도 알 수 없는 세계를 탐험하기 위해 치열하게 노력한 과학자입니다. 무의식 연구를 바탕으로 수많은 사람의 정신적 문제 해결을 도운 마음의 치료자이기도 합니다.

그는 평생에 걸친 열정적인 연구와 무수한 치료 경험들을 바탕으로 무의식의 체계를 밝혀냈습니다. 또한 누구나 무의식으로 향하는 길을 따라 걸을 수 있도록 최초의 지도를 만들어 주었습니다. 그 지도의 이름을 우리는 '정신분석psychoanalysis'이라고 부릅니다. 정신분석 이전 서양의학계는 인간의 정신적 문제로 생기는 모든 증상을 신체의 결함으로 여겼습니다. 정신분석은 인간의 정신적 증상(분노, 공포, 우울 등)은 물론 일부 신체적 증상(두통, 경련, 만성피로 등)도 마음의 상처 같은 정신적 문제로부터 비롯될 수 있다는 인식을 확립하는 데 크게 이바지합니다.

상처받은 아이

'아무도 보지 못한 이런 체험으로부터 우리 운명의 내면적이고 본질적인 선이 그어져 가는 것이었다. 그런 칼자국과 균열은 치료되고 잊히지만, 아무도 모르는 마음의 비밀스러운 방 안에 살면서 계속 피를 흘리고 있는 것이다.'

독일의 대문호 헤르만 헤세Hermann Hesse의 소설 《데미안》의 한 구절입니다. 데미안은 어린 시절 자신이 세상에서 가장 존경했던 아버지에게 처음으로 커다란 거짓말을 한 순간을 회상하며 위와 같이 말합니다. 데미안이 아버지에게 거짓말을 한 그 순간, 그리고 전지전능하다고 여겼던 아버지가 이를 전혀 눈치채지 못하고 있음을 알아차린 그 순간 자신의 마음속에 커다란 상처가 생겼음을 직감합니다. 그리고 데미안은 십수 년의 시간이 흐른 후에도 상처는 아물지 않은 채 남아 있다고 느낍니다. 어린 시절의 강렬한 경험은 영원히 지워지지 않고 마음속 어딘가에 남아 계속 반복된다는 헤세의 심리학적 통찰이 잘 드러나는 구절입니다.

저의 무의식 속에도 '상처받은 아이'가 있습니다. 이 아이는 의식이 미치지 못하는 무의식에서 살고 있기 때문에 저는 그 아이의 존재조차 인식할 수 없었습니다. 이 아이는 저의 어린 시절의 미움, 분노, 상처를 고스란히 간직하고 있었습니다. 저의 어머니는 무척이나 엄격했습니다. 그 당시 대부분의 어른들이 그렇듯 저의 어머니도 '아이란 너무 칭찬하면 버릇이 나빠진다. 잘못을 지적하고 야단쳐야 바르게 자란다.'라는 굳은 믿음을 가지고 있었습니다. 또한 그 시절은 '사랑의 매'란 단어로 체벌이 사회 전반에 광범위하게 용인, 미화되던 때였고 제 모친의 교육관도 이와 다르지 않았습니다. 어머니는 저를 바르게 키우려는 마음으로 최선을 다했지만 어린 제가 받아들이기에는 많이 힘에 부쳤던 것도 사실입니다.

어머니가 저를 공격(아이가 내적으로 느끼기에 공격받는다는 상황입니다. 즉 어른 입장에선 올바른 훈육이고 교육일 수 있습니다)할 경우 저에게는 '엄마 미워, 엄마는 악마야.'처럼 자연스럽게 엄마를 미워하는 감정이 싹틉니다. 하지만 아이 입장에서 엄마란 자신이 가장 사랑하는 존재입니다. 동시에 엄마의 사랑을 받지 못한다면 생존조차 불가능하다는 사실을 본능적으로 알고 있습니다. 저 역시 그랬을 것입니다.

내가 가장 믿고 의지하며 사랑하는 엄마
vs 그리고 너무 밉고 나에게 상처를 주는 엄마

위와 같은 인간관계의 양면성은 성인에겐 너무나 당연하고 받아들일 수 있는 문제입니다. 하지만 어린 제가 해결하기엔 너무 버거운 과제였을 것입니다. 아이는 사랑과 분노, 그리움과 질투 같은 상반된 감정이 함께 공존할 수 있음을 모르기 때문입니다. 고차적인 양가감정(좋아하면서도 싫어하는 감정처럼 동시에 느껴지는 양면적 감정)을 다룰 수 없는 아이는 부모에 대한 분노, 슬픔 등의 감정을 느껴서는 안 되는 감정으로 치부합니다. 죄책감 또한 느끼게 됩니다. 자연스레 부모를 향한 부정적 감정은 마음속 깊숙이 억압됩니다.

상처받은 아이의 탈출

이렇게 억압된 감정은 한동안은 사라진 것처럼 보이지만 무의식이라는 창고에 차곡차곡 쌓여 갑니다. 제가 위에서 언급한 제 속의 '상처받은 아이'는 바로 이 창고에서 살고 있었습니다. 저는 이미 성인이 됐고 결혼도 하고 아이도 가졌지만 마음속의 아이는 어린 시절의 모습 그대로입니다. 이 창고 안에서는 누군가와 대화할 기회도 없었기 때문입니다. 이 아이는 자신이 잊혔다는 사실이 마음에 들지 않습니다. 그래서 언제건 자신의 존재를 인정받기 위해 호시탐탐 기회를 벼릅니다. "너 따위가 뭘 알아? 너는 아무것도 모르면 조용히 있어."는 이 아이가 가장 싫어하는 말이며, 자신이 '무시'당한다는 느낌에 분노합니다. 수십 년간 자기가 원하지도 않은 지하실에 갇혀 있던 아이는 쓸쓸하고 외로웠고 무엇보다 화가 나 있었습니다. 이 아이는 분노를 더욱 키워가며 항상 바깥세상으로 나가길 꿈꾸고 있었습니다. 그러던 어느 날 이 아이에게 누군가 갑작스레 지하실의 열쇠를 건네줍니다. 이 아이는 뛸듯이 기뻐하며 지하실을 뛰쳐나갑니다. 하지만 지하실을 나왔다는 기쁨도 잠시, 아이는 자신에게 곧 닥칠 운명을 알기에 찰나의 환희도 마음껏 누릴 수 없습니다. 이것이 잠깐의 자유일 뿐 곧 다시 지하실에 갇힐 것이라는 것, 자신이 아무리 소리 질러도 그 목소리는 지하실 안을 맴돌 뿐 내가 들어 주지 않을 것이라는 것, 그리고 이 일로 내가 자신을 더 미워하게 될 것이라는 것, 그래서 아이를 더 깊은 지하실로, 더 단단한 자물쇠로 가둘 것까지… 아이는 너무 잘 알고 있습니다. 그래서 아이는 이 분노를 있는 힘껏 분출시킵니다. 마음껏 날뛰며 자신의 화와 상처를 마치 화산이 터지듯이 폭발시키며 성인이 된 저를 조종합니다. 비록 길지 않은 시간이었지만 저는 이 '상처받은 아이'에게 완벽히 지배당하고 맙니다. 이때 이 아이를 풀

어 주는 창고의 열쇠를 건네준 사람이 바로 '장훈'이었습니다. 그리
고 그 열쇠의 정체는 바로 '무시'당했다는 감정입니다.

감정전이

제가 학생을 혼낼 때 종종 들었던 생각이 있습니다. '내가 아이들에
게 너무 잘해 줬더니 내말을 무시하는구나. 날 우습게 아는구나. 한번
무섭게 혼내 줘야겠구나.' 이런 생각이 들 때면 여지없이 학생들을 필요
이상으로 크게 꾸지람했습니다. 이런 상황을 돌이켜 보면 마치 내가 아
닌 분노 그 자체가 저를 지배한다는 느낌입니다. 그리고 지난 후 이런
생각을 하게 됩니다.

내가 왜 그렇게 심하게 화를 냈었지?

저는 장훈이에게 화를 낸 것이 아니었습니다. 내 안의 아이가 나의
모친에게, 그리고 내 감정을 가둬 둔 나 자신에게 화를 냈던 것입니다.
정신분석에는 이러한 현상을 '감정전이transference'라고 부릅니다. 전이
란 중요한 사람들과의 관계에서 경험했던 감정, 사고, 행동의 양상이 시
간이 지나 전혀 다른 사람과의 관계에서 반복되는 현상입니다. 전이는
굉장히 흔히 경험할 수 있는 심리적 현상입니다. '마누라가 예쁘면 처
갓집 말뚝에 절을 한다.'는 속담처럼 인간은 누군가에 느낀 호감을 관
련된 다른 사람, 물건, 상황에 쉽게 전이합니다. 반대로 '스님이 미우면

58

가사도 싫어진다.'는 말처럼 부정적 전이도 흔히 볼 수 있습니다.

전이는 대체로 무의식적이고 자동적으로 일어나기 때문에 당사자들을 힘들게 할 때가 많습니다. 누구나 '왜 그 사람이 그렇게 끌리고 좋은지', 혹은 '왜 그렇게 한없이 미운지' 이유도 모른 채 감정의 바다에 빠져 허우적대는 경험을 해 본 적이 있을 것입니다. 저는 그런 경우에 대부분 엉뚱한 사람 탓을 하거나 혹은 저의 참을성 없음을 자책하곤 했습니다.

위기는 기회

무의식에서 비롯된 이유 모를 감정적 위기를 겪고 있다면 감정전이를 경험하고 있을 가능성이 높습니다. 갑작스레 솟아오르는 분노, 질투, 짜증, 끝을 알 수 없는 우울, 갑작스런 기쁨과 흥분 등 이유를 알 수 없는 감정에 사로잡혔을 때 인간은 괴로움을 느낍니다. 하지만 괴롭고 힘든 그 순간이 바로 나의 무의식을 살펴볼 수 있는 절호의 기회가 될 수 있습니다. 제가 장훈이와의 사건에서 깨달음을 얻었던 것처럼 말입니다.

그렇기 때문에 정신분석에서는 전이를 핵심 치료 개념으로 삼고 있습니다. 치료자는 내담자의 전이를 분석하고 실제 치료 현장에서 일부러 전이를 이끌어 내도록 노력합니다. 때론 도발을 통해 내담자의 분노를 일부러 끄집어내거나 강하게 밀어붙여 내담자가 슬픔에 복받치도록 만들기도 합니다. 이런 행동은 내담자가 자신 안에 숨은 상처받은 아이를 스스로 깨닫도록 도와주기 위함입니다. 감정의 파도가 강력할수록 더 깊숙한 무의식 속에 숨어 있는 상처를 찾을 수 있는 기회가 될 수도 있습니다. 정신분석에서는 나를 마음대로 휘두르는 이 강력한 존재의 영향력에서 벗어나기 위해선 무의식의 창고에 갇힌 상처받은 존재를 햇빛이 비치는 바깥 세상으로 끄집어내야 한다고 강조합니다.

자유연상법

정신분석에서는 무의식에 갇힌 아이를 찾는 다양한 방법을 제시합니다. 그 첫째는 바로 꿈입니다. '꿈은 무의식으로 이르는 왕도다.'라는 말이 있습니다. 꿈은 그 자체로 무의식의 덩어리이며 무의식이 감독한 한 편의 영화입니다. 내가 하늘을 나는 모습 혹은 추락하는 모습, 좋아하는 여자 혹은 남자와의 달콤한 한때, 갑작스레 나를 쫓는 귀신 등 꿈속에선 모든 일이 거침이 없습니다. 순서도 없으며 논리도 없습니다. 오직 감정, 본능, 욕구만이 생생하게 살아 숨 쉬는 장소가 바로 꿈입니다. 정신분석에서는 꿈이 이러한 특성을 가지는 이유로 사람의 논리와 이성(자아-ego, 예:사람은 하늘을 날 수 없어) 및 도덕, 책임감, 의무감(초자아-superego, 예:엄마를 욕하면 안 돼, 나쁜 짓이야)이 꿈에선 힘을 쓰지 못하기 때문이라고 말합니다. 그렇기 때문에 꿈은 이성, 도덕관념의 방해를 받지 않고 억눌린 감정을 날 것 그대로 관찰할 기회를 만들어 줍니다. 하지만 꿈의 모습은 한없이 개인적이고 너무나 제멋대로인 무의식의 언어로 표현되기 때문에 그 참뜻을 이해하기 매우 어렵습니다. 꿈의 분석은 훈련된 정신분석가의 영역이라고 할 수 있으며 일반인이 접근하기에는 매우 난해합니다.

그렇다면 자아가 개입하지 않는 꿈과 비슷한 상황을 현실에서 만들

수는 없을까요? 만약 내담자가 누구에게도 비난받을 걱정하지 않고 자기 생각을 있는 그대로 자유롭게 말할 수 있다면 자아와 초자아의 방해를 뚫고 무의식의 언저리에 도달할 수 있지 않을까요? 이런 통찰에서 시작된 것이 바로 프로이트의 자유연상법입니다. 프로이트는 만약 누구에게도 방해받지 않는 편안하고 안락한 분위기가 주어진다면, 그리고 도덕, 책임감에서 해방된 자유로운 분위기가 함께 주어진다면 인간은 깨어 있는 상태에서도 무의식에 접속할 수 있다고 말했습니다. 방법은 간단합니다. 자신의 생각을 편안하게 끊김 없이 따라가는 것입니다.

내가 필요 이상으로 크게 화난 이유는 무엇일까? 장훈이가 계속 까먹어서일까? 답답해서일까? 나는 답답함을 잘 못 참나? 왜 못 참지? 이런 경우가 또 있었나? 아 과거에 이런 비슷한 감정을 느꼈던 것 같은데…. 석호였나? 석호와 내가…. 그때 나는 석호를 죽여 버리고 싶었어…. 어떤 감정 때문에 이렇게 내가 화났었지? 어떤 말이었지? 저런 바보 같은 새끼랑 무슨 말을 해…. 이 말 때문이었던 것 같아…. 그리고 이 말 때문에 내가 '무시'당했다고 느낀 것 같아…. 왜 나는 무시당했다고 생각할까? 무시당한 것엔 왜 그리 흥분할까? 내가 무시당한 것에 스트레스를 많이 받아 왔나?

저는 장훈이와의 일을 시작점으로 놓고 위와 같이 제 생각을 따라가 보았습니다. 그리고 발견한 것이 제가 앞서 언급한 무의식 속의 '무시당한 아이'였습니다. 무시당한 아이의 존재를 깨닫고 아이를 지하실에서 꺼내 의식의 빛을 비춰 주고 나서야 비로소 아이와의 화해를 시작할 수 있었습니다.

상처받은 아이 위로하기

이성을 잃을 정도로 화가 치밀어 오를 때.
내가 왜 화를 내고 있는지 이유를 알 수 없을 때.
약자를 분풀이의 대상으로 삼는 자신을 발견했을 때.
우리에게 필요한 것은 바로 자신을 돌아보는 일입니다.

"선생님 잊어버렸어요, 다음에는 꼭 할게요."
민석이는 숙제를 자주 안 해 와 항상 학교에 남아 숙제를 하는 장훈이와 비슷한 아이였습니다. 다른 점이 있다면 민석이는 제 안의 상처받은 아이의 존재를 알게 된 후에 만난 아이라는 점입니다. 민석이 같은 학생을 마주할 때 저는 제 안의 상처받은 아이의 존재를 다시 느낍니다. 그럴 때는 짧게는 10분 길게는 1시간 정도의 시간을 가진 후 대화를 하려고 노력합니다. 그렇게 미뤄 둔 시간 동안 저는 저의 내면과 대화를 나눕니다.

민석이가 네 말을 무시했다고 생각했구나. 민석이는 네 말을 무시하기 위해서 숙제를 안 해 온 것은 아니야. 그냥 숙제를 챙기는 습관을 들이지 못한 것뿐이야. 네가 민석이에게 화낼 필요는 없어. 네가 무척 상처받았다는 것 알아. 정말 많이 힘들었지? 많이 억울했지? 얼마나 아팠을까…. 고마워. 정말 고마워…. 이제는 혼자가 아니야 내가 항상 함께할 거야.

부끄럽지만 저는 가끔 내 안의 상처받은 마음을 실제 인물로 구체화시키기도 합니다. 그리고 '상처받은 아이'에게 편지를 쓰기도 하죠. 앞의 편지는 제가 실제 제 마음에 보낸 편지의 일부분입니다. 때론 아이를 묘사하는 글을 쓸 때도 있습니다. 그리고 밖으로 소리 내어 읽기도 합니다. 아이의 얼굴, 표정, 행동 등을 그림으로 그릴 때도 있습니다. 이런 작업은 그저 머릿속으로 '괜찮아, 화낼 필요 없어.'라고 되뇌는 것보다 훨씬 안정감과 편안함을 가져다 줍니다. 저뿐만 아니라 제 안의 아이도 안정되고 만족했다는 느낌을 받습니다. 이런 과정이 저와 비슷한 내적갈등을 가진 사람들에게 작은 도움이라도 됐으면 하는 바람입니다.

마지막으로 틱낫한釋一行 스님의 저서《화》에서 화에 대해 묘사한 구절을 소개하며 이 장을 마치겠습니다.

화는 우리의 적이 아니라 보살핌을 간절히 바라는 아기이다. 어머니는 아무리 바빠도 아기가 울면 왜 고통스러워하고 있는지를 살핀다. 만약 아기의 몸에 열이 있으면 열을 식히는 약을 먹이고, 배가 고파서 울었다면 따뜻한 우유를 먹이고, 기저귀가 너무 꼭 죄여 있었다면 기저귀를 풀어 준다. 화라는 아기를 돌보기 위해서는 일단 우리가 하던 모든 일을 멈추고 달려가서 의식적으로 품에 안고서 달래야 한다.

선생님 저 스스로 할 수 있어요

자아실현 경향성(인간주의 심리학, 칼 로저스1)

"선생님, 동우가 제 머리 때렸어요."

민지가 소리를 지르며 저에게 바람같이 달려왔습니다.

"휴…. 그래? 그럼 동우 불러오렴."

"네, 이동우 너 선생님이 오래!"

민지는 소리를 지르며 동우에게 쏜살같이 달려갔습니다.

"휴…. 힘들다."

저도 모르게 한숨이 새어 나왔습니다. 고작 10분이 채 안 되는 쉬는 시간 동안 벌써 세 번째 다툼이었습니다. 초등학교 2학년 교실의 풍경은 고학년의 그것과는 천지 차입니다. 고학년의 교실이 깔끔한 마트 같다면 저학년의 교실은 마치 자갈치 시장에 온 듯합니다. 상점 주인들의 채근에 끌려 다니느라 넋이 빠져 나갑니다. 여기저기 상점에 끌려 다니던 손님은 처음엔 나름 성의껏 응답해 주다가 결국 '나 좀 가만 놔 둬!'라고 펄쩍 뛰며 비명을 지르게 되죠. 저학년을 처음 맡은 저로서는 몇 번이고 목구멍까지 튀어나오려는 이 비명을 오늘도 꾹꾹 눌러 삼켰습니다. 저는 초등학교에서 갈수록 희귀동물이 돼 가는 남교사로서 본의 아니게 6학년 전문 담임교사로 활약했습니다. 그러나 전 담임 선생님의 건강 문제로 갑작스레 새로운 2학년 담임교사로 투입되었습니다. 마음의 준비를 할 겨를도 없이 들어오게 된 교실에서 저는 한숨 돌릴 틈도 없이 고군분투 중이었습니다. 힘겹게 수업을 끝내면 잠시 쉴 틈도 없이 '선생님 ○○○이 ○○○해요' 시리즈가 쏟아집니다. "선생님, 수정이가 내 지우개 뺏어 갔어요. 아니에요, 연우가 먼저 제 연필 던졌어요. 선생님, 민수가 복도에서 뛰었어요. 선생님, 석현이가 제 물을 입 대고 먹었어요. 꺅! 선생님, 성환이가 오줌 쌌어요…" 이 숨막히는 시리즈 중 가장 인기 있는 것은 뭐니 뭐니 해도 "선생님 ○○○가 절 때렸어요."입니다.

"동우야, 왜 민지를 때렸어요?"

"…민지가 저보고 바보라고 했어요."

"아무리 그래도 때리면 안 되지. 때린 건 잘못이에요. 잘못했죠?"

"네…"

"자, 민지에게 사과."

"미안해."

"민지도 동우에게 듣기 싫은 말한 것 사과해요."

"미안해."

"그럼, 민지는 들어가고 동우는 폭력을 썼으니까 5분 동안 뒤돌아 반성하세요."

저에겐 아이들의 고소·고발에 대한 일종의 '매뉴얼'이 정해져 있었습니다. 매뉴얼은 간단합니다. 친구에게 피해를 줬을 땐 사과하고 욕을 사용하는 등의 심한 언어폭력은 벽을 보고 1분간 반성의 시간 갖기, 신체 폭력은 5분간 벽을 보고 반성하기 등, 상황에 따른 규칙을 정해 놓고 아이들에게 그에 맞는 벌을 주는 방식이었습니다. 그 결과 쉬는 시간 10분 동안 칠판을 보고 반성하는 아이들로 교실 앞 공간이 모자랄

지경이었습니다. 언젠가는 나이 지긋하신 선배 선생님께서 지나시다가 그 모습을 보시고는 넌지시 물어보신 일도 있었습니다.

"2학년 4반은 저번 시간에 단체 기합을 받았어? 무슨 일이야?"

"아! 그게 아니라… 아이들끼리 싸웠을 때 1분 정도 반성의 시간을 갖게 하는 규칙이 있거든요. 그런데 아이들이 너무 많이 나오네요. 정말 힘들어 죽겠어요…."

"아이들이 싸워서 벌을 준 거라고? 4반에선 아이들이 그렇게 많이들 싸워?"

"그렇게 심하게 싸우는 것은 아닌데요. 별것 아닌 일로 계속 아이들이 일러요. 대부분 사소한 일이지만 잘못은 잘못이니까요. 그래서 아이들에게 경고가 되도록 앞에 나와 잠시 반성하라는 벌칙을 정했어요. 그런데… 어휴… 끝이 없네요. 정말 피곤해 죽겠어요."

"음…. 그랬구만…. 선생님은 2학년 처음 맡으셨다고 했죠?"

"네."

"그렇구나. 그런데 그렇게 하면 선생님이 너무 힘들지 않아? 아이들도 힘들고."

"말도 마세요. 진짜 고자질이 제일 힘드네요…. 정말 쉬는 시간에도 숨 돌릴 틈이 없어요. 그래도 애들 고발을 그냥 흘려들을 수도 없고, 애들이 잘못한 행동을 그냥 넘어갈 수도 없고요. 저에게 도움을 청한 것이니 제가 아무것도 안 하면 아이들 이야기를 무시하는 게 되잖아요. 그런데 모든 이야기를 다 듣고 처리해 주려니 제가 폭발해 버릴 뻔한 적이 한두 번이 아니에요. 그렇게 하루를 보내고 아이들을 하교시키고 나면 정신이 멍해져요. 한동안 꼼짝도 못하고 하늘만 쳐다본다니까요."

"그렇게 생각하시는구나. 정말 열심히 하네. 훌륭한 교사야. 어쨌든 선생님이 많이 힘들고 애들도 조금 힘들 것 같네요. 선생님은 저학년이 처음이니까 적응이 힘든 것은 당연하지. 그래, 계속 열심히 고민하면 좋은 방법을 찾을 수 있을 거야."

"네, 선생님. 걱정해 주셔서 감사합니다."

선배님이 왠지 말씀을 아낀다는 느낌은 들었지만 굳이 파고들진 않았습니다. 그 당시 4년차 교사로서 자신감이 충만했던 시기였습니다. 이제는 충고 없이도 혼자서 충분히 잘할 수 있다는 마음에 주위 선배님들께 도움을 청하기보다는 혼자 해결하는 경우가 많았습니다. 점점 질문하지 않는 교사가 되어 가던 시기였습니다.

정말 그것만으로 괜찮니?

"선생님, 강혁이가 저보고 돼지라고 놀렸어요!"

흘끗 칠판 쪽을 바라봤습니다. 쉬는 시간이 5분이 채 지나지 않았지만 네 명의 아이가 반성하고 있었습니다. '휴' 한숨을 크게 한 번 쉬고 이야기를 시작했습니다.

"그래? 그럼 영주야, 강혁이 불러오세요."

"음…. 근데 선생님."

"왜 영주야, 또 이야기할 것이 있니?"

"네…. 선생님, 그런데 강혁이에게 벌은 안 주셔도 돼요."

"응? 벌은 안 줘도 된다고?"

"네. 그냥 얘기만 해 주세요."

"어? 그래? 그럼… 그렇게…. 강혁이 좀 불러오렴."

"네. 야, 이강혁, 선생님이 오래!"

뛰어가는 영주를 보며 전 의아함을 감출 수 없었습니다.

'영주가 선생님께 일러 바쳐서 강혁이를 벌 주는 것이 너무 미안했나? 고작 1분간만 서서 반성하는 것이 다인데…. 그런데 단지 미안했던 것이라면 왜 굳이 와서 내게 이야기를 했을까? 애초에 이르지 않으면 되는 건데.'

여러 가지 궁금증이 머릿속을 맴돌고 있을 때 어느새 강혁이가 제 앞에 서 있었습니다.

"네, 선생님."

"강혁아, 영주를 돼지라고 놀렸니?"

"네…."

"영주가 그런 말 들었을 때 기분이 어땠을까?"

"나빠요…."

"그렇지. 다음부턴 그러지 말자."

"네. 그럼 반성해요?"

"아니, 영주가 강혁이가 반성 안 했으면 좋겠다고 하네요. 그러니까 다음부터 조심하고 계속 놀면 돼요."

"네? 진짜요? 네!"

강혁이는 입이 귀에 걸려 다시 아이들 틈으로 돌아갔습니다. 저는 바로 다시 영주를 불러 궁금했던 질문을 던졌습니다.

"영주야, 강혁이에게 다신 안 그럴 것이라고 약속 받았어요."

"네."

"혹시나 다시 한 번 놀리면 꼭 선생님께 얘기하세요."

"네."

"근데 한 가지만 물어볼게. 강혁이가 반성 안 해도 된다고 했는데 이유가 뭐예요?"

"음…. 그냥요. 벌 안 받아도 될 것 같아서요."

"그래? 왜?"

"그냥 별거 아니라서요."

"응, 그래? 그럼 별 일 아닌데 친구가 영주 때문에 벌 받으면 기분이 좋지 않아서 그런 거니?"

"네."

"그렇구나. 그러면 애초에 선생님에게 이야기 안 했으면 됐을 텐데. 왜 이야기했어?"

"그냥 그러고 싶어서요."

"응?"

"선생님에게 말하고 싶어서요."

영주 말의 의미를 이해하게 된 것은 그로부터 한참 지나서입니다. 그리고 영주가 원한 것이 영주만이 아니라 우리 반 아이들 모두가 원하던 것, 또한 성인인 나조차도 원하던 그 무엇이었다는 점도 한참 뒤에 깨닫게 됩니다. 당시 저는 궁금증을 참지 못하고 정말 오랜만에 조언을 구하기 위해 선배 선생님께 찾아갔습니다. 제가 중학생이었을 때 초등교사의 길을 시작했을 만큼 풍부한 경험을 가진 선배님께서는 손가락으로 안경을 매만지며 웃음기를 머금은 표정으로 입을 여셨습니다.

"자기, 여자 친구 있어?"

"네? 아 그게… 없는데요."

"그렇구나. 그럼 내가 하는 말을 잘 들으면 여자 친구 사귀는 데도 도움이 될 거야….

"네?"

난생 처음 아프리카의 콩고어를 들은 것처럼 멍한 표정의 저와는 달리 선배님은 마치 친구의 의자를 몰래 빼놓곤 친구가 앉기를 기다리는 장난스런 표정으로 저를 쳐다보며 말씀을 시작하셨습니다.

"그냥, 잘 들어 봐. 여자들이 말이 많은 가장 큰 이유가 뭔지 알아? 그건 그냥 말이 하고 싶어서야. 무슨 이야기인지 알겠어?"

"네? 무슨 소리인지?"

"다시 말하자면 자기 마음을 남이 알아줬으면 해서 이야기하는 거지. 굳이 도움을 받고 해결하기 위한 것이 아니라 이야기하기 위해 이야기하는 것이 대부분이야. 어차피 상대방이 해결해 주길 바라는 건 아니거든."

"그럼 영주도 그런 경우인가요?"

"그래, 영주도 그냥 자기가 좋아하는 선생님이 자기 마음을 알아줬으면 했던 것일 거야. 영주가 친구들을 혼내 주라는 말은 아니었을 거야. 그냥 선생님 '저 친구가 놀려서 속상해요. 제가 속상한 것 알아주세요.' 하는 마음이지. 전에 선생님 봤을 때도 말해 주고 싶었는데 선생님이 나름 열의를 갖고 하는 행동을 막을 수는 없겠다 싶어서 말 안 했지. 결론은 아이들이 하는 말 하나 하나 다 선생님이 직접 해결해 줄 필요는 없다는 거야. 물론 누가 심하게 때렸거나 애가 울거나 하면 선생님이 직접 나서야 하지만 사소한 것은 그냥 들어 주기만 해도 돼."

"그냥 들어 주라고요?"

"어. 근데 그냥 들어 주기만 하는 것은 그렇고. 한 가지만 지켜 줘."

"그게 뭔데요?"

"맞장구."

"네?"

"그냥 맞장구쳐 주며 듣는 거야. 그랬어? 속상했겠구나, 얼마나 짜증 났을까, 이런 식으로 맞장구를 쳐 줘야지."

"그거면 돼요? 그런데 장난을 친 아이들을 그냥 가만히 두면 피해 입은 아이들이 억울해하지 않을까요?"

"그 선은 선생님이 정해 주시면 돼지. 선생님의 판단에 필요하다고 여겨지거나 피해 입은 아이가 정말 억울해할 경우는 선생님이 뭔가 조치를 취해야 하겠지. 하지만 모든 아이가 친구들을 벌 주기 위해 선생님을 찾는 것은 아닐 거야. 그저 선생님에게 말 걸고 싶고 선생님이 자기 마음을 알아주는 것까지만 바라는 아이들도 많을 거야. 신기한 게 선생님이 들어 주고 이해해 주면 아이들은 알아서 한다니까. 한번 시도해 봐."

"그래요?"

"생각해 봐. 그리고 이 기술 잘 익히면 여자 친구 만드는 데도 도움 많이 된다. 이렇게 잘 생긴 총각이 왜 아직도 여자 친구가 없을까? 눈이 너무 높은 것 아냐?"

"참 미스터리죠. 그러니 선생님 소개팅 시켜 주세요."라고 대꾸하며 함께 웃었습니다. 당시엔 마음 한구석에선 '아이들의 문제를 그저 편하게 넘어가려는 변명이 아닐까?'라고 의심하기도 했습니다. 어쨌든 밑져야 본전, 내일부터 선배님의 조언을 실천해 보기로 마음먹었습니다.

스스로 해결할 기회를 주세요

"선생님, 현석이가 저 때렸어요!"

얼굴을 붉힌 채 서연이가 와서 소리 질렀습니다. 무척 화가 나 보였습니다. 저는 다시 한숨을 쉬었습니다. 그리고 무의식적으로 "현석이 데리고 와요."라고 말할 뻔 했습니다. 하지만 아슬아슬한 타이밍에 하려던 말을 간신히 멈출 수 있었습니다. 그러곤 말했습니다.

"그랬어? 서연이 짜증 났겠다."

"네, 현석이 진짜 짜증 나요."

"어디를 맞은 거야?"

"제 머리를 잡아당기고요, 뒤통수를 때렸어요."

"저런 세게 때렸니? 많이 아팠겠다. 지금도 아파요?"

"아니, 그건 아닌데요. 괜찮아요."

"진짜 괜찮겠어? 보건실 안 가도 될까요?"

"네, 괜찮아요. 그 정돈 아니에요."

서연이는 부끄러운 듯 씩 웃으며 다시 아이들 틈으로 뛰어갔습니다. 그때 나의 얼굴을 찍어 놨더라면 눈은 커지고 입은 반은 벌린 바보 같은 표정이었을 것임에 틀림없습니다. 저는 저도 모르게 중얼거렸습니다.

'어, 정말 끝났네.'

그 뒤로 서연이는 쉬는 시간 내내 정말 즐거운 듯이 친구들과 노는 것을 목격했습니다. 심지어 현석이도 함께였습니다.

선배님의 조언을 몇 년간 실천해 본 결과 이제 자신 있게 말할 수 있습니다. 대부분의 아이들은 문제 상황을 스스로 헤쳐나갈 수 있는 힘을 가지고 있습니다. 저는 강혁이에게 반성의 시간을 갖게 함으로써 영주가 받은 고통을 직접 해결해 주려고 했습니다. 하지만 영주에겐 제 해결이 굳이 필요하지 않았습니다. 영주 혼자서 이 문제를 충분히 해결할 수 있었습니다. 오히려 제가 강혁이에게 벌칙을 주었다면 영주가 스스로 해결할 기회를 방해한 셈이 됐을 것입니다. 영주는 제가 제시한 '강혁이 벌 주기'가 자신이 원하는 해결 방법이 아니라고 생각했습니다. 영주는 단지 강혁이가 자신을 '돼지'라고 놀리는 행동을 멈추길 바랐고 선생님에게 이야기함으로써 자신의 목표를 달성했던 것입니다. 저는 우리 아이들의 모든 문제를 교사가 해결해야 한다는 지나친 책임감에 빠져 저도 모르게 아이들이 스스로 해결할 기회를 뺏은 셈이었습니다.

스스로 행복해지려는 우리 아이들

저는 이 깨달음을 상담대학원에서 인본주의 심리학자 칼 로저스Carl Rogers를 공부하며 다시 마주하게 됩니다. 그는 독특한 별명을 가지고 있습니다. 바로 '성자 로저스St. Rogers'입니다. 제가 앞으로 소개할 로저스의 사상을 귀 기울여 들어 보신다면 이 별명을 이해하실 것입니다.

칼 로저스

로저스는 인간이라면 누구나 스스로 성장하려 하고 그 과정을 행복하게 여긴다고 주장하였습니다. 예를 들어 철수는 말을 하기도 전 유아기 때부터 자신이 몸을 움직이는 활동을 좋아한다는 것을 어렴풋이 느낍니다. 그래선지 철수는 앉아 있는 법이 없습니다. 넘어져 까져도 항상 뛰어다니고 점프하며 즐거워합니다. 이런 철수는 커 가며 농구라는 스포츠를 배웁니다. 철수는 농구할 때가 제일 즐겁다는 것을 깨닫고 오늘도 운동장에서 공을 던집니다. 철수와는 달리 영희는 가만히 앉아 책을 읽는 것이 가장 즐겁습니다. 판타지 소설을 즐겨 읽는 영희는 머릿속에서 거인, 요정, 난쟁이, 마법사가 사는 환상의 세계를 상상하는 것이 취미입니다. 영희는 언젠가 나만의 작품을 쓰고야 말겠다는 꿈을 가지고 있습니다.

로저스는 철수와 영희처럼 인간은 누구나 자신의 내적잠재력을 인지하고 발전시키려는 경향성을 가지고 태어난다고 주장합니다. 인간은 자기가 제일 좋아하는 행동을 본능적으로 찾고 그 행동을 즐기며 끊임없이 반복합니다. 이 과정을 자아실현이라고 부릅니다. 자아실현과 행복한 삶은 떼려야 뗄 수 없는 한 몸입니다. 인간이라면 누구나 스스로 자아실현을 성취하려는 의지를 가지고 있으며 그러므로 누구나 행복한 삶을 누리는 능력을 가지고 태어납니다.

로저스가 말하는 자아실현의 개념은 꼭 직업을 찾는 거창한 일에만 국한되진 않습니다. 친구들과 수다 떠는 것을 좋아해 항상 웃긴 농담을 미리 준비하는 민수, 가장 친한 친구와 싸웠으나 다시 친해지고 싶어 먼저 사과하는 철민이의 행동은 모두 자신의 행복을 위해 적절한 방법을 찾아 노력하는 모습입니다. 자기를 '돼지'라고 놀린 강혁이를 따로 벌을 주지 않도록 내게 부탁했던 영주도 현석이에게 맞았으나 복수하는 길을 마다하고 다시 현석이와 웃으며 어울리는 방법을 선택한 서연이도 마찬가지입니다. 우리 아이들은 스스로 행복한 길을 찾아갈 능력을 지니고 있습니다. 다만 우리 아이들이 이 능력을 발휘하기 위해선 조금의 도움이 필요합니다.

그건 네 잘못이 아니란다

'It is not your fault.'(그건 네 잘못이 아니란다)

제가 가장 좋아하는 상담학 관련 영화인 〈굿 윌 헌팅Good Will Hunting〉에 나오는 대사의 한 토막입니다. 꼭 보시길 권유하며 아래 내용은 스포일러를 다수 포함하고 있음을 경고 드립니다. 하버드 대학의 청소부로 일하고 있었던 윌 헌팅은 그 재능을 알아본 수학과 교수 램보가 무릎을 꿇고 수학 난제의 풀이를 부탁할 만큼 천재적인 두뇌의 소유자입니다. 하지만 윌은 어렸을 때부터 수없이 노출된 아버지의 학대와 폭력으로 인해 큰 상처를 안고 살아갑니다. 인지적으로는 누구도 따라올 수 없는 군계일학의 천재지만 정서적으로는 10대에 멈춰 버린 아이 자아에 묶여 한 발자국도 전진하지 못했습니다. 윌은 누구에게도 마음을 열지 않습니다. 자신의 천재성을 사용해 주위 사람들을 조롱하고 괴롭힐 뿐입니다. 윌에게 도움을 주려는 램보 교수, 월과 친밀한 관계를 원하는 여자친구 모두 다가가면 다가갈수록 윌은 더욱 거칠게 밀어낼 뿐이었습니다. 그 결과 항상 홀로 남겨진 채 외롭고 괴로운 삶을 살며 주변 사람들과 사회를 원망합니다.

극 중에서 윌은 수학적 지식뿐 아니라 정신분석학, 심리학에 방

대한 지식을 지니고 있는 것으로 묘사됩니다. 이미 자신의 문제점을 인식하고 있고 원인도 파악하고 있습니다. 그리고 문제의 해결책도 이미 알고 있었을 것입니다. 하지만 윌은 시간이 갈수록 더욱 비뚤어져만 갔습니다. 그때 윌은 램보 교수의 소개로 숀이라는 상담사를 만납니다. 모든 문제의 해결책을 알고 있었지만 조

금도 전진할 수 없었던 천재 윌이 변하게 된 계기는 숀과의 만남이었습니다.

숀이 윌과의 만남 속에서 한 일은 오직 한 가지입니다. 숀은 진심을 다해 윌을 마주 보려 노력하였습니다. 숀은 윌의 행동을 비난하거나 흔한 잔소리 한마디도 하지 않습니다. 해결책을 제시하거나 대신 해결해 주려고 나서지도 않았습니다. 그저 윌이 말하기 원할 때까지 천천히 기다려 주었습니다. 그리고 윌이 입을 열었을 때 그 이야기를 성심껏 들어 줍니다. 윌의 이야기를 들어 주기만 하던 숀은 마지막 만남에서야 윌에게 도움의 손길을 내밉니다. 처음이자 마지막으로 숀이 내민 도움의 손길은 '너의 삶의 문제는 ○○야. 그러니 ○○ 살아야 돼.'처럼 문제 분석도 해결책 제시도 아니었습니다. 숀의 마지막 도움은 그저 다섯 단어의 위로였습니다.

'그건 네 잘못이 아니야(It is not your fault).'

이 다섯 단어는 어린 시절 학대의 고통을 모두 자신이 못난 탓, 자신이 잘못한 탓으로 여기며 자책하던 윌의 무의식 속의 상처받은 아이를 해방시킵니다. 죄책감에 못 이겨 자기 파괴적인 행동을 일삼던 윌은 이 순간부터 앞으로 전진하기 시작합니다.

윌 헌팅 = 우리

저에게 〈굿 윌 헌팅〉이란 영화는 로저스의 사상을 실체화한 우화로 비쳤습니다. 영화에서 천재로 분한 윌은 삶 속에서 필연적으로 상처받으며 살아가는 우리 모두를 상징화한 인물입니다. 또한 우리 모두는 윌 같은 천재이기도 합니다. '자기 자신'이라는 분야에 대한 최고의 전문가이기 때문입니다. 최고의 천재 윌처럼 우리는 자기 문제에 대한 모든 해답을 자신 안에 지니고 있습니다. 해답은 단 하나의 답만 추구하는 정답과는 다릅니다. 산꼭대기에 오르기 위해서 경사가 높지만 가장 빠른 길을 추구하는 사람, 경치를 즐기기 위해 오래 걸리지만 완만하고 구불구불한 산길을 좋아하는 사람, 심지어 산 꼭대기에 오르는 것을 거부하고 산 아래에서 자신이 좋아하는 사람들과 담소를 나누는 것에 더 가치를 두는 사람 등, 진정한 행복에 도달하는 해답은 다양합니다. 그렇기에 친구와 다퉜을 때, 누군가 나를 미워할 때, 진로를 결정할 때, 평생의 반려자를 찾을 때 등 인생을 살며 직면하게 되는 크고 작은 질문들에 대한 무수한 해답 중 무엇이 나를 실현하는 길인지는 우리의 마음속에서 찾을 수밖에 없습니다.

어른들의 역할

우리 학생들도 모두 자신만의 해결책을 가지고 있는 천재들입니다. 학생들에게 충분히 생각할 시간을 주지 않는 행동, 어른의 정답을 강요하는 행동이 학생 스스로 자신만의 해답을 찾는 길을 가로막고 있을 뿐입니다. 제가 성급히 학생들에게 벌을 주어 학생 스스로 친구와 화해할 기회를 뺏은 것처럼 말입니다.

학생들이 자신의 천재성을 발휘하는 데 첫 번째로 필요한 것은 어른들의 인내심입니다. 어른이 지나치게 지시적일 경우 아이들은 모든 문제에서 어른의 결정만을 바라보게 됩니다. '문제를 어떻게 해결해야 내가 행복할까?'보다 '문제를 어떻게 해결해야 선생님, 엄마가 기분 나빠하지 않을까?'를 먼저 걱정하게 됩니다.

둘째로 필요한 것은 들어 주고 맞장구쳐 주는 공감적 반응입니다. 학생들이 자신만의 해결책을 찾기 위해 필요한 사람은 해결책을 가르쳐 주는 어른이 아닙니다. 학생의 사정을 잠자코 들어 주고 '네 잘못이 아니야.'라고 응원해 주는 손 같은 누군가입니다. 자신에게 벌어지는 모든 불행을 주변 사람들의 탓으로 돌리고 모두를 밀어냈지만 사실은 자신의 마음을 진정으로 이해하고 존중해 줄 누군가를 간절히 찾고 있었던 윌 헌팅처럼 말입니다.

인간은 스스로 자기를 실천하고 유지하며 향상시킨다. _칼 로저스

학생들의 문제를 직접 나서서 빠르게 해결해 주고 싶은 욕구가 생길 때 저는 이 말을 속으로 되새기곤 합니다. 로저스는 인간이 변화하기

위해 필요한 것은 누군가 가르쳐 주는 답이 아니라 진심으로 존중하고 이해받는다는 느낌이라고 말했습니다. 오히려 섣부른 충고가 학생이 자신만의 해답을 찾아가는 길을 방해할 수도 있습니다. 때론 학생에게 가장 도움이 절박해 보이는 때가 가장 참고 지켜봐 줘야 할 시기일 수도 있습니다. 아이가 스스로 크게 성장할 기회가 바로 그때일 수도 있기 때문입니다.

다음 장에서는 학생들이 스스로 성장하는 힘, 즉 자아실현 경향성을 키워 주기 위한 어른들의 역할에 대해 더 자세히 다루도록 하겠습니다. 로저스는 그 방법을 매우 감동적으로 아름답게 제시합니다.

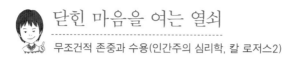

닫힌 마음을 여는 열쇠

무조건적 존중과 수용(인간주의 심리학, 칼 로저스2)

"으아아악!"

교실이 들썩이는 비명 소리였습니다. 바로 운범이었습니다.

"내가 할 거야!"

운범이의 목소리가 교실 전체에 울려 퍼집니다. 교실 안 스물네 쌍의 눈망울이 모두 운범이에게 쏠렸습니다. 평소 쉬는 시간 같았으면 스물네 명이 떠드는 소리 속에 함께 묻혔을 테지만 문제는 그 순간이 수업 중이라는 것이었습니다. 슬기로운 생활 교과서에서 나온 주사위를 이용한 보드게임을 하던 중 주사위를 누가 먼저 던질지를 가지고 다툼을 하다 운범이가 그만 폭발해 버리고 말았습니다.

운범이는 마치 활화산 같은 아이였습니다. 한번 터지면 어지간해서는 멈추기 힘듭니다. 우리 반에서 가장 많이 싸우고 가장 크게 소리 지르며 가장 자주 울음을 터뜨리는 학생입니다. 운범이는 한번 화가 나면 주위를 보지 못합니다. 최대한 낮게 깔린 '그만'이란 목소리와 차가운 눈빛으로 수많은 아이의 기선을 제압하던 저였지만 운범이의 경우는 통하지 않았습니다. 과거에도 운범이가 친구와 싸우는 장면을 보고

80

눈빛, 목소리만으로 운범이를 멈추려 시도했다가 운범이가 친구의 얼굴을 할퀴어 상처를 내는 불상사가 벌어진 적이 있습니다.

"운범아! 친구를 이렇게 할퀴면 어떻게 하니? 친구를 때리면 안 되는 거야. 운범이는 지금 잘못된 행동을 했으니까 잠시 뒤에서 반성의 시간을 가져야 해요. 뒤로 가서 잠시 서서 반성하세요."

"쟤가 먼저 내 것 뺏어서 그런 거란 말이에요!"

"뭐가 됐건 폭력은 나쁜 것이에요. 지금 뒤로 가세요."

"…쟤가 먼저 그랬는데…."

"뭐라고?"

운범이는 입을 꾹 닫은 채 고개를 숙이고는 나의 눈을 피했습니다.

"안되겠네…. 이리로 오세요."

나는 운범이의 손을 직접 잡고 뒤로 끌고 갔습니다.

"여기서 자신이 잘못한 것 반성하고 있으세요. 알겠어요?"

"…."

운범이는 끝까지 '네'라고 말하지 않았습니다. 앙다문 입술과 상기된 얼굴을 하곤 나와 눈도 마주치려 하지 않았습니다. 운범이와의 이 같은 기 싸움은 일주일에 두세 번씩 반복되었습니다. 저는 흥분한 운범이를 그 자리에서 길들이는 데 단 한 번도 성공하지 못했습니다. 그저 운범이를 아이들과 격리시키고 반성의 시간을 갖게 한 한참 후에야 겨우 대화 비슷한 것을 시도해 볼 뿐이었습니다. 그마저도 선생님이 화난 것 같으니 더 혼나기 싫어 억지로 대화하는 느낌, 권위를 이용해 굴복시킨다는 느낌이 더 강했습니다.

"운범아, 네가 친구 때릴 때 선생님이 멈추라고 했었는데 왜 멈추지 않았니?"

"선생님, 목소리 못 들었어요."

"정말? 안 들렸니?"

"네. 진짜요."

거짓말 같지 않았습니다. 흥분하면 아무것도 안 보이는 운범이가 언제 큰 사고를 칠지 몰라 덜컥 겁이 났습니다. 저는 흥분한 운범이를 보면 최대한 빨리 아이들에게서 떼어내고 벌을 주었습니다. 제가 운범이에게 주는 처벌은 시간이 갈수록 더 강해졌습니다. 그래서인지 운범이와의 관계도 갈수록 험악해졌습니다. 물론 운범이를 처벌로만 교육하지는 않았습니다. 운범이가 수업에 열심히 참여할 때, 친구들에게 양보하는 모습을 보일 때는 정말 많이 칭찬해 주고 최고라고 치켜세워 주기도 했습니다. 잘못했을 때는 즉시 아이들과 격리시키고, 반성문을 쓰게 하였고 훌륭한 모습을 보였을 때는 폭풍 칭찬을 해 주는 일명 '당근과 채찍'을 사용했습니다. 운범이는 아주 조금씩 나아지는 듯 보였습니다. 그 증거로 직접 친구를 때리고 할퀴는 폭력은 줄어들고 있었습니다. 하지만 운범이가 친구들과 다투는 횟수 자체는 크게 줄지 않았고 화가 불같이 치솟아 올랐을 때는 여전히 통제 불능이었습니다. 화를 진정시키기까지는 여전히 따로 반성하는 격리의 시간이 필요했습니다.

이것이 선배님과의 대화로 제가 변하기 전까지 운범이의 모습이었습니다. 선배님과의 대화 후 아이를 바라보는 시선, 대화하는 방식이 서서히 변화해 갔습니다. 그 후로 2학년 아이들을 다루기가 더 쉬워졌습니다. 조금 자신감이 붙은 탓이었을까요? 흥분해 있는 운범이에게 다가갈 때 제 얼굴엔 희미한 미소가 떠올랐던 것 같습니다. 저는 주사위를 주먹에 꽉 쥔 채 당장이라도 폭발할 듯 씩씩거리는 운범이의 손을 꼭 잡은 후 학생들을 바라보며 말했습니다.

"자, 수업중이니 주사위 게임을 계속 진행하세요. 선생님은 2모둠 친구들이랑 이야기해 볼게요."

학생들을 진정시키곤 운범이와 2모둠 친구들을 바라보며 이야기를 시작하였습니다.

"자, 운범이랑 한수도 친구들에게 방해 안 되게 지금부턴 우리만 들릴 정도의 목소리로 조용히 이야기하는 거예요."

혹시나 돌발행동을 방지하기 위해 운범이의 어깨에 지그시 손을 올려놓은 채로 운범이와 이야기를 시작했습니다. 다른 아이들에게 방해되지 않도록 목소리는 낮추기 위해 운범이와 얼굴이 맞닿을 정도로 가까이 다가갔습니다.

"운범이가 많이 화가 났네."

"…"

운범이는 한수를 노려볼 뿐 아무 대답도 하지 않았습니다.

"운범이가 많이 억울한 일이 있었나 보다. 그러니?"

"…네. 한수가 자기가 먼저 하겠다고 자기 마음대로 뺏어 갔어요!"

"내가 언제? 니가 먼저 뺏어 갔잖아…."

"잠시만, 진정하고 싸움을 멈춰 보자. 한수를 보니 한수도 많이 화가 나 있구나. 선생님이 운범이랑 한수 두 쪽의 말을 모두 들어 보고 싶다. 지금 당장 듣고 싶은데 수업중이라 힘들겠네. 운범아, 한수야, 선생님이 지금 당장 이야기를 들어 주진 못해도 수업이 끝날 때까지 기다려 줄수 있겠니? 그때 화가 난 이유를 이야기해 주면 어떨까?"

"네…."

"…"

한수는 대답하였지만 운범이는 한수를 째려볼 뿐 아무 말도 하지 않았습니다.

"운범아, 혹시 아직도 화가 많이 나서 수업에 참여하기 힘드니?"

"…네."

"그럼 어떻게 하는 게 좋을까?"

"저 하기 싫어요."

"그래? 운범이 정말 속상한가 보네요. 그래도 수업은 해야 하는데… 운범아 어떻게 하지? 다른 좋은 방법이 있을까?"

"…"

아무 대답하지 않는 운범이의 귀에 대고 조용히 물어봤습니다.

"운범아, 선생님은 운범이가 재미있게 게임을 했으면 좋겠어. 혹시 방법이 있으면 알려 줄래?"

그제야 운범이는 반응을 보였습니다.

"…저 딴 친구랑 하고 싶어요."

"그렇구나. 그럼 10분 정도 남았지만 잠시만 자리를 바꿔서 활동해 보자. 그렇게 할래?"

"네…. 그건 괜찮아요."

운범이가 마치 인심을 쓴다는 듯한 표정으로 말했습니다. 그 모습도 퍽 귀엽게 보이는 제 자신이 웃겼습니다.

"그래? 고마워, 얘들아 잠시만 선생님 이야기를 들어 줄래? 잠시 운범이와 한수를 위해 운범이와 자리를 바꿔 줄 친구 있나요? 그럼 운범이, 한수는 물론이고 선생님이 진짜 고맙겠는데…."

"저요! 저요!"

선생님이 고맙겠다는 말이 끝나자마자 아이들은 벌 떼같이 손을 들어 주었습니다. 선생님과 눈을 맞추기 위해 눈알이 튀어나올 만큼 크게 뜬 눈, 교실 천장을 뚫어 버릴 듯 온힘을 다해 뻗어 올린 손을 보며 2학년 아이들은 선생님께 칭찬받기 위해서라면 불구덩이라도 기꺼이 뛰어들겠다는 생각이 들었습니다. 아이들의 이런 모습은 몇 번을 봐도 볼 때마다 제 입꼬리를 위로 당겨 줍니다.

"그럼, 철우가 운범이와 이번 시간 동안만 자리를 바꿔 줄까요?"

"네!"

"고마워 철우야, 운범아 저 자리에 가서 계속 게임을 진행하자. 가기 전 한 가지만 더… 운범아 수업 중에는?"

"큰 소리를 내지 않아요."

"그렇지 왜 그래야 할까요?"

"친구들 공부에 방해가 돼요."

"그렇지, 그럼 이 약속은 꼭 지켜야 돼요."

불과 3~4분 남짓한 시간에 운범이는 자신의 기분을 정리하였습니다. 친구를 때리지도 않았고 뒤에 가서 따로 반성의 시간을 갖지도 않았습니다. 대화를 통해 기분을 정리하곤 다시 게임에 참여해 무사히 그 수업을 마칠 수 있었습니다. 예전 같았으면 상상하지도 못할 만큼 크게 변한 모습이었습니다.

조건 없는 존중과 수용, 그리고 자아실현

선배님과의 대화 후 저와 아이들의 사이는 저도 모르게 가까워져 있었습니다. 추후 상담심리학을 공부하며 제가 실천했던 마음가짐이 모든 상담자가 가져야 할 가장 필수적이고 기본적인 자세임을 알게 되어 적지 않게 놀란 적이 있습니다. 제가 어설프게나마 실천한 것은 바로 로저스의 인간주의 심리학의 대표 명제 중 하나인 내담자에 대한 무조건적인 존중과 수용unconditional regards의 자세였던 것입니다. 이것은 상담심리학이 발견한 인간을 성장시켜 주는 가장 강력한 무기 중 하나로 평가받습니다. 이 무기가 운범이의 변화를 이끈 비결이었습니다.

무조건적인 존중과 수용은 상담가가 가져야 할 기본적인 마음가짐입니다. 하지만 처음 로저스의 이 말을 접했을 때 저는 무척 의아했습니다. 학생들은 특히 어린아이일수록 배우고 고쳐 나가야 할 점투성이입니다. 그러므로 교정과 사회화가 교육의 가장 큰 목표가 될 수밖에 없는데 어떻게 무조건적으로 아이들을 받아 줄 수 있을까요? 모든 것을 받아 준다면 아이가 망가지진 않을까요? 이 의문점에 대한 로저스의 해답은 아래와 같습니다.

사람 안에 짐승은 없다. 사람 안에는 사람만이 있을 뿐이다.
그리고 우리는 이를 해방시킬 수 있다. _칼 로저스

로저스의 관점에서 사람 안에 두려워해야 할 짐승은 없습니다. 오히려 사람 안에는 균형 있고, 현실적이며, 주변과 친근한 관계를 원하고, 자신을 성취하고자 하는 유기체가 있을 뿐입니다. 이 말은 마치 심리학 이론이 아닌 종교적 신념처럼 들리기도 합니다. 하지만 로저스의 이 신념은 맹목적인 종교적 믿음에서 비롯된 것이 아닙니다. 이 신념은 로저스의 무수한 치료 경험에서 경험적으로 형성된 깨달음이었습니다. 그도 처음에는 당시 주류이던 정신분석학의 전통에 따라 인간 내면에는 통제해야만 할 성적 욕구, 공격성, 질투심 등의 괴물같은 원초적 본능(id)이 강하게 자리 잡고 있다고 믿었습니다. 하지만 그는 수많은 상담과 치료를 통해 이 믿음에 문제가 있다고 생각하게 됩니다. 사람 안엔 괴물이 있는 게 아니라 '사람 안에는 사람이 있을 뿐'이라는 사실을 경험적으로 '발견'하게 된 것이죠. 더 많은 상담 경험을 쌓아 가며 그의 마음속에서 이 발견은 확신으로 변화하게 되며 종국에는 확고한 신념으로 자리 잡습니다.

그에 따르면 우리 안의 짐승은 우리가 그것을 짐승으로 대할 때 짐승으로서 존재하게 되는 것입니다. 학생의 행동에 무조건 '잘못됐다. 넌 나쁜 마음을 먹었다. 넌 나쁜 녀석이다.'라는 태도로 일관할 때 짐승이 탄생하는 것입니다. 하지만 그 짐승조차 우리 안의 '사람'이 자유롭고 충분히 발휘된다면 눈부신 보물로 변화하게 됩니다. 이 보물은 우리가 성장하는 밑거름이 됩니다. 예를 들어 공격성, 성욕, 증오같이 짐승으로만 여기던 원초적인 본능들이 역사적인 예술가와 예술 작품을 탄생시키듯 말입니다. 혹은 당신이 질투, 고마움, 미움, 집착, 행복 같은 극단적인 감정들이 얽힌 열렬한 사랑을 경험했다면, 그리고 이를 회피하거나, 억압하거나, 부정하지 않고 긍정하고 받아들여 내면에서 완전한 통합을 이루었다면 당신은 그 사랑의 경험 전과는 전혀 다른 사람이 되었을 것입니다. 우리는 이를 '성장했다'고 말합니다.

즉, 우리가 그릇된 마음, 못된 생각이라고 생각했던 짐승조차 사실 알고 보면 우리가 취하고 통합해야 할 잠재력이고 에너지이며 우리의 소중한 자산이라고 로저스는 말합니다. 그러므로 우리 안에 짐승은 없습니다. 대신 우리를 더욱 사람답게 만들어 줄 나의 일부분들이 있을 뿐입니다. 우리 안의 '사람'은 이 조각들을 더해 우리를 한 단계 더 성장시키고 더 완전한 사람을 만들어 줍니다.

로저스는 이 과정을 모든 인간이 나아가야 할 목표인 '자아실현 self-actualizing(자신을 현실로 만들기)'이라고 불렀습니다. 로저스가 말한 자아실현이란 원하는 직업을 갖거나, 어릴 적 소망을 이루는 것을 뜻하지 않습니다. 로저스가 말한 '자아실현'의 참뜻은 자기 안에 있는 나의 일부분들을 모두 남김없이 통합하여 숨김 없고 진실되며 참된 자기로 살아가는 경지를 뜻합니다. 비록 그 일부분들이 정면으로 마주하기엔 추하고, 더럽고, 애처롭고, 슬플지라도 말입니다. 내 모든 부분을 통합해 참된 나에 가까워질수록 나를 힘들게 했던 정신적인 문제들은 사라지게 됩니다. 좀 더 자유롭고 참된 자신이 되기 때문입니다. 그래서 로저스는 자아실현을 이룩한 사람을 완전히 기능하는 사람fully functioning person이라고 부르기도 했습니다.

우리 안의 짐승이 우리를 성장시키는 자산이 되기 위해서 꼭 필요한 조건이 있습니다. 그것이 친구를 해치고 싶을 만큼 불타오르는 질투심이건, 못 견딜 만큼 미운 차가운 증오이건, 함께 죽고 싶을 만큼 괴로운 사랑이건, 모든 감정, 생각, 행동 그로 인한 결과까지 이 경험들이 총체적으로 온전히 수용되어야 한다는 것입니다.

모든 것이 수용된 후에야 우리 안의 '사람'은 그 경험을 '나의 잠재력, 자산'으로 인식하고 통합하는 활동을 할 수 있다고 합니다. 그리고 이 자산이 자아실현에 활용됩니다. 모두가 싫어하며, 소거하려고 노력하는 부적응적 성향조차도 감싸 안아 줘야 할 소중한 일부분으로 여겨야만 한다는 로저스의 관점은 당시 사람들에게 큰 충격을 주었습니다. 나아가 부적응적 성향까지 감싸 안는 행동이 인간을 망치는 게 아니라 오히려 인간의 성장에 도움을 준다는 생각은 인간의 정신을 탐구하는 사람들에게 패러다임의 전환을 가져다 주었습니다.

로저스의 신념은 그 자체로 우리에게 인간적인 감동을 선사합니다. 또한 인간 내면에 대한 새로운 관점과 깊은 영감을 가져다 줍니다. 하지만 아직 사회화가 끝나지 않은 아동, 청소년을 다뤄야 할 교사의 입장에서는 로저스의 생각을 그대로 따르기엔 수많은 난관이 가로막혀 있습니다. 예를 들어 학생들이 서로 때리거나 언어적으로 상처를 주고 있다면 교사는 이 행동들을 가만히 수용할 순 없습니다. 더 큰 상처를 입는 것을 막기 위해선 아이들의 '행동'은 꼭 제지해야 합니다. 이런 우리 교사들에게도 로저스의 신념을 펼칠 수 있는 장소가 있습니다. 그곳이 바로 아이의 '감정'이 있는 장소입니다.

운범이가 수업에 방해가 될 정도로 소란을 피운 행동을 수용해 줄 수는 없습니다. 또한 수용되어서도 안 되겠죠. 교사라면 학생의 그릇된 행동을 최선을 다해 교정해야 합니다. 행동은 교정의 대상인 반면 아이가 그 행동을 하게 된 원인인 '감정과 생각'은 무조건적으로 존중하고 수용해 주어야 합니다. 예를 들어 운범이가 수업 중에 소리를 지를 정도로 '화가 나고 억울한 마음'은 존중해 줘야 할 대상인 것입니다.

어처구니없이 비논리적이고 한없이 개인적인

'인간은 감정의 동물이다.'

이 말은 인간은 논리보다 감정이 더 큰 원인으로 작용해 행동한다는 것을 일러 주는 격언입니다. 또한 아무리 이성적인 사람이라도 감정을 완벽히 조절할 수는 없다는 사실을 말해 주기도 합니다. 성인일지라도 말이죠. 예를 들어 다음과 같은 감정, 생각을 가지고 있는 성인을 살펴 보겠습니다.

'나를 속여 내 돈을 가로챈 사기꾼을 죽여 버리고 싶다.'

'내 사업이 실패했다. 자살해 버리고 싶다.'

사람을 죽이면 돈이 돌아올까요? 혹은 자신이 자살한다고 사업이 다시 성공할까요? 대답은 당연히 '아니요'입니다. 정말 그렇게 했다간 문제 해결은커녕 오히려 문제가 눈덩이처럼 불어나 감당할 수 없을 것입니다. 그러므로 두 생각 모두 굉장히 비논리적인 생각입니다. 인간이 이성적 동물이라면 이런 생각은 존재할 수 없습니다. 하지만 살면서 누구나 이런 극단적인 생각을 떠올릴 때가 있기 마련입니다. 성숙한 어른도 그럴진대 아동, 청소년들은 말할 것도 없습니다.

　'아이 씨, 짜증 나. 한수를 패 버릴 거야.'

　운범이의 평소 모습을 생각해 보면 운범이가 수업 중 소리 질렀을 당시 위와 같이 생각하고 있었을 것이 분명합니다. '사기꾼을 죽여 버리겠다'는 생각, '사업에 실패해 자살해 버리겠다'는 생각, '한수를 패 버릴 것이라는 생각'은 비논리적이고 감정적이기 때문에 비난받아 마땅할까요? 저는 운범이의 생각을 혼내야 했을까요? 저의 대답은 '아니요'입니다. 누구나 자신의 처지에 따라 비이성적인 감정이나 생각을 가질 수 있습니다. 인간의 감정은 원래 비논리적입니다.

　아이　엄마, 아빠지만 때려 주고 싶다.
　남자　저 지나가는 아름다운 여자와 자고 싶다.
　여자　저 예쁜 구두, 명품 가방을 훔쳐서라도 갖고 싶다.

　인간이라면 위와 같이 하루에도 몇 번씩 비논리적이고 때론 폭력적인 감정, 생각을 무의식적으로 떠올립니다. 우리의 본능을 법의 처분에 맡긴다면 전자발찌를 채워야 하는 상습 전과자가 될 것입니다. 아무리 이성적인 사람이라도 감정은 비논리적이며 자기도 모르게 솟아납니다. 조절할 수 없습니다. 이것이 학생의 감정을 함부로 비판해선 안 되는 첫 번째 이유입니다. 예수님이 "너희 중 한 번도 죄짓지 않은 자만 이 여자를 돌로 쳐라."라고 말했을 때 아무도 나서지 못했던 것처럼 타인의 감정을 함부로 평가하거나 비판할 수 있는 권리를 가진 사람은 없습니다. 때문에 현대적인 사법 체계를 가진 어떤 국가도 생각, 감정, 사상만으로 법적 처벌을 내리지 않습니다. 다만 그릇된 생각, 감정이 행동으로 옮겨졌을 때 그 행위만을 처벌할 뿐입니다.

혹자는 운범이와 사기 피해자, 부도난 업체의 사장은 사건의 경중이 다르기 때문에 비교 대상이 아니라고 말할 수도 있을 것입니다. 하지만 운범이가 겪은 일이 아이들 간 사소한 다툼이기 때문에 운범이의 분노도 가볍다고 장담할 수 있을까요? 모든 인간이 사건의 심각성 점수가 100점일 경우엔 100점의 분노를 느끼고 심각성 점수가 30점일 경우엔 30점만큼의 분노를 느낀다면 운범이의 분노를 비난할 수 있습니다. 하지만 똑같이 버스를 놓치고도 '아까워라, 그래도 다음 버스 타면 되지.'라는 사람이 있는 반면 '저 빌어먹을 버스 기사, 사고나 나라.'라고 분노하는 사람이 있기 마련입니다. 감정은 지극히 사적이며 개인적인 영역에 자리 잡고 있습니다. 그렇기 때문에 감정의 상대적 비교 또한 무의미합니다.

감정과 이성은 따로따로?

"아, 로미오 왜 당신은 로미오인가요? 아버지를 잊고 그 가문의 이름을 버리세요. 그것이 싫다면 날 사랑한다고 맹세하세요. 그럼 제 이름을 버려서라도 당신을 사랑하겠어요."

이 대사는 셰익스피어의 희곡 《로미오와 줄리엣》 중 줄리엣이 로미오가 철천지원수인 몬태규 가문의 자제란 사실을 듣고 외치는 절규입니다. 이 대사에는 가문을 버려서라도 사랑이 계속되길 바라는 줄리엣의 절박한 심정이 드러나 있습니다. 인간이란 동물은 재밌게도 아무 이유 없이 처음 보는 사람에게 격렬한 사랑의 감정을 느끼는가 하면 설명할 수 없는 이유로 누군가를 죽도록 미워하기도 합니다. 또한 이성적으로는 뻔히 닥쳐 올 비극적인 최후를 예감하면서도 감정이 몰아붙이는 힘에 밀려 극단적으로 행동하기도 합니다. 《로미오와 줄리엣》은 이러한 감정과 이성의 간극에서 비롯된 비극을 직접적으로 다룬 작품입니다. 감정과 이성의 간극은 수많은 문학 작품의 주제로 때론 아름답게 때론 처절하게 그려집니다. 전 세계 어느 나라든 이 같은 소재를 차용한 문학 작품을 쉽게 찾아볼 수 있는 만큼 이성과 감정의 간극을 인간 본성의 한 단면으로 여길 수 있을 것입니다.

물리적으로도 감정은 이성과 동떨어져 있습니다. 이것은 심리적, 비유적인 표현이 아닌 과학적인 근거에 기반을 둔 사실입니다. 뇌에서 감정을 느끼는 부분과 논리적 사고를 하는 부위는 실제 떨어져 있습니다. 즉 감정은 논리적 사고를 거치지 않고 그냥 느끼는 것입니다. 아무리 이성적인 사람이라도 솟아오르는 감정을 자유자재로 조절할 순 없습니다. 인간이 느끼는 감정 자체를 비난하는 행동은 조절하기 불가능한 것을 조절하라고 강요하는 것과 마찬가지입니다. 마치 '네 심장은 왜 빨리 뛰니? 그것도 조절 못 하는 걸 보면 넌 참 못난 아이구나.'라는 억지와 다르지 않습니다. 이것이 학생의 감정을 함부로 비난해선 안 되는 두 번째 이유입니다. 조절할 수 없이 무의식적으로 솟구치는 감정을 주변에서 평가하고 비난할 경우 학생들은 깊은 상처를 받을 수밖에 없습니다.

네가 느끼는 감정은 잘못됐어!

"선생님, 무서워요."

"성욱아, 이 정도 갖다 왜 그렇게 겁을 많이 먹니? 6학년이 됐으니 이 정도는 아무것도 아니에요. 용기 내서 해 보세요."

제가 6학년 체육시간 뒤구르기 수업에서 했던 말입니다. 지금도 가끔씩 생각나 얼굴이 화끈거리곤 합니다. 물론 이제는 이 같은 종류의 말을 절대로 쓰지 않으려 노력합니다. 초등학교 아이들은 교사의 평가와 충고를 절대적으로 신뢰하기 때문입니다. 이러한 성향은 초등학교 저학년일수록 심한데 1학년 교실에서 담임교사는 마치 신과 같은 존재라고 말할 수 있을 정도입니다. 1학년 교실에서는 선생님이 하는 말은 모두 진리, 선생님이 시키는 것은 법, 선생님에게 혼나는 아이는 몹쓸 아이가 돼 버립니다.

그토록 존경받는 저의 말에 따르면 성욱이가 겁을 먹은 것은 옳지 못한 일이 됩니다. 친구들은 자연스럽게 '성욱이는 겁을 먹었으니 못난 학생이야.'라고 받아들입니다. 그리고 성욱이는 '맞아, 내가 겁먹은 것은 내가 겁쟁이라서 그래. 왜 나는 용기가 없을까? 창피해.'라고 생각하게 됩니다. 이렇게 상처를 주는 말을 한다고 해서 성욱이의 태도가 변하는 것도 아니었습니다. 오히려 성욱이는 그 뒤에 더욱 소극적으로 변했습니다. 아마 저의 말에 상처받아 구르기에 대해 마음을 닫아 버렸을 것입니다. 물론 저의 의도는 학생을 자극해 '그래 나는 6학이니 용기 내서 해 볼 거야.'라고 생각하도록 유도한 것이지만 성욱이에겐 그나마 있던 용기마저 꺾어 버리는 말이 돼 버린 셈이었습니다.

"6학년이나 돼서 뭐 그런 일로 삐쳐서 싸우고 그랬어?"

"남자가 뭐 그런 일로 소심하게 샘을 냈니?"

고백건대 저의 초임 교사 시절을 생각해 보면 이렇게 학생의 감정 그 자체를 비난한 경우가 셀 수 없을 정도로 많습니다. 이런 말은 '대범해 져라, 너그러워져라.'라는 교사의 의도와는 전혀 다르게 전달됩니다.

"6학년인데도 사소한 일로 화냈으니 너는 나잇값도 못 하는 못난 아이야."

"남자인데도 질투심을 느꼈으니 너는 남자답지 못한 아이야."

이런 말들은 학생들에게 수많은 부정적인 영향을 끼칩니다. 그중 가 장 최악은 학생들이 마음의 문을 닫아 버린다는 점일 것입니다.

마음의 자물쇠

아동, 청소년과 성인의 가장 큰 차이점은 무엇일까요? 여러 가지 답 이 있겠지만 저는 '솔직함'이라고 생각합니다. 아이들은 대부분의 일상 생활에서는 가면을 쓰지 않습니다. 우는 아이는 슬픔의 감정을, 웃는 아이는 기쁨의 감정을 느낍니다. '3살짜리 아이가 뽀로로를 보며 웃는 모습 속에서 나는 감춰진 쓸쓸함과 공허함이 언뜻 지나가는 것을 놓치 지 않았다.' 이 문장을 보고 입꼬리가 올라갔다면 아이는 가면을 쓰지 않는다는 의미를 무의식적으로 인식하고 있는 것입니다. 이처럼 아이의 마음의 문은 대부분 활짝 열려 있습니다.

반면 어른의 마음의 문은 굳게 닫혀 있는 경우가 대부분입니다. '밀당'이란 이젠 젊은 세대 사이엔 표준어가 되어 버린 용어가 있습니다. 밀고 당기기의 준말로서 남녀 사이에서 상대방을 좋아하지만 속마음을 드러내지 않고 상대방을 끌어들이려는 전략을 일컫는 말입니다. 카톡의 '1' 안 지우기, 늦게 답장하기, 전화 안 받기, 데이트 신청을 받았을 때 바쁜 척하며 튕기기 등이 밀당에 속합니다.

아이들과는 달리 성인들에겐 자신의 감정을 숨기는 것은 무척 자연스러운 일입니다. 심지어 밀당의 고수가 연애를 잘한다는 말이 있을 정도로 감정을 능숙히 감추는 것이 세련된 매너, 혹은 미덕으로 받아들여지기도 합니다. 특히 힘든 직장생활을 경험해 봤거나 사랑에 절망해 본 경험을 가진 인생의 쓴맛을 아는 어른이라면 솔직함은 그 자체로 지나친 사치라고 생각할지 모릅니다.

언제부터 우리의 가슴과 얼굴 근육이 분리되기 시작했을까요? 언제부터 우리는 있는 그대로의 마음을 드러내지 않고 숨기기 시작했을까요? 제 기억력이 허락하는 한에서 저의 첫발은 엄마로부터 시작되었습니다. '남자가 울면 고추 떨어진다.' 이 말의 의미를 이해한 순간부터 저는 힘껏 울음을 참았습니다. 물론 이 말을 곧이곧대로 믿은 것은 아니지만 우는 행위가 여성스러운 것이란 느낌은 저에게 충분히 전달되었습니다.

여자가 되긴 죽어도 싫었던 저는 남자다운 남자가 되기 위해서 온힘을 다해 눈물샘을 틀어막았던 기억이 납니다. 솔직한 감정 표현이 비난받을 수 있다는 것을 깨닫게 된 것은 아마 이때쯤부터였던 것 같습니다. 우리 모두에겐 속마음을 모두 남김없이 드러낸 시절도 있었습니다.

하지만 지금의 제가 속마음을 편히 드러내는 상대는 겨우 두세 명 남짓일 뿐입니다. 성인들이 좋아하는 이성에게 섣불리 고백 못하는 이유, 직장 상사에게 함부로 불평 못 하는 이유, 자신의 정치색을 드러내기 두려워하는 이유, 마음에 자물쇠를 굳게 잠그게 된 이유는 모두 타인에게 거절당하는 것, 부정당하는 것이 두렵기 때문입니다.

우리의 학생들도 마찬가지입니다. 자신의 솔직한 감정 표현을 거부당하는 순간 학생들은 상처를 받게 됩니다. 또한 자신이 거부당했다고 느끼게 됩니다. 아이들이 보여 준 감정이 진심일수록 상처는 더 커지고 상처가 클수록 아이의 마음에는 더 많은 자물쇠가 채워지게 됩니다.

마음의 문이 닫히면

마음의 문이 닫힌 아이에겐 결국 두 가지 선택만이 남게 됩니다. 첫째, 더 폭발적으로 감정을 표출하는 것입니다. 자신이 억울하고 화난 마음을 온몸을 사용해 폭발시킵니다. 자기감정에 빠져 누구의 말도 들리지 않는 상태가 되죠. 화가 나면 수업 시간에 관계없이 소리를 지르며 친구를 때리기도 하는 운범이가 이 경우에 속합니다.

둘째, 자신의 감정을 감추는 길을 택하는 아이들도 있습니다. '누구한테 말해 봤자 소용없어, 누구도 알아주지 않아.' 같이 무기력에 빠지게 되는 것입니다. 분노, 억울함을 마음속 깊이 걸어 잠근 채 누구에게도 꺼내 놓으려 하지 않습니다. 학생은 무기력해지고 생기를 잃어버립니다. 타인과 교류를 꺼리며 우울증에 빠지는 경우도 있습니다.

두 선택 모두 다른 사람과의 정상적 의사소통이 불가능하다는 것이 특징입니다. 이들에게 '교실에서 지켜야 하는 규칙'이니, '폭력은 나쁜 것'이라는 말들이 먹힐 리가 없습니다. 그래서 어른들은 이런 학생들을 다루는 일이 매우 힘들 수밖에 없습니다. 아무리 노력해도 뾰족한 방법을 찾지 못한 채 좌절하죠. 학생들의 마음의 문을 열 수 있는 가장 좋은 방법은 없을까요?

운범이 2

교사의 눈을 피하는 시선, 억울함과 화가 가득한 표정, 선생님의 말에 어떤 반응도 하지 않는 모습, 꾹 닫혀 버린 입, 마음의 문을 닫아 버린 학생의 전형적인 모습이며 바로 학기 초 운범이의 모습이었습니다. 아마도 운범이는 아주 어릴 때부터 주변 사람에게 자기의 감정을 거부당하고 비난받아 왔을 것입니다. 그 결과 마음에 자물쇠를 채웠을 것입니다. 마음의 문을 닫은 학생은 '내 감정을 표현해 봤자 아무도 인정해 주지 않아. 오히려 비난받을 수도 있어.'라는 두려움을 가지고 있습니다. 그래서 일정 이상 화가 나면 입을 닫아 버립니다. 또한 자신의 감정을 알아주지 않는다는 억울함과 답답함에 압도돼 누구의 말도 들으려 하지 않습니다. 그 답답함은 때론 폭력, 욕설로 표현되기도 합니다. 운범이가 보여 준 다양한 폭력, 욕설, 침묵들은 모두 다른 형태를 띠고 있지만 말하고자 하는 바는 오직 한 가지입니다.

"내 마음을 이해해 주세요! 왜 이렇게까지 해도 아무도 내 마음을 이해 못 하는 거예요?"

이해받지 못했기 때문에, 공감해 주는 사람이 없었기 때문에 운범이의 행동은 계속 폭력적으로 변하게 된 것입니다. 마치 신생아가 배가 고프면 고플수록 더 소리 높여 우는 것처럼요.

"운범이가 화가 많이 났구나. 얼마나 속상했을까?"

따뜻한 시선과 감정의 수용. 이것이 운범이가 가장 갈망하는 무언가입니다. 운범이가 진정으로 듣고 싶었던 말은 폭력이 나쁘다는 말이 아니라 누군가 자기가 화났다는 것을 알아주는 수용과 위로의 한마디였습니다. 운범이가 분노를 느꼈다고 그 자체로 운범이를 책망할 순 없습니다. 운범이는 자신의 감정을 스스로 조절할 수 없기 때문입니다. 운범이만이 아니라 그 누구도 분노, 질투, 증오 등의 감정을 느꼈다는 사실만으로 비난받거나 평가받아선 안 됩니다. 잘못된 행동은 벌을 주더라도 학생의 감정은 무조건적으로 수용하고 존중해 줘야 합니다. 학생의 감정은 타인으로부터 거부당했을 때 더욱 강력해집니다. 분노를 느낀 학생은 더 깊은 분노를, 억울함을 느낀 학생은 더 큰 억울함을 느끼며 슬픔은 더 깊고 진해집니다. 걷잡을 수 없이 커 버린 감정은 학생을 멋대로 휘두릅니다. 학생의 감정은 조건 없이 수용 받았다고 느껴야 옅어질 수 있습니다.
학생의 감정을 수용하고 받아 준다고 문제 학생이 당장 딴판으로 변하지는 않을 것입니다. 그 밖의 다양하고 꾸준한 노력들이 필요하겠지요. 하지만 한 가지만은 확실히 이야기할 수 있습니다. 감정을 존중, 수용해도 학생이 변하지 않을 수도 있으나 존중과 수용을 받지 않은 채 긍정적으로 변화한 학생은 단 한 명도 없습니다. 학생의 마음의 자물쇠가 잠긴 채로는 그 어떤 훌륭한 교육도 상담 기법도 받아들여지지 않기 때문입니다. 존중과 수용이 자물쇠를 벗기는 첫 걸음이 될 것입니다. 먼저 자물쇠를 벗기고 난 후에 우리는 아이가 바르게 성장하도록 이끌어 줄 수 있습니다. 아이가 가장 거칠고 못되게 행동하는 그 순간이 바로 아이를 온전히 품에 안아 줘야 할 순간인 것입니다.

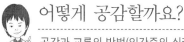

어떻게 공감할까요?

공감과 교류의 방법(인간주의 심리학, 칼 로저스3, 교류분석학, 에릭 번)

학생의 감정에 대한 무조건적인 수용, 존중의 중요성은 여러 번 강조해도 지나침이 없습니다. 교사뿐 아니라 아이를 다루는 어른이라면 모두 반드시 명심해야 할 마음가짐입니다. 학생들은 자신의 감정이 수용되고 존중받을 때 비로소 마음의 빗장을 풀기 시작합니다. 학생의 마음이 활짝 열리고 나면 교사는 그저 멀찌감치 지켜봐 주면 됩니다. 존중받는 학생들은 스스로 꼬인 실타래를 풀어갈 수 있기 때문입니다. 학생들이 헤매고 있을 때 혹은 도움을 청할 때만 교사가 등장하면 됩니다. 그렇다면 수용하고 존중하는 마음을 어떻게 아이들에게 전달해야 할까요? 수용과 존중의 마음을 전달하는 올바른 방법이 바로 이번 장의 주제인 '공감'입니다. 무조건적 수용, 존중하는 마음가짐이 '공감'으로 표현될 때 비로소 언어적으로 전달됩니다.

공감이란 단어의 사전적 의미는 '타인의 감정을 느낀다.'입니다. 하지만 이 장에서 말할 공감의 의미는 조금 더 넓습니다. 여기서 설명하려는 공감이란 타인의 감정을 느끼고 이를 상대방에게 전달하는 과정까지 포함하는 '공감적 표현'을 의미합니다. 공감적 표현의 예는 다음과 같습니다.

"선생님은 네가 지금 어떻게 느끼고 있는지 무척 궁금해. 알려 주었으면 좋겠어."

"지금 기쁘니? 네가 기뻐하니 선생님도 기분이 좋아지네."

"혹시 지금 화가 나니? 네가 화가 나니 선생님도 무척 안타깝다."

"많이 슬프니? 네가 슬퍼하니 선생님도 가슴이 아프구나."

"네가 힘들 땐 선생님이 도움이 되고 싶구나."

아이의 감정을 함께 느껴 주는 것, 그리고 내가 함께 느끼고 걱정하고 있다는 사실을 아이에게 알려 주는 것이 공감적 표현입니다. 이 장에서는 효과적인 공감의 방법을 감정 읽기, 경청하기, 공감하기, 마지막으로 스스로 해결하도록 이끌기의 4단계로 나눠 설명하겠습니다. 그 속에는 로저스, 에릭 번의 이론과 기법뿐 아니라 제가 아이들과 함께 지내며 익힌 노하우들도 포함되어 있음을 알려 드립니다.

(1) 감정 읽기

① 아이가 어떤 감정을 느끼는지 관찰하세요

공감의 시작은 아이의 감정을 읽어 주는 것입니다. 대부분의 경우 초등학교 중학년 이후엔 학생들이 자신의 감정을 솔직하게 표현하지 않습니다. 특히 교사 앞에서는 자신의 감정을 감추는 쪽이 더 편하다고 생각합니다. 이런 학생들에겐 교사가 조금 더 적극적이고 전략적으로 다가갈 필요가 있습니다. '학생이 말을 안 하니 방법이 없습니다.'라고 지레 포기하기보다는 교사가 먼저 나서서 학생의 감정을 파악하기 위해 노력하는 자세가 중요합니다. 다행히 학생들의 가면은 아직 정교하지 않기 때문에 자기도 모르게 온몸으로 자신의 감정을 표출하곤 합니다. 적극적으로 관찰한다면 분명 감정의 편린들을 발견할 수 있을 것입니다.

"성희가 울고 있네. 뭔가 속상한 일이 있었나 보네요. 무슨 일인지 이야기해 줄 수 있겠니?"

"선생님이 들어 보니까 정수가 친구랑 이야기하는 목소리가 평소보다 크네? 혹시 지금 화가 났나요?"

학생의 표정이나 말, 행동을 자세히 관찰한다면 이를 바탕으로 학생의 감정을 유추해 볼 수 있을 것입니다. 그리고 관찰한 것을 아이에게 표현해 주어야 합니다. 아이들은 어른이 '날 관심 갖고 지켜보고 있구나.'라고 생각하게 될 것입니다. 하지만 감정 표출이 선천적으로 적은 학생이나 인간관계에서 상처를 입어 마음의 문을 닫은 학생의 경우는 감정을 짐작하기 어렵기 마련입니다. 이럴 땐 아래와 같이 학생에게 직접 물어보는 방법도 있습니다.

"수연이가 오늘 체육시간에 조금 소극적으로 보이네. 혹시 무슨 일 있어요?"

"우정이가 표정이 안 좋아 보이네요. 혹시 지금 기분이 어떤지 물어봐도 될까요?"

간혹 아무리 노력해 관찰하고 질문해 봐도 무표정한 얼굴로 "아니에요." 혹은 "괜찮아요."라는 답만 계속해서 돌아오는 경우도 있습니다.

이런 학생들은 기질적으로 타인과의 소통에 소극적이거나 성장 과정에서 주변 어른들과 서로 감정을 교류하는 경험이 드물었을 가능성이 큽니다. 혹은 학생과 평소에 친밀한 관계를 맺지 않은 채로 말을 걸었다면 아이는 자신의 감정을 깊숙한 곳에 감추고 드러내려 하지 않을 것입니다. 하지만 그래도 상관없습니다. 당장 학생이 감정을 터놓게 만드는 것보다 더 중요한 목적이 있기 때문입니다. 그 목적이란 바로 '선생님이 아이의 감정을 지속적으로 주의 깊게 살펴보고 있다는 인상을 주는 것'입니다.

선생님이 나를 신경 쓰나? → 선생님이 내 기분을 정말로 궁금해하나 봐. → 선생님은 내 기분이 중요한가 봐. → 선생님은 나를 진짜 아끼는구나.

교사의 끊임없는 노력이 위와 같은 순서로 학생의 마음을 열어 줄 것입니다. 당장 학생이 별 반응이 없다고 해도 포기해선 안 되는 이유입니다.

남자 친구 혹은 여자 친구의 마음을 훔치기 위해 실행했었던, 돌이켜 생각하면 참 더럽고 치사하지만 귀여웠던 노력들을 기억하시나요? 사람의 마음을 여는 것은 원체 고되고 힘든 작업입니다. 한 가지 다행스러운 점이 있다면 어른보단 아이의 마음을 열기가 훨씬 쉽다는 점입니다. 아이는 어른보다 훨씬 솔직하기 때문입니다. 그리고 자신이 사랑받고 있는지 아닌지 민감하게 감지합니다. 인내심을 가지고 포기하지 않는다면 학생이 자신의 감정을 터놓고 나누려는 모습을 볼 수 있을 것입니다.

교사가 백만달러의 상금이 걸린 감정 맞추기 퀴즈 쇼의 참가자가 될 필요는 없습니다. 족집게 점쟁이가 될 필요도 없습니다. 또한 아이가 무심하게만 반응한다고 좌절할 필요도 없습니다. 오직 필요한 것은 학생에게 다가가려는 '진심'입니다.

② 이면교류에 속지 마세요

아이의 감정을 인식할 때 또 한 가지 중요한 점은 '이면교류'를 파악하는 능력을 기르는 일입니다. 이면교류란 이면적 의사교류의 줄임말로 캐나다 출신 정신의학자인 에릭 번Eric Burne이 제안한 개념입니다. 또한 번은 교류분석이론의 창시자이기도 합니다. 여기서 말하는 교류란 사람들 간의 대화, 행동 등 언어적, 비언어적

에릭 번

의사소통 모두를 의미합니다. 이 교류하는 방식이 인간의 성격 형성 및 성장에 결정적 역할을 한다는 것이 교류분석이론의 핵심입니다. 더 바람직한 교류 방식을 사용할수록 인간은 더 행복한 삶을 영위할 수 있습니다. 이런 맥락에서 번은 사람들 사이의 대화 패턴을 분석하고 다양한 교류 방식을 분류하였습니다. 다양한 교류 방식 중 지금부터 소개할 이면교류는 교류하는 당사자들에게 가장 부정적인 영향을 끼치는 교류 패턴입니다. 간단한 예를 들어보겠습니다.

아들의 시험 기간 중

(기대하는 몸짓, 표정, 억양 말투 등) "엄마, 오늘 약속 있다고 하지 않았어요?"

(불쾌한 몸짓, 표정, 억양, 말투 등) "아들아, 오늘 약속은 취소됐단다."

엄마와 아들의 간단한 대화입니다. 이상한 점을 느낄 수 있었는지요? 사실 아들의 질문과 엄마의 대답에는 속마음이 따로 숨겨져 있습니다. 다음 속마음 대화를 보기 전에 한번 짐작해 보는 것도 재미있을 것 같네요. 과연 어떤 속마음이 있었을까요?

> 아들의 시험 기간 중
> "엄마, 오늘 약속 있다고 하지 않았어요?" (엄마가 빨리 나가시면 좋겠어요. 엄마가 집을 비워야 제가 마음 편하게 놀 수 있어요.)
> "아들아, 오늘 약속은 취소됐단다." (시험공부 안 하고 놀려고? 어림도 없어. 빨리 공부나 해!)

위와 같이 겉으로 드러난 의미와 심리적 의미가 다른 대화 패턴을 이면교류라고 합니다. 교류분석이론에서는 앞의 엄마, 아들의 대화 같은 부정적 이면교류가 고착되어 버릇처럼 자리 잡을 경우 엄마, 아들 간에 만성적인 불쾌감, 불신이 쌓인다고 설명합니다. 즉 서로 믿지 못하고 부정적 감정이 쌓이며 관계 또한 망가집니다. 학생들의 경우 이러한 이면교류를 사용하는 빈도가 높습니다.

> 철수 저 오늘 체육 안 할래요.
> 영희 수학시간에 왜 계산기를 못 쓰게 하나요?
> 애라 선생님은 왜 결혼 안 해요?

실제 제가 담임을 하며 학생들에게 들었던 말들입니다. 만약 아이의 말을 표면적으로 받아들일 경우 이 상황에서 저는 아래와 같이 말해야 할 것입니다.

철수에게　수업은 모두가 참여해야 하는 것이에요. 혼자 빠질 수 없어요.

영희에게　계산 연습도 수학 학습의 일부분이에요.

애라에게　선생님에게 그런 질문을 하는 것은 예의에 어긋나는 것이에요.

위와 같이 대답한다면 학생들은 선생님의 응답을 꾸중, 잔소리로 받아들이게 되고 장기적으로는 교사와의 대화를 꺼리게 될 것입니다. 왜냐하면 교사가 아이의 말에 숨겨져 있는 메시지, 즉 심리적 메시지를 읽지 못했기 때문입니다. 학생과의 원활한 대화를 위해선 학생의 상황, 비언어적인 표현(몸짓, 표정, 말투 등)을 관찰해 학생의 심리적 메시지를 읽어 줄 필요가 있습니다.

철수의 상황　철수는 친구들에 비해 뚱뚱하고 굼뜬 아이입니다. 그런데 이번 시간에 50m 달리기 기록을 재야 해서 친구들의 놀림을 받을까 봐 부끄러운 상황입니다.

영희의 상황　수학시험이 3일 남았습니다. 영희의 어머님은 아이의 성적에 굉장히 민감하고 엄하기 때문에 시험 성적이 떨어지면 크게 혼날 게 분명합니다.

애라의 상황　애라는 지금 자신의 가장 친한 친구들과 싸운 상태입니다. 현재 애라는 함께 놀던 친구들과 떨어져 쉬는 시간에 외로이 혼자 시간을 보내고 있습니다.

어른들도 부끄러워서 때로는 멋있게 보이기 위해서 그 외 여러 가지 이유로 인해 자신의 속마음을 직접적으로 표현하지 않는 경우가 많습니다. 아이들도 마찬가지입니다. 철수, 영희, 애라가 진짜 말하고 싶었던 메시지는 아래와 같습니다.

> 철수의 심리적 메시지 선생님, 저 창피당할까 두려워요.
> 영희의 심리적 메시지 선생님, 시험 때문에 너무 스트레스 받아요. 저 진짜 힘들어요.
> 애라의 심리적 메시지 선생님, 저 심심해요. 외로워요. 놀 친구가 없어요. 저랑 놀아 주실 수 있으세요?

학생들과 대화할 때는 전략적으로 자세를 취할 필요가 있습니다. 철수에게는 수업 규칙을 말하는 것이 아니라 "철수는 달리기를 좋아하지 않지? 오늘 많이 힘들겠네. 그래도 조금만 힘내자." 같은 응원과 격려를, 영희에게는 수학 학습 방법에 대한 설명이 아니라 "영희가 수학 때문에 많이 힘들구나. 선생님도 수학공부 할 때마다 그 생각했어. 그랬으면 진짜 좋겠다." 같이 시험 스트레스에 대한 공감과 위로를, 애라는 예의에 대한 설교가 아니라 친구 같은 친근함을 느끼도록 "너희를 너무 사랑하느라 여자를 사귈 여유가 없네." 같이 가벼운 농담을 전달하면 더 효과적일 것입니다. 이처럼 표면적 언어 뒤에 숨은 심리적 메시지를 파악해야 아이들의 진짜 감정을 인식할 수 있습니다. 이를 위해선 물론 교사가 아이의 상황을 파악하고 마음을 헤아리려는 노력이 선행되어야 합니다.

(2) 경청하기

① 둑 터뜨리기

여자들이 커피를 마시고 남자들이 술을 들이켜는 이유는 무엇일까요? 제가 생각하는 답은 '수다를 떨고 싶어서'입니다. 인간이라면 누구나 자신의 감정을 털어놓고 싶어하는 욕망을 가지고 있습니다. 이 욕망은 특히 슬픔, 억울함, 불안, 분노 같은 부정적인 감정일 경우엔 더 강해지기 마련입니다. 교사와 학생의 관계가 친밀하다는 가정 하에 적절한 순간 교사가 아이의 감정을 포착해 읽어 주었다면 학생은 자신의 감정을 둑 터진 봇물같이 쏟아낼 것입니다. 이때 교사는 아이의 터진 둑을 막으려 노력할 필요가 없습니다. 오히려 둑의 구멍이 막히지 않을까 걱정하며 조심히 지켜보는 파수꾼이 되어야 합니다. 자칫 한눈을 팔다가 둑이 닫힐 수도 있기 때문입니다. 이렇게 둑이 막히지 않도록 꼼꼼히 지켜보는 과정을 경청이라고 합니다.

"선생님, 지수가 금 넘어왔다고 제 지우개 뺏어 갔어요."

나도 모르게 입꼬리가 올라가지 않으셨나요? 이 웃음은 어른들이 어릴 적 했던 장난과 똑같아서 느끼는 반가움 때문일 수도 있고 사소한 일에 목숨 거는 아이의 천진난만함 때문일 수도 있을 것입니다. 하지만 어떤 이유가 되었건 학생의 말에 웃음 지었다면 학생 속에서 막 터져 나오려는 둑을 막아 버린 셈이 됩니다. 교사의 웃음을 본 순간 학생은 '난 심각한데 선생님은 그렇게 생각하지 않나 봐.'라고 생각할 수 있습니다. 내 심각한 문제를 별것 아닌 일, 쓸데없는 기우로 치부하는 상대에게 고민을 상담하고 싶은 사람은 아무도 없을 것입니다. 상담에서 경청이란 단순히 들어 주는 것만이 아니라 '나는 너의 문제를 함께 진지하게 고민하고 싶어.'라는 메시지를 비언어적으로 전달하는 과정입니다. 아무리 열심히 들어 줬더라도 "풋" 하는 헛웃음, 듣기 싫은 듯 짜증스런 표정, 집중하지 않는 눈빛, 시계를 쳐다보는 행동 등이 있었다면 '너와 함께 진지하게 고민할 거야.'란 메시지는 전달될 수 없습니다. 즉 경청하지 못한 것이고 아이는 마음의 문을 다시 닫아 버리고 말 것입니다.

만약 진지하게 들으려고 했음에도 나도 모르게 웃음을 지었다면 어떻게 해야 할까요? 이럴 때는 적당히 상황을 모면하기보다는 다음과 같이 사과하고 솔직하게 심정을 터놓는 것이 좋습니다.

"미안해, 내가 초등학생일 때 친구와 비슷한 일로 다툰 적이 있어서 그때 생각 때문에 웃음이 나왔네요. 지금 윤우의 말이 우스웠던 것은 아니에요. 사과할게 다시 자세히 이야기해 줄래요?"

이렇게 웃은 이유를 솔직히 말해 주면 학생은 곧 납득할 것입니다. 어떤 방식이 됐건 '나는 너의 말을 가볍게 여기지 않는다.'란 메시지를 전달하는 것이 가장 중요합니다.

② 경청의 방법

경청을 위해서는 귀만이 아니라 눈, 코, 입, 손은 물론 온몸을 필요로 합니다. 우선 몸의 방향은 학생에게 향하도록 합니다. 몸의 방향이 반대이고 목만 돌린 경우, 손은 다른 일을 하며 듣는 경우, 교사는 무의식적으로 '너의 이야기는 나에게 중요한 일이 아니야.'라는 메시지를 전달하는 셈이 됩니다.

시선은 학생에게 향합니다. 눈은 학생의 신체적 메시지를 관찰해야 합니다. 때론 학생의 말보다 학생의 눈빛, 표정, 손짓, 몸짓이 더 많은 이야기를 전달할 때도 있습니다.

상황에 따라 고개 끄덕이기, 미소 짓기, 몸을 아이 쪽으로 구부리기 등의 경청하고 있다는 신체적 메시지도 함께 전달해 주어야 합니다.

마지막으로 학생의 말을 끊지 않으려 노력해야 합니다. 최대한 아이가 하고 싶은 말을 다 쏟아낼 수 있도록 이끌어야 합니다. 단 학생의 말을 듣는 중 이해가 되지 않는 부분이나 부가 설명이 필요한 부분이 있다면 잠시 멈춰 세워 질문할 필요는 있습니다. 불안하거나 흥분했음에도 조리 있게 설명하기란 어른에게도 쉽지 않은 일이며 특히 초등학생에게는 거의 불가능에 가까운 미션입니다. 쉬는 시간에 철수와의 싸움으로 흥분한 2학년 영희는 자초지종을 이야기하는 도중 갑자기 아무 상관없는 일주일 전 경선이와의 싸움을 얘기하기도 하고 한 달 전 수정이와 억울했던 일까지 함께 설명하기도 합니다. 여러 이야기가 섞인 상태에서 '경선이가, 수정이가'라는 주어를 빼먹고 말하는 경우도 많아 오해하기 십상입니다. 학생과 대화 도중 적절한 시기에 "지금 한 말이 무슨무슨 뜻이지요?", "방금 한 내용을 좀 더 자세히 말해 줄래요?"식으로 질문을 사용해 대화가 주제에서 벗어나지 않도록 이끌 필요가 있습니다.

내가 경청하지 않는데 상대방이 진심을 터놓기를 바라는 것은 씨는 뿌리지 않은 채 과실만 따먹으려는 욕심과 같습니다. 학생은 교사와의 관계에서 항상 약자의 입장에 서 있기 때문에 자신이 존중받고 있는지에 대해 민감하게 느낍니다. 진심으로 꾸준히 경청한다면 학생은 반드시 응답할 것입니다.

(3) 공감하기

① 잔소리 줄이기

어른으로서 아이가 잘못한 행동을 지적하는 것은 필요합니다. 특히 초등학교 1, 2학년 학생들은 왜 복도에서 뛰면 안 되는지, 왜 실내에선 운동화를 신지 말아야 하는지 정말로 이유를 알지 못해 잘못을 저지르는 경우가 많습니다. 이럴 땐 잘못된 행동의 이유와 함께 앞으로 어떻게 행동해야 하는지 차근차근 설명해 줘야 합니다. 하지만 10세 이상의 학생이라면 어떤 것이 잘못된 행동인지, 그리고 왜 잘못된 것인지 그 이유까지 알고 있습니다. '공부는 앞으로의 삶에 꼭 필요하다는 사실', '욕이나 비속어가 나쁜 이유', '폭력의 해악', '심한 장난은 친구를 화나게 만든다는 점' 등 대부분의 규칙, 의무에 관해 학생들도 어른과 비교해도 손색없을 정도로 깊이 이해하고 있습니다. 알고도 잘못된 행동을 저지르는 것입니다. 그런데 이 점은 성인들도 마찬가지입니다. 무단횡단, 스마트폰에 빠져 늦잠 자기 등, 누구나 아이에게 금지하는 이 같은 행동을 성인이 돼서도 저지릅니다. 자신의 잘못은 알면서도 저지른다는 점에서 성인과 아이는 똑같습니다. 그렇기 때문에 무엇이 잘못됐는지, 왜 잘못됐는지 지난하게 설명하는 훈계나 설득은 어른과 아이 모두에게 듣기 싫은 '잔소리'가 될 가능성이 매우 높습니다. 가장 견디기 힘든 술주정으로 1위는 폭력, 2위로는 했던 소리를 반복하는 것이라는 설문처럼 아는 말을 반복해 듣는 일을 좋아할 사람은 없습니다. 이런 잔소리는 얻을 수 있는 효과에 비해 듣는 이의 감정을 상하게 하고 나아가 관계에 악영향을 미치는 등, 더 큰 부작용을 가지고 있습니다. 관계가 나빠지는 순간 학생의 마음은 닫히고 진정한 교육은 중단됩니다. 그때부터 아이는 다만 무서워서 혹은 귀찮아서 따르는 척할 뿐입니다. 10세 이하의 어린 학생이라면 물론 여러 가지 설명이 필요할 것입니다. 하지만 그 이상의 학생들에겐 큰 효과도 없고 관계도 나빠지게 만드는 잔소리는 최대한 줄이는 것이 좋습니다.

잔소리를 줄이는 방법

잔소리를 최대한 줄이기 위해 제가 사용하는 두 가지 방법이 있습니다. 첫째는 "너의 행동의 어떤 점이 잘못됐는지 아니?"와 같은 질문을 통해 아이가 직접 말하도록 하는 방법입니다.

"태희야, 무얼 잘못한 것 같아요?"
"친구를 놀리면 친구가 기분이 나빠요."
"그렇지, 잘 알고 있네. 그리고 또 없을까요?"
"모르겠는데요."
"그럼 알려 줄게. 친구들을 계속해서 놀리는 게 반복되면 친구들이 태희를 싫어하게 될 수도 있어요. 선생님은 친구들이 태희를 미워하게 될까 봐 걱정 돼."

이처럼 아이의 이야기를 들은 후 더 추가해야 할 부분이 있다면 그제야 보충하는 식으로 접근하면 잔소리를 훨씬 줄일 수 있습니다.

둘째는 규칙을 만드는 것입니다. 같은 잘못을 끝임 없이 반복할 경우, 같은 훈계가 반복됩니다. 이는 듣는 사람도 말하는 사람도 피곤하게 만듭니다. 쉽게 잔소리로 변질되죠. '네가 계속 같은 잘못을 하니까 내가 계속 잔소리를 하는 것 아니야!' 만큼 어리석은 말도 없습니다. 왜냐하면 이 말은 '잔소리가 안 통하는 걸 알지만 난 계속 잔소리를 할 거야.'라고 말하는 것과 똑같기 때문입니다. 오히려 '선생님이 이기는지 내가 이기는지 해보자.'라는 반발심을 불러일으킬 수도 있습니다. 잔소리가 통하지 않으면 다른 방법을 찾는 것이 더 현명한 방식일 것입니다.

"수업 중에 왜 장난치면 안 되는지 알죠?"

"네."

"선생님이 이미 설명을 많이 했으니 지우도 알 거야. 그런데 지우는 알면서도 계속 반복하네요. 그럼 어떻게 해야 할까?"

"…."

"음…. 지우가 한번 정해 보는 것이 어떨까? 또 수업 중 친구들을 방해하는 장난을 하면 어떻게 할지 지우가 정해 보세요."

"…반성문을 쓸까요?"

"음. 그것도 좋은 방법인데 너무 지우가 힘들 것 같아. 그것보다 더 편하게 할 수 있는 방법이 없을까?"

"…잘 모르겠어요."

"그럼 반성문을 쓰는 것은 너무 힘드니까 그냥 반성하는 시간을 갖자. 그건 어때?"

"어떻게요?"

"수업 중 장난이 심해지면 선생님이 이야기할게. 아님 눈짓이나 손가락으로 신호를 보낼게. 그러면 잠시 일어나 뒤로 가서 1분만 서서 반성하고 들어와. 선생님이 들어오라고 이야기 안 해도 지우가 알아서 들어오면 될 것 같아. 그럴 수 있겠니?"

"네, 할 수 있어요."

이처럼 규칙을 정해 놓는다면 학생에게 길게 말할 필요가 없어집니다. 때론 눈짓만으로 혹은 한마디 말로 학생이 행동을 멈추고 생각할 시간을 줄 수 있다면 잔소리할 필요가 없어집니다. 교사는 말하는 수고를 덜 수 있어 편하고 학생은 듣기 싫은 말을 지겹게 또 듣지 않아도 돼 좋습니다. 핵심은 학생이 스스로 반성하는 기회를 마련하는 데 있습니다. 반성하는 기회가 꼭 잔소리일 필요는 없는 것입니다.

규칙을 만들 때 명심해야 할 것은 학생과 함께 논의해야 한다는 점입니다. 일방적으로 교사가 강제한 규칙은 잔소리보다 더 큰 반발심을 불러올 수도 있습니다. 학생의 아이디어에서 적절히 채택한다면 학생의 자발성을 불러일으킬 수 있습니다. 만약 학생의 아이디어가 적당치 않다면 교사가 먼저 제시하고 학생의 동의를 구하는 과정을 거쳐야 할 것입니다. '자발성'이 배제된 반성은 밑 빠진 독에 물 붓기와 같습니다. 아무리 수고해도 얻어지는 결과는 초라할 뿐입니다.

② 문제는 정서

그렇다면 어른은 아이를 그냥 지켜만 보면 되는 걸까요? 아무 소리도 해서는 안 될까요? 모든 걸 아는 아이가 왜 잘못된 행동을 할까요? 그 대답은 정서에 있습니다. 학생이 잘못된 행동을 하는 이유는 그게 잘못됐는지 몰라서가 아니라 감정이 뒤에서 웅크리고 앉아서 아이를 인형처럼 조종하기 때문입니다. 대부분 학생들이 저지르는 부적응 행동은 화가 나서, 슬퍼서, 짜증이 나서 혹은 흥분해서, 너무 기뻐서, 너무 재미있어서 벌어집니다. 예를 들어 보겠습니다.

학생들이 욕을 하거나 폭력을 쓰며 싸우는 이유는?

→ 욕이 나쁜지 몰라서가 아니라 '화가 나서'입니다.

학생들이 복도에서 뛰어다니다가 다치는 이유는?
→ 복도에서 뛰면 위험한지 몰라서가 아니라 '너무 재미있어서, 흥분해서'입니다.

학생들이 친구의 뒷얘기를 하는 이유는?
→ 뒷얘기가 나쁜지 몰라서가 아니라 '질투 나서, 재미있어서, 혹은 따돌림이 두려워서'입니다.

그렇다면 잘못된 행동을 저지르는 학생에게 가장 필요한 것은 바로 격앙된 감정을 따뜻하게 안아 추슬러 주는 위로입니다. 교사의 훈계나 지시적 가르침은 불이 나 물을 부어야 하는 상황에서 기름을 뿌리는 것과 마찬가지일 수도 있습니다. 오히려 감정을 더 키우게 만들기 때문입니다. 격앙된 감정을 정리하기 위한 '물'의 역할을 하는 것이 바로 공감입니다. 공감의 방법은 이미 위에서 90% 이상 설명했습니다. 우선 학생이 어떤 감정의 변화가 있는지 관찰합니다. 관찰한 결과를 가지고 말을 겁니다. 그리고 학생의 말을 경청하면 됩니다. 사실 공감하는 것보다 학생이 감정을 터놓도록 하는 과정이 훨씬 어렵습니다. 만약 학생이 진실된 감정을 털어놨고 최선을 다해 경청했다면 이 공감의 과정은 80% 이상 끝난 것이나 다름없습니다. 학생이 자신의 감정을 솔직히 털어 놓은 후 선생님이 내 감정을 이해해 줬다고 느끼는 순간 아이의 감정의 불꽃은 사그라지기 시작합니다. 나머지는 학생이 느끼는 감정을 파악하고 그 강도에 맞춰 이해와 공감의 응답을 전달하면 됩니다.

주파수 맞추기

한욱이는 체육시간 높은 뜀틀 앞에 서서 뛰기를 망설이고 있습니다.

"선생님, 안 뛰면 안 돼요?"

"한욱아, 이 뜀틀이 굉장히 높지? 선생님이 높게 놓은 것 맞아요. 그러니 무서운 게 당연하지. 선생님도 6학년 때 뜀틀을 되게 무서워했던 기억이 난다. 그래도 한번 힘내 볼 수 있을까요?"

이렇게 교사가 느낀 대로, 파악한 대로 학생에게 전달하면 됩니다. 너무 과장할 필요도 없습니다. "선생님 어제 잠을 못 자 피곤해요."라고 말하는 학생에게 "아이고 큰일 났네. 영철이가 쓰러지겠네. 오늘 수업 못 듣겠다. 조퇴하렴."이라고 한다면 학생은 위안을 받기보다는 당황스러워하거나 꾀가 생길 수도 있을 것입니다. 반대로 너무 축소하는 것도 위험한 일입니다. 심각하게 말하는 학생의 감정을 별것 아닌 것으로 축소시킨다면 학생이 상처를 받고 마음의 문을 닫을 것입니다. 그저 학생이 보내는 감정의 신호에 같은 주파수를 맞춘 후 그에 맞게 반응해 주면 됩니다. 이 주파수를 맞추기 위해 꼭 필요한 것이 앞에서 말한 주의 깊은 관찰과 경청의 노력입니다. 관찰, 경청, 공감을 해 줬다면 아이를 뒤에서 멋대로 휘두르던 정서는 그 힘을 잃게 될 것입니다.

(4) 해결책 찾도록 이끌기

공감을 통해 학생이 감정을 추슬렀다면 그 다음 할 일은 학생 스스로 문제를 해결하도록 도와주는 일이 될 것입니다. 여기서 말하는 도움은 어른이 직접 나서서 해결해 주는 것이 아니라 학생의 자아실현 경향성을 북돋아 주는 것을 의미합니다. 이를 위해 첫째로 명심해야 할 점은 '해결책을 제시해 주지 않는 것'입니다. 예를 들어 보겠습니다. 레고를 처음 맞추는 아이가 있습니다. 아이는 레고를 설명서대로 제대로 완성시킬 수 있을 리가 없겠죠. 조금 맞춰 보다 이내 "아이 씨, 이게 뭐야! 안 되잖아!" 하고 짜증을 내거나 울음을 터뜨릴 것입니다. 그 모습을 옆에서 지켜보던 엄마는 답답하고 안쓰러워 레고를 대신 완성시켜 줍니다. 그렇게 하면 당장 아이는 만족하겠지만 아이가 레고를 만드는 능력은 조금도 나아질 순 없습니다. 똑같은 상황을 맞닥뜨렸을 때 엄마가 곁에 없다면 다시 한 번 좌절하고 말 것입니다. '실패가 교육이다.' 위대한 교육학자 존 듀이의 말처럼 조금 답답하고 힘들더라도 지켜보는 것이 학생의 성장에 더 큰 도움이 될 것입니다.

둘째, 학생이 스스로 해결책을 찾도록 적절한 질문을 던져야 합니다. 앞에서 말씀드렸듯이 대부분의 아이들은 이미 무엇이 문제인지, 문제의 원인은 무엇인지, 그리고 문제의 해답까지 알고 있습니다. 조금만 인내한다면 아이가 스스로 답을 이끌어 낼 수 있습니다. 이를 위해 어른이 할 수 있는 것은 적절한 질문을 던지는 일입니다.

"그럼 어떻게 하는 것이 좋을까?"
"다영이는 어떻게 하고 싶어?"
"또 다른 좋은 방법은 없을까?"
"그렇게 하면 뭐가 좋을까?"
"그렇게 하면 어떤 점이 곤란할까?"

정말 교사도 생각 못했던 다양하고 재밌는 해답들을 들으실 수 있을 것입니다. 교사는 아이가 자신만의 해답을 이끌어 내도록 조금의 힌트나 도움만 제공하면 됩니다. 실현 불가능한 답이 나와도 상관없습니다.

혹은 실패하더라도 상관없습니다. 정말 급한 상황이 아니라면 이것저것 생각해 보고 시도한 후 실패 요인을 함께 살펴보는 것 자체가 아이에게 큰 배움이 될 수 있을 것입니다. 교사가 대안을 제시해 주는 것은 학생이 막다른 곳에 막혀 도저히 답을 찾을 수 없을 때입니다. 그때까진 따뜻한 시선과 기다려 주는 인내심이 더 효과적입니다.

"선생님, 청소를 왜 꼭 해야 해요?"

"응? 뭐라고?"

"우리가 왜 청소를 해야 해요? 학교는 공부하러 오는 곳인데 왜 청소까지 해야 해요?"

제게 이 질문을 한 학생은 초등학교 5학년이었습니다. 저는 하루 수업을 힘겹게 마치고 겨우 짬이 난 피곤한 오후 시간에 이런 바보 같은 질문을 한 민식이에게 짜증이 났습니다. 위생의 중요성, 공동체를 위한 희생정신의 필요성에 대한 논리적 근거들을 줄줄이 쏟아부어 다시는 헛소리를 입 밖에 내지 못하게 만들고 싶은 욕구가 부글부글 끓어올랐습니다. 그리고 그 이면에는 아이의 코를 납작하게 만들고 싶은, 즉 걸어 온 싸움에서 승리하겠다는 욕구가 숨어 있었습니다. 하지만 저는 민식이가 물은 이유가 청소의 필요성이 궁금해서가 아니란 것을 너무도 잘 알고 있었습니다. '아이에게 승리의 나팔을 울리려고 교사의 길을 택한 것이 아니지.'라고 생각하며 거나하게 잔소리 한판 벌이고 싶은 욕구를 꾹꾹 눌렀습니다. 그리고 말을 이었습니다.

"민식이가 청소하기 싫은가 보구나…."

"네…. 진짜 싫어요."

"오늘 많이 피곤한가 봐?"

"그건 아닌데요."

"그럼? 뭣 때문일까?"

"오늘 친구들 만나서 게임방 가기로 했거든요. 친구들은 다 가 있는데 저만 청소하고 있어서요."

"하하, 게임방에 가기로 했구나. LOL하러 가는 거지?"

"와, 어떻게 아셨어요? 선생님도 롤 하세요?"

"가끔 하지. 민식이가 몸이 달 만하네. 당장 달려가고 싶겠다···. 그런데 그럼 어떻게 해야 하나? 어떻게 하는 것이 좋을까?"

"···휴. 청소를 빨리 끝내야죠."

"후후, 그래, 그게 첫 번째겠지. 그럼 민식이가 더 빨리 갈 수 있는 다른 방법은 없을까?"

"다른 방법이요? 그게 뭐예요?"

"선생님은 민식이가 일찍 가도 상관없어요. 다만 그건 저쪽과 공평하지 않아서 그게 걱정이야."

나는 손가락으로 청소 중인 같은 모둠 친구들을 가리켰습니다. 민식이는 눈을 반짝이며 물어봤습니다.

"그럼, 제가 친구들 허락을 받으면 되는 거예요?"

"그럼, 선생님은 민식이가 가도 상관없어요."

"친구들이 허락 안 해 주면요?"

"글쎄. 어떻게 해야 할까? 한번 생각해 봐."

"음. 그럼 내일 내가 청소를 더 한다고 하고 지금 가겠다고 허락받으면 되는 건가요?"

"오! 그것도 괜찮겠네. 한번 해 봐."

"네. 얘들아! 나 지금 바빠서 그런데 내일은 내가 청소 다 할게 먼저 가도 될까?"

민식이는 친구들을 열심히 꼬셨습니다. 그렇지만….

"이씨…. 친구들이 안 된대요…."

"아이고, 친구들이 허락 안 해 줬어?"

"네."

"민식이 진짜 속상하겠다. 왜 허락 안 해 줬대?"

"자기들도 힘들다고 빨리 청소하래요. 아이 씨, 진짜 빨리 가고 싶었는데."

"아, 그렇구나. 이젠 어떡하지?"

"그냥 가면 안 돼요? 선생님?"

"그렇게 해 주고 싶은데 그럼 다른 친구들이 화낼 것 같아."

"치…. 그럼 빨리라도 끝내 주세요."

"그럼 오늘은 선생님이 청소 검사를 조금 느슨하게 할게. 빨리 깨끗이 청소해 봐."

"진짜요? 꼭이에요. 얘들아, 나 약속 있어! 빨리 청소하자."

이 말과 함께 민식이는 손이 열 개로 보일 정도로 빠르게 청소를 해 나갔습니다.

다행히도 청소의 필요성을 설명할 필요도 없었고 청소를 하라고 강요하지 않아도 됐습니다.

덕분에 서로 감정이 상하지 않았을 뿐만 아니라 민식이가 자신의 역할을 끝마치는 모습까지 볼 수 있었습니다. 더 중요한 것은 스스로 문제를 해결하기 위해 전략을 짜고 협상을 시도했다는 데 있습니다.

상담의 목적

상담의 궁극적인 목적은 '내담자(상담을 받는 사람)의 문제 해결'이
아닙니다. 상담자는 내담자를 상담실 안에서 볼 뿐 내담자의 생활에 직
접 뛰어들어 문제를 해결해 줄 순 없습니다. 더구나 상담실에서 볼 수
있는 시간도 한정되어 있습니다. 그리고 어떤 상담자도 내담자를 평생
상담해 줄 수는 없습니다. 언제가 됐건 상담실에서 내담자를 보내야만
하는 때가 결국 오기 마련입니다. 그렇기에 상담의 목표는 '문제의 해
결'이 아닌 내담자가 스스로 문제를 해결할 수 있는 힘을 갖게 하는 것
즉 '내담자의 자립'이 될 수밖에 없습니다.

'물을 떠 주지 말고 물을 먹는 방법을 가르쳐라.' 탈무드의 격언입니
다. 너무 자주 쓰여 상투적으로 느껴지기도 하지만 여전히 많은 생각할
점들을 던져 주는 말입니다. 특히 한창 성장 중인 아이들을 다루는 교
육에 큰 시사점을 줍니다. 그 어떤 부모도 어떤 교사도 아이를 요람에
서 무덤까지 따라다니며 아이의 문제를 해결해 줄 수는 없습니다. 그것
이 졸업이건 대학 입학이건 취직이건 혹은 부모의 죽음이건 아이와 헤
어져야 할 때는 오기 마련입니다. 이를 위해 어른이 아이에게 해 줄 수
있는 최선은 문제를 해결할 힘을 갖도록 도와주는 것입니다. 문제를 해
결할 힘을 기르는 방법은 첫째 자신의 감정, 행동을 다스리고, 둘째 다
양한 해결 전략을 고민하며, 셋째, 이를 실행하고 결과를 반성하는 것
이 될 것입니다. 어른이 아이의 감정을 공감해 주고 문제의 해결책을
스스로 찾도록 기다려 주는 행동은 얼핏 너무 느리고 답답해 보일 수
도 있습니다. 하지만 답답하게 보이는 그 길이 가장 빠른 지름길이라고
저는 믿습니다.

아이들의 마음을 다루는 방법 정리

성장을 위한 관계 맺기(인간주의 심리학, 칼 로저스4)

아이를 사랑하고 존중하는 마음이 충만하더라도 전달 방법이 서툴면 학생은 그 마음을 느끼지 못할 수도 있습니다. 모든 인간관계가 그렇듯이 학생에게 진심을 전달하는 데에도 약간의 기술이 필요합니다. 이 장에서는 제가 지금까지 로저스를 말하며 언급한 생각과 기법들을 간단하게 정리하겠습니다.

첫째, 감정과 행동을 분리해서 다뤄야 합니다. 앞에서도 여러 번 강조한 바와 같이 잘못한 행동을 저지른 학생의 행동은 비판받아야 하지만 감정은 그 자체로 존중받아야 합니다. 행동은 교정하되 감정은 모두 수용하려는 노력이 학생의 마음을 열기 위해 가장 첫 번째로 필요한 마음가짐입니다.

둘째, 행동보다 감정을 먼저 다뤄야 합니다. 반항, 폭력 같은 잘못된 행동은 주로 흥분, 분노, 질투 같은 우울한 감정이나 생각에서 비롯됩니다. 원인이 되는 감정을 먼저 해소시켜 주고 행동은 아이 스스로 고쳐 나가도록 이끄는 것이 더 나은 방법입니다.

"복도에서 뛰면 안 돼요. 넘어지면 너도 친구들도 크게 다칠 수 있어요."

초임 교사 시절 복도에서 뛰어다니는 아이들을 멈춰 세워 놓곤 했던 말입니다. 하지만 지금은 조금 다른 방법을 사용합니다. 우선 뛰는 아이를 멈춰 세운 후에는 아이의 표정을 살피곤 어떻게 말할지 먼저 생각합니다.

"아이구, 우리 성환이가 무척 신나 있구나. 진구랑 진짜 재밌게 놀고 있네?"
"네? 헤헤…."
"그런데, 알지?"
"네, 안 그럴게요."

행동을 지적하기에 앞서 감정을 먼저 다루고 학생이 스스로 문제를 해결할 길을 열어 주려 노력합니다. 행동의 수정은 두 번째 문제입니다.
셋째, 감정을 다룰 땐 비판하거나 평가하지 않아야 합니다.

"동천아, 6학년이나 돼서 뭐 그런 일로 삐져서 싸우고 그랬어?"
"철수야, 남자가 그런 일로 소심하게 왜 그랬니?"
"영희야, 겁내지 마. 우리 반에서 가장 몸집이 작은 별이도 했는데 너는 왜 이렇게 겁이 많니?"

고백건대 나의 초임 교사 시절을 돌이켜 보면 이렇게 아이의 감정 자체를 비난한 경우가 셀 수 없이 많았습니다. 어른들은 이런 말을 할 때 아이가 다음과 같이 반응할 것으로 기대합니다. '그래, 내가 소심했어, 앞으로 대범하게 굴어야지. 용기를 내야지.' 하지만 이 기대를 충족해 줄 아이는 없습니다. 대부분은 '나는 겁쟁인가 봐, 나는 남자답지 못해. 나는 비정상이야.'와 같은 자기비하적인 생각을 가지기 마련입니다. 혹은 죄책감을 느낄 수도 있습니다. 이런 감정은 아이의 자아를 위축시킵니다.

또한 이런 말을 들었을 때 자연스럽게 마음속에 자라는 것이 바로 반발심입니다. '나보고 어쩌라고?'란 말로 대변되는 이 감정은 어른과 아이 사이에 커다란 벽을 쌓습니다. 이 벽이 점점 커져 거대한 성이 만들어지기도 합니다. 아이가 어릴 때는 아직 어른의 몸집이 아이가 쌓아 놓은 성보다 크기 때문에 큰 문제가 되진 않습니다. 독립적 자아를 갖추게 되는 청소년기부터 이 성은 어른의 키를 훌쩍 뛰어넘게 됩니다. 이 때부터 아이는 성 안으로 어른의 출입을 허락하지 않습니다. 관계가 단절되기 시작하는 것입니다. 모든 인간관계가 그렇듯 마음의 문을 걸어 잠그는 순간 관계는 껍데기만 남게 됩니다.

넷째, 감정을 비판, 평가하는 대신에 공감해 주어야 합니다.

① 학생의 감정을 관찰하기, 학생이 숨겨 놓은 심리적 메시지 읽기
② 온몸으로 경청하기
③ 잔소리는 줄이기
④ 정서를 중심으로 공감해 주기
⑤ 스스로 해결하도록 이끌기

이 같은 과정을 거쳐 아이를 공감해 주고 학생의 문제 해결 능력을 기르도록 도와줄 수 있습니다.

마지막으로 이 주제를 쓰는 데 가장 많이 기댔던 로저스의 말로 글을 마무리 지으려 합니다. 로저스의 말에 조금 상세한 주석을 달고자 한 것이 이 길고 장황한 글을 쓰게 된 계기였습니다.

'나의 오랜 상담 경험 동안 내담자를 변화시키기 위한 지식 전달이나 훈련 같은 종류의 어떤 접근도 쓸모없었다. 하지만 내가 어떤 관계를 제공할 수 있다면 인간은 그 관계 안에서 성장을 위한 능력을 스스로 발견했다. 그 후 개인이 스스로 변하며 성장하는 것을 보았다.'

_칼 로저스

정말 제 잘못이 아니라니까요

자기합리화와 피해의식 속에 숨겨진 비밀
(인지주의 심리학, 레온 페스팅거, 피터 웨이슨)

"쪽! 팔! 려!"

혜림이는 가위, 민수는 바위였습니다.

"앗싸, 이겼다! 이번엔 동호한테 '너 좋아해.'라고 말하고 와."

"뭐? 아이, 씨…. 그게 뭐야?"

"너도 나한테 그랬잖아. 그래서 나도 주현이가 좋다고 말하고 왔구만. 너도 해."

"아… 봐…. 알았어…."

혜림이는 살금살금 동호에게 다가가 뒤통수에 대고 모기 같은 목소리로 말했습니다.

"동호야…. 좋아해…."

"뭐라고?"

뭔가 자기를 부르는 목소리를 들은 동호가 뒤돌아봤습니다.

"아니야, 아무 말도 안 했어."

"응? 너 뭐라고 했는데? 내 욕했지?"

"아니 욕 안했어. 진짜 아무것도 아니야."

혜림이는 부리나케 동호에게서 멀어졌습니다.

그 모습을 지켜보던 민수는 자지러지게 웃었습니다.

"크크크크."

"아, 진짜 재밌냐? 한 판 더 해!"

요즘 혜림이와 민수는 '쪽팔려'라는 게임에 푹 빠져 삽니다. '쪽팔려 게임'의 규칙은 매우 간단합니다. "쪽!팔!려!"라고 외치며 가위바위보로 승패를 정한 후 패배자는 승리자가 시키는 대로 쪽팔린 행동을 하는 것입니다. 제 기억으론 2010년경에 처음 본 게임인데 여전히 학년에 구분 없이 유행하는 게임입니다. 유치하고 창피할수록 게임을 지켜보는 모두가 즐거워지는 것이 이 게임의 매력입니다만 부작용도 많습니다.

시간이 갈수록 벌칙의 강도가 강해져 벌칙의 당사자는 물론이고 게임에 상관없는 아이들까지 불쾌감을 느끼게 만듭니다. 게임이 반복될수록 서로의 복수심이 상승작용을 일으키기 때문입니다. 그로 인해 벌칙은 갈수록 강해지고 많은 사건, 사고를 터뜨립니다.

예를 들어 '민지를 끌어안고 사랑해라고 크게 외치고 와.'라는 벌칙을 수행하다가 민지가 창피해 울어 버리는 경우처럼 제3자에게까지 피해를 주기도 합니다. 그래서 교사 입장에선 무척 귀찮은 게임입니다. 이런 면에서 혜림이는 참 고마운 아이였습니다. 게임에 참여하지도 게임의 벌칙 대상이 되는 것도 모두 거부했기 때문입니다. 더구나 친구들에게 '이런 게임 하지 마!'라며 말려 주기도 했습니다.

"선생님, 쪽팔려 하는 애들 진짜 짜증 나요."

"혜림이는 쪽팔려 안 해요?"

"저런 게임을 왜 해요. 너무 유치해요. 거기다가 자기들끼리 놀면 되

는데 남한테 피해까지 주고….'

"그렇구나. 그런 면이 있지."

"선생님이 반 전체가 못 하게 하면 안 돼요?"

"맞아, 선생님도 그러고 싶어요. 그런데 아이들이 너무 좋아해서 차마 말릴 수 없어서 고민이네요."

"그냥, 모두 확 못 하게 해 주세요."

"그래, 만약 너무 심해지면 그렇게 해야지 하고 생각하고 있어."

이랬던 혜림이가 어느 날인지 민수와 쪽팔려 게임을 하는 것에 푹 빠져 버렸습니다. 왜 갑자기 변했는지 너무 궁금해 물어보지 않고는 견딜 수 없었습니다.

"혜림아, 너 쪽팔려 게임 싫어하지 않았니?"

"어…. 그런데요, 근데 해 보니까 재미있는 것 같아요."

"그래? 유치하고 남한테 피해 주는 게임이라고 생각하지 않았나요?"

"그럴 수도 있지만 남이 너무 싫어하지 않게 조심히만 하면 괜찮은 것 같아요. 무엇보다 웃기잖아요."

"그래? 그런데 왜 갑작스레 생각이 바뀌었어? 궁금하네."

"그냥요."

"옛날엔 반대로 생각했던 것 같은데?"

"그냥 옛날에 제가 너무 심하게 생각했던 것 같아요."

저는 혜림이가 생각을 바꾼 이유를 정확히는 알 수 없었습니다. 다만 혜림이와 갑작스레 친해진 민수가 쪽팔려 게임을 무척 즐겨했던 것이 이유가 아닐까 짐작할 뿐이었습니다. 교실에서 지내다 보면 이렇게 갑작스런 아이들의 변덕을 종종 목격할 수 있습니다. 재밌는 점은 특별한 이유도 없이 아이들의 생각이 아예 정반대로 바뀌는 경우도 많다는 점입니다. 저는 이럴 때마다 '참 아이들은 변덕이 널을 뛰는구나.'라고 지나치곤 했습니다.

인지부조화

    심리학 공부가 무척 재미있는 이유 중 하나는 배운 이론을 적용시킬 수 있는 무수한 사례들을 주변에서 쉽게 찾아볼 수 있다는 점입니다. 아이들의 마음이 손바닥처럼 쉽게 뒤집히는 이유는 미국 스탠포드 대학의 심리학자였던 레온 페스팅거 Leon Festinger의 인지부조화 이론을 통해

레온 페스팅거

이해할 수 있었습니다. 페스팅거는 자신의 연구를 위해서 미국의 한 사이비 교단에 입회했을 만큼 열정적인 실험심리학자입니다. 이 사이비 교단에서 시작된 인지부조화 연구는 인간의 심리를 탐구하는 수많은 여정 중 가장 극적인 연구 과정의 하나로 꼽힙니다.

    1954년 미국 미니애폴리스 주에는 12월 21일 자정 대홍수가 일어나 인류가 멸망할 것을 예언한 사이비 교단이 있었습니다. 이들은 자신들을 탐구자seeker라고 불렀습니다. 탐구자들은 12월 21일

대망의 그날 '사난다'라는 이름의 신을 믿는 사람들만이 구원될 것이라고 주장했습니다. 흥미로운 것은 교단은 이 사실을 크게 홍보하지 않았단 점입니다. 종말의 시간이 다가왔다는 보도자료를 각 언론사에 한 차례 돌렸을 뿐 더 이상의 홍보나 포교 활동은 하지 않았습니다. 탐구자들은 교세를 확장하거나 경제적 이익을 얻기 위한 수단으로 종말론을 이용하지 않았습니다. 그저 덤덤히 종말을 준비할 뿐이었습니다. 하지만 소문은 입에서 입으로 전달되어 종말의 날 근처쯤에는 미국 전역의 주목을 받는 전국적 이슈가 되기에 이르렀습니다. 이에 큰 흥미를 느낀 페스팅거는 탐구자들을 연구하기로 결심합니다. 그는 연구팀을 결성하고 몇 개의 조직을 만들어 신자로 위장해 교단에 잠입합니다. 물론 탐구자들을 믿어서가 아니라 그들의 특이한 행동을 심리학적 관점에서 연구하기 위해서였습니다. 그리고 운명의 1954년 12월 21일 자정 그는 사이비 교단의 대표 메리언 키치의 자택에서 직접 신자들을 관찰하기에 이릅니다. 그날 밤 빗방울 하나 구경할 수 없었다고 합니다. 그러나 대홍수만큼은 아니지만 정말 놀랍고 재미있는 일이 키치의 집에서 벌어졌습니다.

생각 뒤집기 1

1954년 12월 21일 자정이 다가오는 시간 그 자리에는 미국 전역의 방송국에서 온 수많은 기자가 진을 치고 있었습니다. 평소 언론 인터뷰에도 응하지 않고 폐쇄적으로 교단을 운영했던 것처럼 그날도 외부인에겐 문을 열어 주지 않았습니다. 21일 즈음하여 빗발치는 인터뷰 요청도 모두 거절했고 당일에는 키치의 자택 문은 물론 모든 커튼도 닫아 버려 안에서 어떤 일이 벌어지는지 누구도 확인할 수 없었다고 합니다. 그런데 12시가 지나고 종말은커녕 빗방울한 개조차 보이지 않자 키치의 태도는 180도 변하였습니다. 그녀는 갑자기 커튼을 젖히고 창문을 열었습니다. 그리고 문을 활짝 열고 밖에서 진을 치고 있던 수많은 기자를 안으로 초대하기 시작합니다. 심지어 쿠키, 차까지 대접하면서 말입니다. 그리고 모두를 앞에두고 키치는 다음과 같은 말을 전달합니다.

'고귀한 존재로부터 메시지가 전해졌습니다. 신자들의 열성적인 기도에 감동한 신께서 세상을 구원하고 홍수를 내리지 않기로 결정하셨습니다. 이 사실을 널리 알리고 싶습니다. CBS, ABC, 뉴욕타임스 모두와 인터뷰해 이 사실을 전달하고 싶습니다.'

생각 뒤집기 2

일련의 사건 후 탐구자들은 어떤 행보를 보였을까요? 이를 계속관찰하던 페스팅거가 가장 놀랐던 점은 '종말은 없었다.'라는 사실이 백일하에 증명되었음에도 그 사실을 인정하지 않고 심지어는 더욱 강한 믿음을 보이는 소수 신도들의 모습이었습니다. 이 관찰을 바탕으로 페스팅거는 재미있는 심리 실험을 설계합니다. 시작은 매우 단순합니다. 실험자들에게 다이얼을 돌리고 다시 반대 방향으로 돌리는 과정을 긴 시간 동안 반복하게 하는 것입니다. 이 행동에 어떤 의미가 있을까요? 물론 아무런 가치 없는 무의미한 행동이었습니다. 본격적 실험은 이 의미 없는 행동이 끝난 뒤에 시작됩니다. 페스팅거는 이 행동을 마친 피험자들에게 제안합니다.

"이 실험을 진행해야 하는 대학원생이 갑자기 급한 일이 생겨서 자리를 비웠습니다. 부디 다음에 똑같은 실험을 받을 사람에게 이 실험의 개요와 중요성에 대해 대신 설명해 주시겠어요? 물론 보수를 지급하겠습니다."

다음 실험의 진행을 도와준다고 말한 학생을 페스팅거는 두 집단으로 나눕니다. 첫 번째 집단은 도움의 대가로 20달러를 받았습니다. 반면 두 번째 집단은 그 대가로 1달러를 받았습니다. 그리고 마지막으로 페스팅거는 두 집단 모두에게 다이얼을 돌리는 실험에 관해 다음과 같은 질문을 던집니다.

"이 실험이 정말 재미있었나요? 이 실험은 의미 있는 실험이었나요?"

20달러를 받은 사람들은 대답합니다.

"아니요, 솔직히 이 실험은 재미없었습니다. 하지만 20달러를 받았기 때문에 거짓말을 했습니다."

이에 1달러를 받은 사람들은 대답합니다.

"네, 이 실험은 재미있고 가치 있는 경험이었습니다."

과연 1달러를 받은 집단은 처음부터 이 실험을 의미 있다고 생각했을까요? 아니면 중간에 생각이 뒤집힌 걸까요?

생각이 쉽게 뒤집히는 이유

여기서 잠시 책을 덮고 혜림이, 탐구자들, 1달러를 받았던 사람들, 세 집단의 공통점을 찾는 것도 재미있을 것 같습니다. 생각해 보셨나요? 그럼 확인해 보세요. 이 세 가지 행동은 모두 같은 원리를 가지고 있습니다.

> '나는 똑똑하고 올바른 사람입니다. 그러므로 나는 바르고 올바른 행동을 합니다. 특별한 이유가 없는 한….'

저도, 독자들도, 우리 아이들도 모두 이렇게 '생각'하고 살아갑니다. '나는 이기적이고 표리부동하며 거짓말을 밥 먹듯이 하는 사람이야.'라고 자신을 평가하는 사람은 매우 드뭅니다. '나는 도덕적이다. 나는 이성적이다. 나는 합리적으로 행동한다.' 등 모든 인간은 자신에 대한 긍정적 믿음을 가지고 살아갑니다. 만약 이 믿음에 위배되는 '나는 나쁜 사람인가?'라는 증거를 발견한다면 우리의 마음속에는 초조함, 불쾌감, 긴장 같은 불안이 발생합니다. 이 불편함을 페스팅거는 '인지부조화cognitive dissonance' 상태라고 이름 붙입니다. 즉 인지부조화란 자신이 행한 행동(예:부도덕한 행동)과 자신의 태도(예:나는 도덕적인 사람)가 불일치할 때 발생하는 내적 부조화 상태입니다. 페스팅거에 따르면 인간은 이런 부조화 상태에 놓일 때 매우 큰 스트레스를 받습니다. 그리고 어떻게든 이 부조화 상태를 해결하려고 시도합니다. 예를 들어 옳지 못한 행동

을 한 후엔 '그래, 내 행동엔 나름의 이유가 있어.'라며 합리화하는
것이 한 가지 방법입니다.

1. 탐구자들 탐구자들의 구성원들은 직장을 버렸고 재산을 정리
했으며 심지어 가족과 헤어지고 합류한 사람도 있었습니다. 자신
의 행동을 되돌리기엔 이미 포기한 것이 너무나도 많은 상황입니
다. '나는 똑똑하고 합리적인 사람이야.'라는 믿음이 위협받는 인지
부조화 상태에 빠져 있습니다. 인간은 어떻게든 인지부조화 상태
를 해결하고 내적 평안을 되찾으려는 경향을 가지고 있습니다. 이
경우 인지부조화를 합리적으로 해결하기 위해선 자신의 행동(가
족과의 이별, 퇴사, 재산 정리 등)을 제자리로 되돌리는 것은 물론
'나는 똑똑하고 합리적인 사람이야.'라는 믿음을 포기하고 실수를
받아들여야 합니다. 무척 괴로운 길이지요. 하지만 더 쉬운 방법도
있습니다. 간단하게 '나는 속은 것이 아니다.'라고 생각하면 됩니
다. 인지부조화를 해결하기 위해 '난 똑똑하지 않았다. 내가 멍청
했다.'고 실수를 받아들이는 힘든 방법을 택한 탐구자들도 있었습
니다. 하지만 페스팅거가 주목한 두 번째 방법을 택한 사람도 많았
습니다. 두 번째 방법을 택한 탐구자들은 '내 행동은 잘못되지 않
았어. 그래, 우리의 노력으로 세상이 구원된 것이야.'라고 각종 매
체를 통해 세상에 외쳤습니다. 그 전엔 언론과의 접촉을 극도로 피
하던 사람들이 말이죠. 그 결과 '나는 똑똑하고 올바른 사람이다.'
라는 생각을 고치지 않아도 내적 부조화를 해소할 수 있었습니다.
　이처럼 페스팅거는 인간이 인지부조화 상태에서 벗어나기 위해

서 자신이 저지른 행동을 수정하기보다는 상대적으로 바꾸기 용이한 생각을 수정하는 경향이 있다고 주장합니다. 행동을 바꾸는데는 큰 수고가 들어가는 것과는 달리 생각을 바꾸면 일이 무척 편리해지기 때문입니다. 이와 같은 가설을 바탕으로 만들어진 실험이 바로 20달러 vs 1달러 실험이었습니다.

2. 1달러를 받은 집단 1달러를 받은 실험 참가자들은 누구나 무가치하다고 생각할 실험을 무척 재미있고 가치 있는 실험이었다고 말했습니다. 이러한 상황에서 잘못된 행동을 되돌리기 위해선 자신이 거짓말했다는 것을 인정하고 상대방에게 사과해야 할 것입니다. 그리고 '내가 어리석게 속았다.'라고 인정해야 합니다. 이성적으로 생각하면 간단한 일입니다. 하지만 인간은 인지부조화를 해소시키기 위해 더 쉬운 길을 찾습니다. 타인에게 사과하지 않고 '내가 어리석었다.'는 사실을 인정하지 않아도 괜찮을 방법을 말이죠. 이들은 '내가 고작 1달러를 받고 거짓말을 할 리가 없어. 이 실험은 정말 재미있는 실험이야.'라고 생각을 바꿈으로써 부조화를 해소시킵니다. 이렇게 하면 저지른 행동을 수정하지 않아도 되고 '나는 합리적인 사람이다.'라는 생각을 바꾸지 않아도 됩니다. 실제 페스팅거의 연구진이 실험을 모두 마친 후 다이얼 돌리기는 사실 아무 의미 없는 행동이었다고 밝혔음에도 인정하지 못하는 사람이 많았다고 합니다. 반면 20달러를 받은 사람은 충분한 대가가 있었기에 '나는 거짓말을 했어. 실험은 재미없었어. 다만 돈을 받아서 그런 것이야.'라고 증언했다고 합니다.

이 원리가 군사적으로 적용된 흥미로운 사례가 있습니다. 바로 우리 땅에서 벌어진 한국전쟁에서 벌어진 일입니다. 한국전쟁 당시 중국군에게 수많은 미군이 포로가 되었습니다. 중국군은 미군들에게 미국 자본주의를 비난하고 공산주의를 찬양하는 글을 강제로 쓰게 합니다. 그러고는 대가로 담배 한 갑 같은 사소한 보상을 지불했습니다. 많은 미군이 담배 한 갑에 조국을 배신했다는 행동을 인정하는 대신 자신은 원래 자본주의에 문제가 많았고 사회주의가 훌륭하다고 생각해 왔다고 자신을 설득합니다. 그 결과 해당 미군들은 더욱 열심히 공산주의를 찬양하는 글을 썼으며 공산주의에 대한 신뢰가 강해졌다고 합니다.

3. 혜림이는 어떨까요? '쪽팔려' 게임을 유치하게 여겼던 혜림이였지만 어떤 계기로 게임에 참여하게 됩니다. 쪽팔려 게임이 유치하다는 생각 vs 쪽팔려 게임을 한 혜림이의 행동, 이 둘은 부조화 상태를 발생시킵니다. 그리고 혜림이는 자신이 유치한 게임을 하는 사람이라고 인정하거나 아니면 원래 생각을 지키기 위해 앞으론 쪽팔려 게임을 다신 하지 않겠다고 다짐하지 않았습니다. 대신 '쪽팔려 게임은 유치하지 않고 재미있는 게임이에요. 그리고 남한테 그리 피해를 주지 않아요.'라고 생각을 바꿔 버립니다. 혜림이는 쪽팔려 게임에 대한 생각을 바꿈으로써 '나는 말(쪽팔려 게임은 유치해)과 행동(쪽팔려 게임에 참가)이 일치하지 않는 사람'이라는 인지 부조화 상태를 해소합니다.

'네가 그랬잖아' 게임

간단하게 생각을 바꿈으로써 인지부조화를 쉽게 해결하려는 행동은 교실에서 자주 목격됩니다. 가장 대표적인 예가 하루에도 몇 번씩 벌어지는 '네가 그랬잖아!' 게임입니다.

"야, 쟤네들 싸운다."
"선생님, 동규랑 제민이 싸워요!"
"이런! 얘들아, 어서 말려!"

제가 4학년 영어교과를 담당하던 해에 일어난 일입니다. 영어 스피킹 게임을 하던 중 동규가 제민이의 가슴을 두 손으로 밀쳤습니다. 한 대, 두 대, 세 대, 동규가 제민이를 밀치는 강도가 너무 세서 제민이는 곧 넘어질 듯 보였습니다. 재빨리 친구들이 말린 덕분에 싸움이 더 커지기 전에 멈출 수 있었습니다.

"동규, 제민이 이리오세요."

제민이와 씩씩거리는 동규가 걸어왔습니다.

"동규가 아직 화가 많이 나 있구나. 서로 잠시 진정하는 시간을 갖은 후에 이야기해야 할 것 같네요. 그럼 둘이 떨어져 앉아 어찌된 상황인지 적어 와 볼래? 그리고 화도 좀 진정시키고, 그 다음에 이야기하자. 알았니?"

"네."

아이들이 많이 흥분해 있기도 하고 진행 중인 수업을 둘 때문에 멈출 수는 없어 잠시 아이들을 따로 앉혀 놓고 왜 싸웠는지 적어 보게 하였습니다. 그리고 수업을 무사히 마치고 아이들을 교실로 돌려보냈습니다. 물론 제민이와 동규, 그리고 같은 모둠 친구인 수정, 정문이는 교실에 가지 않고 남아 있었습니다. 저는 제민이와 동규가 그간의 사정을 적은 종이를 살펴보았습니다.

"제민아, 동규한테 욕했니?"

"아니요⋯. 그냥 너무 시끄럽다고 조용히 하라고 했어요."

"제민이는 '씨발놈아 너 존나 시끄러.'라고 했다고 썼는데요?"

'네? 아니에요, 존나 시끄럽다고는 얘기했지만 씨발놈이라고는 안 했어요.'

"그래? 그럼 동규야, 제민이가 한 욕 확실히 들은 것 맞나요?"

"네, 쟤가 나보고 병신, 씨발놈, 개새끼라고 계속 욕하면서 존나 시끄럽다고 조용히 하라고 했어요."

"그래? 씨발놈, 개새끼라고 말했다고. 그리고 동규가 쓴 글에 보면 계속 조용히 하라고 얘기했다고⋯. 몇 번쯤?"

"한 열 번은 이야기했어요. 욕도 열 번쯤 했어요."

"아니에요. 그런 욕도 안 했고 조용히 하라고 두세 번 정도밖에 얘기 안 했어요."

억울하다는 듯 제민이의 목소리가 높아졌습니다.

"네가 계속 시끄럽다, 조용히 해라, 존나 떠드네, 열 번 넘게 이야기했잖아! 그리고요 옛날부터 제민이가 만날 저한테 욕했어요. 이번이 처음이 아니에요."

"뭐? 내가 언제?"

"잠깐 제민아, 잠시만 동규가 이야기할 기회를 주자. 잠시 후에 너한테도 말할 기회를 줄게요."

제민이를 잠시 진정시킨 후 계속 동규의 말을 들어 봤습니다.

"제민이가요, 항상 저보고 멍청하다고 시끄럽다고 놀리고 괴롭혔어요."

"그래, 정말? 언제 그랬는지 설명해 줄 수 있겠니?"

"영어시간마다요. 제가 영어 못한다고 만날 바보라고 하고 그랬어요."

"…음. 그랬구나…. 그럼 이번엔 제민이에게 말할 기회를 줄게, 말해 볼래? 동규 말이 맞니?'

"아니요. 안 그랬어요. 한두 번 그런 적 있지만 만날 바보라 놀리고 그러진 않았어요. 정말이에요."

"네가 그랬잖아!"

제민이의 말이 끝나기 무섭게 동규가 목청을 높였습니다.

"아이고, 그러다 또 싸우겠다. 여기서 멈추세요. 그리고 이 이야기는 둘의 의견이 다르니까 다른 친구들에게 확인을 받아 볼게요. 그건 나중으로 미루고 어쨌든 동규야, 시끄럽다는 소리에 기분이 나빠져서 제민이를 민 거니?"

"네!"

"어떤 이유건 동규야, 폭력을 저지른 사람이 제일 잘못한 거예요. 제민이보다 동규의 잘못이 훨씬 커요. 알지?"

"…네."

동규가 누그러진 목소리로 대답했습니다.

"그럼, 모둠 친구들한테 이야기를 들어 보고 조금 있다 마무리 지을게. 잠시만 저쪽에서 기다려 줄래?"

"네."

지금부터 할 말을 듣지 못하게 동규와 제민이를 멀찌감치 떨어뜨려 놓은 후 같은 모둠인 수정이와 정문이를 불렀습니다.

"애들아, 너희는 어떤 상황이었는지 지켜봤죠?"

"네, 제가 처음부터 끝까지 지켜봤어요."

"그래, 그럼 수정이가 자세히 설명해 줄래?"

"동규가 계속 중얼중얼 노래를 불러서 제민이가 좀 조용히 하라고 했어요."

"그래 한 몇 번?"

"음…. 두세 번쯤인 것 같아요."

"그래? 열 번은 아니고?"

"네, 열 번까진 아니에요. 많아야 서너 번쯤?"

"음, 그래? 그럼 혹시 제민이가 욕하는 소리는 들었니?"

"음…. 아니요, 못 들었던 것 같은데…."

"씨발놈, 개새끼라는 욕 못 들었니?"

"네. 못 들은 것 같은데…."

"제가 욕 들었어요."

그때 정문이가 끼어들었습니다.

"정문이가 들었어?"

"네, '좀 조용히 해 병신아….'라고 했어요."

"그래? 몇 번이나?"

"한 번 들었어요."

"그래? 제민이는 열 번 넘게 들었다는데, 이 말은 어때?"

"에이…. 아니에요, 그 정도는 아니었어요."

"그래? 둘 다 확실하니?"

"네, 확실해요."

"그렇구나, 고마워, 그리고 또 하나 물을 게 있는데, 혹시 제민이가 동규를 평소에도 많이 놀리고 욕했니? 동규가 영어를 못한다고."

"음…. 제민이가 동규가 영어 못한다고 '이것도 몰라?'라는 식으로 말한 적은 있어요."

"그래? 그게 영어시간마다 그랬니?"

"그건 아닌 것 같아요. 그냥 몇 번 본 적은 있어요."

"그래? 그럼 욕은 다른 때도 들어 본 적 있니?"

"음…. 그건 잘 모르겠어요."

"수정이는? 어때?"

"음…. 저도 '수업에 집중 좀 해.'라고 말하는 것은 들은 적 있어요."

"그래? 얼마나 자주?"

"그냥 동규가 수업 중 낙서하거나 딴짓할 때 그랬던 것 같아요. 그런데 영어시간마다는 아니었던 것 같고요. 그냥 어쩌다…."

"그렇구나. 그럼 제민이가 동규에게 싫은 소리를 한 적은 있는데 가끔 그랬다는 거지?"

"네."

"그럼 욕은? 제민이가 욕하는 건 들었니?"

"아니요. 저도 욕은 못 들었어요."

"그렇구나, 알았어요. 수정이랑 정문이는 이제 교실로 돌아가 봐도 돼요."

이제 교실에 동규와 제민이만 남았습니다.

"동규야, 제민아, 이리로 오렴."

"동규야, 제민이에게 폭력을 사용한 것은 잘못된 일이에요. 맞죠?"

"네…."

"그리고 제민아, 선생님이 친구들에게 확인을 해 봤는데 제민이가

142

'병신, 시끄러워.'라고 이야기했다는데 사실이니?"

"…."

제민이는 고개를 떨구었다.

"친구들이 정확히 들었다 하네. 맞니?"

"네…. 한 것 같아요. 근데 한 번밖에 안 했어요."

"그래…. 그럼 동규야, 옆에 친구들 이야기를 들어 보니까 제민이가 욕을 하고 시끄럽다고 했다는 것은 사실인데. 욕은 한두 번 정도 했고 시끄럽다고는 서너 번 정도 했다고 하는데 맞니?"

"아니에요! 그보다 훨씬 많이 했어요."

"정말이니? 같은 모둠 친구들 말은 다른 것 같던데요."

"진짜예요. 훨씬 많이 했다니까요."

동규는 정말 억울한 표정이었습니다.

"음. 그렇구나. 어쨌건 제민이도 욕하고 친구를 기분 나쁘게 한 것은 사실이지요?"

"네…. 근데 열 번은 안 했어요. 진짜예요. 그리고 오늘 처음 한 거예요. 전에 욕한 적은 없어요."

제민이도 억울함에 울상 지었습니다.

학생들 사이의 다툼을 자세히 살펴볼 때 흔히 볼 수 있는 장면입니다. 학생들은 본능적으로 자신이 저지르는 잘못을 최대한 축소하려고 노력합니다. 하지만 아이를 다루는 경험이 쌓인 성인이라면 아이의 얼굴만 봐도 진실인지 거짓인지 눈치챌 수 있습니다. 아이의 시선 처리, 눈빛, 고개를 숙이고 있는 정도, 말투 등의 비언어적, 언어적 단서들로 아이의 진술에 대한 진실 여부를 판단할 수 있습니다. 제민이의 경우 무언가 숨기고 있다는 느낌이 있었습니다. 특히 욕을 안 했다고 이야기하는 순간 고개를 떨어뜨리며 선생님의 눈을 피하는 것을 보고 '욕을 하긴 했구나.'라는 심증을 굳힐 수 있었습니다. 하지만 동규가 '욕을 열 번 했어요.'라고 하는 말에는 눈을 크게 뜨며 소리를 높였습니다. 정말 억울한 표정이었습니다. 이런 제민이의 반응을 보면 동규가 거짓을 말하고 있을 가능성을 살펴봐야 합니다. 그러나 동규의 표정은 시종일관 당당해 거짓말을 하고 있다곤 생각하기 힘들었습니다. 이런 경우 네가 그랬잖아! 게임은 결국 제삼자의 증언을 확인해야만 결판이 납니다. 저학년의 경우 하루에도 열 번 이상 고학년은 하루 두세 번씩 겪는 네가 그랬잖아! 게임을 중재하며 저는 묘한 패턴을 찾았습니다. 교사의 눈치로 누구의 말이 진실인지 알기 힘든 경우엔 폭력을 휘두른 가해 학생의 주장에 과장이 더 많이 섞여 있을 가능성이 높다는 사실입니다.

이 패턴 역시 인지부조화 이론에 따라 해석될 수 있습니다. 분노를 폭력이라는 부정적 방식으로 표출한 동규의 마음속에서는 자신이 저지른 폭력적 행동과 '나는 착한 아이야.'라는 생각이 인지부조화를 형성합니다. 이 부조화가 주는 불편함을 해소하고 싶지만 이미 저질러 버린 행동을 돌이키기엔 수많은 난관이 뒤따릅니다. 이에 많은 학생이 선택하는 길은 '내가 친구를 때린 이유는 그 녀석이 정말 나쁜 행동을 했기 때문이야.'라고 합리화하는 방법입니다. 그렇게 내가 때린 친구는 '정말 나쁜 놈'이 돼 버립니다. 그렇게 해서 자신의 '저 녀석이 너무 못되게 굴어 내가 폭력을 쓴 거야. 나는 여전히 착한 아이야.'라는 생각을 지키게 되는 것입니다.

부인에게 잦은 폭력을 행사하는 남편이 '우리 여편네는 집안일도 엉망이고 자식 교육도 내팽개친 천하의 나쁜 년이야.'라고 주장하는 모습,

지하철에서 여성을 더듬대는 성추행을 저지른 남자가 '저 여자가 짧은 치마를 입고 나를 유혹했다.'라고 말하는 모습 역시 자신이 처한 인지부조화 상태를 자기합리화로 해소하려는 시도에 속합니다.

진짜예요, 진짜라니까요

자기합리화 과정에서 재밌는 점은 동규가 자신의 기억에 확신을 가지고 있다는 점입니다. 앞에서도 언급했듯이 숙련된 교사라면 학생들의 거짓말을 눈치로 어느 정도 간파할 수 있습니다. 하지만 저는 동규가 거짓말을 하고 있다는 단서를 찾아낼 수 없었습니다. 이런 상황의 공통점은 가해 학생이 피해 학생보다 더 많이 화를 내며 자신이 그런 행동을 할 수밖에 없었던 억울한 심정을 토로하곤 한다는 점입니다. 그리고 이 억울한 심정이 사실에 기반을 둔 것인지 도무지 눈치로는 알 수 없었습니다. 제삼자의 증언들을 듣고 난 후에야 사실 여부를 확인할 수 있었습니다. 이런 상황을 여러 번 겪으며 결국 제가 내린 결론은 '학생들은 인지부조화를 해결하기 위해 자기합리화를 한다. 그리고 그 과정에서 만든 생각을 진실로 믿어 버린다.'입니다. 즉, 학생들은 '나는 합리적이고 착한 사람이야.'라는 자존심을 지키기 위해선 자기도 모르게 스스로를 속여 버립니다.

자존심의 공범

이 자존심에는 또 하나의 공범이 있습니다. 1979년 스탠포드대학에서는 대학생들을 대상으로 인지부조화와 기막힌 호흡을 자랑하는 공범의 존재를 증명했습니다. 스탠포드의 연구진들은 사형제도가 살인, 폭력 등의 강력범죄를 예방하는 데 명백한 효과가 있다는 연구 결과와 사형제도는 범죄 예방에 전혀 영향을 주지 않는다는 두 종류의 연구 결과들을 준비합니다.

물론 두 연구는 모두 지어낸 '가짜 연구'였습니다. 두 연구 결과는 연구의 과정, 연구자의 권위, 통계 수치 등 제시하는 근거나 설득력에 있어 동일한 수준으로 만들어졌습니다. 어느 쪽도 다른 한쪽을 압도하지 못했습니다. 스탠포드 연구진은 이 두 연구를 미리 인터뷰한 사형 찬성론자 그룹과 사형 폐지론자 그룹에게 보여주고 반응을 조사했습니다.

그 결과로 사형 찬성을 지지했던 대학생들은 사형이 범죄 예방에 효과가 있다는 연구를 더욱 정교하고 설득력 있는 연구로 판단했습니다. 또한 사형 찬성론자들은 사형이 범죄 예방에 효과가 없다는 연구의 경우 연구의 설득력, 연구 과정의 오류, 비논리성 등에 대해 비판했다고 합니다. 이와 마찬가지로 사형 폐지를 지지한 학생들은 사형이 범죄 예방에 효과가 없다는 연구를 지지했고 반대편 연구를 깎아내렸습니다.

이처럼 자신의 신념과 일치하는 정보는 쉽게 받아들이고 자신의 신념에 반하는 정보는 '출처가 의심스럽다, 논리적 오류가 있다, 증거가 충분치 않다.'라고 꼬투리를 잡
는 성향을 확증편향Conformation bias이라고
부릅니다. 영국의 대표적인 인지심리학자
이며 런던대학 심리학 교수였던 피터 웨이
슨Peter Wason이 1960년에 제시한 개념으로
내쪽 편들기myside bias라고 불리기도 합니
다. 이와 비슷한 우리나라 속담에는 '제 논

피터 웨이슨

에 물대기'가 있죠.

확증편향은 2010~11년 타진요 사태 때 언론이 가장 많이 인용
한 용어이기도 합니다. 타진요 사태는 타블로가 스탠포드대학을
졸업했다고 믿지 않았던 '왓비컴즈(아이디)'를 필두로 한 일군의 무
리들이 인터넷 카페 타진요(타블로에게 진실을 요구합니다)를 개설
하며 시작됩니다. 그 후로 타진요 회원들은 타블로의 학력 위조에
대한 증거들을 무차별적으로 인터넷에 퍼뜨립니다. 그 결과 카페
회원은 점점 늘어나 그 수가 11만 명에 육박하게 되고 공중파 언론
의 주목을 받을 정도로 화제의 중심이 됩니다. 이에 처음에는 무
시로 일관하던 타블로가 공식 대응하기에 이릅니다. 타블로는 자
신의 스탠포드대학 성적 증명서, 학교 앨범 및 관련 서류를 공개했
으나 타진요 회원들은 요지부동이었습니다. 타블로의 지도 교수였
던 토비어스 울프 교수가 직접 나서서 해명했지만 소용없었습니다.
공중파 방송인 MBC스페셜 제작진이 직접 미국 스탠포드대학에
찾아가 타블로와 함께 교무학장, 법무담당자 등 교직원들을 인터
뷰하는 장면을 방송으로 내보내기도 했습니다. 심지어 스탠포드대

학 내에서 관련 서류를 발급받는 과정과 서류를 확인하는 과정 모두가 방송되었습니다. 그 후 타진요 회원의 수는 급격히 줄어들었지만 여전히 남은 많은 타진요 회원은 자신의 주장을 굽히지 않았습니다. 오히려 '증거가 조작됐다, 타블로가 언론인, 정부를 매수했다. 당신들은 속고 있다.'고 더 강하게 주장합니다. 타블로 측의 어떤 합리적 근거 제시에도 이들은 '조작됐다, 믿을 수 없다.'로 일관합니다. 반면 '스탠포드를 졸업한 다니엘 선웅 리(타블로의 본명)는 따로 있다. 타블로가 사칭하고 있는 것이다. 혹은 타블로는 동명이인을 흉내 내고 있다.' 등 척 보기에도 허술한 주장들에 대해선 열광적 지지를 보냅니다. 이 사건은 주변 가족까지 고통을 겪는 모습을 참지 못한 타블로가 이들을 고소하여 관련자들 일부가 구속되고 유죄판결을 받는 것으로 마무리됐습니다. 이처럼 자신의 믿음과 반대되는 증거들은 무시하고 자신의 믿음을 지지하는 증거들만 취하는 심리적 경향성을 '확증편향'이라고 부릅니다.

요즘 흔히 쓰이는 인터넷 용어인 '답정너' 또한 확증편향 성향을 비꼬는 은어라고 할 수 있습니다. '답정너'는 '답은 정해졌으니 너는 대답만 해.'의 줄임말입니다. 증거를 분석해 이를 토대로 주장을 하기보다는 주장은 이미 정해 놓고 그에 맞는 증거를 찾아 끼워 맞춘 후 타인의 반박은 들으려 하지 않는 태도를 지칭하는 말이지요.

공범이 하는 일

확증편향은 체리피킹cherry picking(체리만 골라먹기)이라는 별명
도 가지고 있습니다. 우리나라 문화에 적용한다면 '닭다리만 골라
먹기'라고 바꾸면 적절하겠죠? 체리피킹의 방식으로 작동하는 확
증편향은 자존심이 연출한 연극에 그럴듯한 증거들을 제공합니다.
페스팅거가 관찰했던 탐구자들의 경우 12월 21일 이탈리아에서 지
진이 일어났다는 소식을 뒤늦게 듣곤 모두들 박수를 치며 환호
했다고 합니다. 우리가 보기엔 전혀 관계없는 미국에서 수천 킬로
떨어진 곳에서 일어난 평범한 지진이 탐구자들에게는 지구 멸망의
징조로 해석됐기 때문입니다.

동규 같은 아이들은 자신이 때린 아이들에 대해 종종 '쟤가 만
날 저를 놀렸어요. 계속 괴롭힘을 당해 왔어요.'라고 증언하곤 합
니다. 그리고 친구들에게 계속적인 괴롭힘이 있었는지 확인해 보면
'별일 아니었다. 둘 다 웃으면서 끝났다.'라는 증언을 들을 수 있습
니다. 과거에는 서로 웃으며 끝난 장난들이 자신이 나쁜 사람이 돼
버리는 위기 상황에선 '그 친구가 평소에도 나를 괴롭혔다', 즉 '나
는 그 친구를 충분히 때릴 만했다.'고 정당화하는 근거로 둔갑해
버리는 것입니다.

자기합리화는 나쁘다?

인지부조화와 확증편향이라는 공범이 벌이는 사기극을 우리는

149

자기합리화라고 부릅니다. 이 사기극에는 이미 말씀드렸듯이 '자존심'이라는 진범이 숨어 있습니다. '자존심'은 모든 인간의 마음속에 뿌리 깊게 자리 잡고 있습니다. 그러므로 누구든 이런 사기극의 범인이 될 수 있습니다. 예를 들어 사난다의 신자들 중에는 의사도 있었고 고학력자도 많았습니다. 페스팅거의 1달러, 20달러 실험은 미국의 수재들이 집합해 있는 스탠포드대학교 학생들을 대상으로 진행된 실험이었습니다. 이처럼 자신을 속이는 사기극에서 학력이나 지적 능력은 장애물이 되지 못합니다. 저도, 여러분도 인간이라면 누구든 언제든지 자기합리화의 오류에 빠질 수 있습니다. 아직 상황 판단력이나 인지적 능력이 충분히 발달하지 못한 10대 학생이라면 말할 필요도 없을 것입니다. 다만 학생들의 연극은 정교성이 떨어져 어른이 눈치채기 쉽다는 점이 어른과의 차이점이라고 할 수 있습니다.

이 사실을 깨닫기 전 저는 혜림이를 생각이 쉽게 바뀌는 변덕스런 학생, 동규는 친구를 때려 놓고 거짓말까지 하는 나쁜 학생이라고 생각했었습니다. '자기가 친구를 때려 놓고 저리 뻔뻔하게 거짓말까지 하는 동규의 못된 버릇을 고쳐 줘야 해.'라고 생각하고 크게 화내고 더 큰 벌을 주곤 했습니다. 하지만 동규가 나쁜 아이라 그런 말을 한 것은 아닙니다. 심지어 진짜 거짓말을 한 것은 동규가 아닙니다. 베일 너머에 숨어 있는 진짜 범인은 '나는 착한 아이야.'라고 생각하는 동규의 '자존심'이었습니다. 동규, 혜림이, 인지부조화 실험 참가자들, 메리언 키치 그리고 우리 모두 자존심이 벌인 사기극의 피해자일 뿐입니다.

유독 자기합리화가 심한 아이들

누구나 자신의 자존심을 지키기 위해 자기합리화의 함정에 빠집니다. 그런데 교실에는 자리합리화가 유독 심한 학생들이 존재합니다. 이 학생들은 '저 아이 잘못이에요, 제 탓이 아니에요.'라는 말을 입에 달고 삽니다. 교사 입장에서는 무척 짜증 나고 피곤하게 만드는 학생입니다. 단순히 '자존심이 강해 잘못을 인정하지 않는다.'라는 말로는 설명하기 힘든 이 학생들을 어떻게 하면 미워하지 않고 이해할 수 있을지, 어떻게 교육해야 할지가 저에겐 큰 숙제였습니다. '왜 자신의 책임을 인정하지 않을까? 어떤 특성이 학생에게 이런 성향을 갖게 만들었을까?' 고민하고 관찰한 결과 제 나름대로 이런 아이들의 공통점을 찾을 수 있었습니다.

① 칭찬받는 일은 적고 혼나는 일이 매우 잦은 아이
② 자기주장이 강하고 항상 1등이 되려 하며 남한테 뒤처지는 것을 인정하지 못하는 아이
③ 부모님이 매우 엄격하고 잘못할 경우 호되게 혼나는 것에 대한 공포가 있는 아이

제가 경험한 자기합리화가 유독 심한 학생들은 이 세 가지 경우 중 한 가지에 속하거나 혹은 두 가지 이상 중복해 속해 있었습니다. 선천적으로 산만해 자주 혼나는 예원이, 90점 이상이 아니면 망했다고 생각하는 주석이, 잘못하면 엄마에게 매를 맞는 효정이 같은 학생들의 공통점은 실패에 대해 지나치게 두려워한다는 점입니다. 이런 학생에겐

'내 잘못이 아니라 친구의 잘못이야, 내 잘못일 리 없어, 내 잘못이어서는 안 돼.' 같은 실패는 용납할 수 없다는 어딘지 모를 절박함이 느껴집니다.

저는 이 절박함이 자아존중감의 부족에서 온다고 생각합니다. 너무 잦은 꾸중, 완벽 추구, 지나치게 엄격한 훈육은 모두 학생에게 '너는 못난 아이라 실패하는 거야.'라는 생각을 주입합니다. 별것 아닌 실수를 저질렀을 때 한 학생은 '괜찮아, 누구든 저지르는 실수야.'라고 생각하는 반면 한 학생은 '못나고 바보 같은 아이나 실수를 저지르는 거야.'라고 생각합니다. 두 학생의 실수 후 행동은 전혀 다른 모습을 보일 수밖에 없습니다. 전자의 학생은 자신의 실수를 쉽게 인정할 수 있는 반면 후자의 학생은 '이건 내 탓이 아니야.'라는 자기합리화의 함정에 쉽게 빠집니다. 그리고 '친구 때문이야, 샤프 때문이야, 선생님 때문이야.' 같이 환경의 탓으로 원인을 돌리는 손쉬운 방법을 택하게 되는 것입니다.

성장 과정에서 충분히 사랑받고 인정받아 '진정한 자아존중감'이 높은 아이일수록 자기합리화의 함정에 빠질 가능성이 적다고 생각합니다. 여기서 말하는 진정한 자아존중감이란 '나는 잘났어.'라는 단순한 자만심과는 다릅니다. 비록 내가 잘못을 저질러 책임을 져야 할 상황이라 해도 피하지 않고 당당하게 '제 탓입니다. 잘못했습니다.'라고 말할 줄 아는 마음, 그럼에도 불구하고 꺾이지 않는 '나는 괜찮은 사람이야.'라는 신념이 진정한 자아존중감일 것입니다. 반대로 자아존중감이 낮은 학생은 현실을 외면하고 자기합리화를 해서라도 '나는 괜찮은 사람이야.'라는 신념을 지키려 고군분투합니다. 합리화를 하지 않고 자신의 실수를 인정하는 순간 '나는 괜찮은 사람이야.'란 신념이 무너지기 때문입니다.

자신을 지키려는 절박함 때문에 자기합리화하는 학생의 사정을 알고 난 후 저는 자기합리화가 심한 학생들을 조금 덜 미워할 수 있었습니다. 최소한 '정말 나쁘고 못된 아이야.'라는 생각에서 벗어났습니다. 이 학생들은 못된 아이들이 아니라 그저 자신에 대한 믿음이 부족한 아이들이기 때문입니다.

자기합리화가 유독 심한 학생을 대하는 자세

자기합리화가 심한 학생들에게 우리 교사들이 해 줄 수 있는 첫 번째는 학생의 마음을 온전히 이해해 주는 것입니다. 이를 위해선 학생들을 주의 깊게 관찰하여 왜 계속 남의 탓을 하는지 속마음을 파악해야 합니다. 예를 들어 행동적 문제로 인해 성장 과정에서 잦은 꾸중을 들어 온 철민이는 '왜 나만 맨날 혼나는 거야. 억울해!'라는 속마음을 가지고 있을 수 있습니다. 기질적으로 타인의 시선에 쉽게 휘둘리는 소희의 경우 '선생님한테 못된 아이, 나쁜 아이로 보이기 싫어.'가 속마음일 수도 있습니다. 평소 부모님이 체벌을 일삼는 성천이는 '난 혼나는 것이 너무 무서워.' 같은 공포를 품고 있을 수도 있죠. 이와 같이 자기합리화가 심한 학생의 마음속에는 순순히 자신의 잘못을 인정하지 못하게 하는 뿌리 깊은 상처들이 자리 잡고 있습니다. 이런 상처를 가진 학생들에게 호된 꾸중은 오히려 학생의 과잉 방어 성향을 강화시키는 일이 됩니다. 그러므로 아래와 같이 아이의 속마음에 맞는 개별적인 접근이 필요합니다.

억울한 철민이에게 평소 교사의 따뜻한 시선과 용서.
타인의 눈을 신경 쓰는 소희에게는 친구들이 없는 장소를 찾아 충고하는 배려.

체벌에 대한 공포를 가진 성곤이에게 선생님은 절대로 성곤이를 때리지 않겠다는 약속과 대화로 해결하는 모습 보여 주기.

그리고 무엇보다 '네 잘못 때문에 선생님이 널 실수 이상으로 크게 혼내거나 너를 미워하게 되진 않을 거야.' 나아가 '선생님은 네가 좋은 아이라고 생각해, 선생님은 너를 좋아해.'라는 교사와 학생 간의 신뢰 관계 형성이 최우선입니다. 이를 위해 자기합리화가 심한 학생들은 좀 과할 정도로 지속적으로 칭찬, 격려해 줘야 합니다. '선생님이 내가 잘못해 혼내지만 이 일로 나를 미워하진 않을 거야.'라는 믿음이 있다면 학생의 자기합리화는 줄어들 것입니다.

둘째, 학생의 마음이 진정한 후 대화를 시작해야 합니다. 학생의 감정 상태가 격할수록 자기합리화 경향은 강해집니다. 자기합리화의 원인인 자존심은 감정의 영역이기 때문입니다. 천천히 생각하며 감정을 추스를수록 이성적으로 생각할 여유가 생깁니다. 이 여유는 학생이 주변 상황을 좀 더 객관적으로 바라볼 수 있게 해 줍니다. 우선 시간을 갖고 학생을 진정시킨 후에 대화하는 것만으로도 학생의 자기합리화는 줄어들 것입니다.

그렇다고 학생의 자기합리화를 모두 인정해 줄 순 없습니다. 선생님이 할 수 있는 세 번째는 학생이 현실을 마주 볼 수 있도록 사실관계를 명확히 보여 주는 일입니다. 학생이 계속해서 자기주장을 굽히지 않는다면 학생의 거짓이나 과장을 증명할 명확한 증거들을 찾아 보여 주어야 합니다. 여기서 증거란 주변 친구들의 증언이 될 수도 있고 교사가 목격한 바를 설명하는 행동이 될 수 있습니다.

학생의 자기합리화와 반대되는 증거나 증언들을 제시할 때 주의할 점은 학생과 함께 사실을 확인하는 방식으로 전달해야 한다는 점입니다. "강수의 이야기를 들어 보니 우성이가 먼저 밀었다고 하네요. 서희도 같은 말을 하고. 혹시 우성이가 착각하는 건 아닐까? 우성이는 어떻게 생각해요?"와 "강수, 서희 말과 우성이 말이 다른데요. 우성이가 지금 거짓말을 하는 것 같은데?"라는 말은 같은 내용이라도 전달되는 감정적 메시지가 전혀 다릅니다. 전자가 사실을 확인하는 과정이라면 후자는 '너는 거짓말을 하는 나쁜 아이야.'라는 메시지를 전달하는 셈입니다. 우성이는 더 억울해하고 더 강하게 자기합리화할 수밖에 없습니다.

"그럼 다시 한번 곰곰이 생각해 볼 기회를 갖자. 다음 쉬는 시간에 이야기해 볼까요?"
"우성이의 말을 믿지만 다른 많은 아이의 말이랑 달라서 고민이네. 우성이는 어떻게 생각해요?"

위와 같은 말을 통해 학생을 몰아붙이지 말고 이성적으로 차분히 생각해 볼 기회를 주어야 합니다. 이 기회가 학생 스스로 자기합리화에서 탈출할 계기가 될 수도 있습니다. 물론 이를 시행하기에 앞서 학생의 말이 진실일지, 자기합리화일지 꼼꼼히 확인하는 과정을 거쳐야만 합니다. 아이가 말하는 진실을 변명으로 치부할 때만큼 아이가 억울한 상황은 없을 것이기 때문입니다.

마지막으로 '너는 나쁜 아이가 아니야.'라고 학생을 안심시켜 주어야 합니다. 상황이 정리된 후에는 두 가지를 알려 줌으로써 학생을 안심시킬 수 있습니다. 우선 감정이 격해지면 누구나 자기 위주로 생각하게 될 수 있다는 것을 알려 주어야 합니다. 화나고 짜증 나면 내 잘못보다 남의 탓이 먼저 튀어나오는 것은 자연스러운 인간의 성향이라는 것, 어른이라도, 선생님이라도 종종 자기합리화를 한다고 일러 주는 것이 좋습니다.

폭력, 욕, 거짓말 등 역시 누구나 저지를 수 있는 실수라고 알려 주세요. 모든 인간, 특히 아동, 청소년기의 학생은 많은 실수를 하고 살아가며 자신이 저지른 몇몇 실수가 결코 네가 '나쁜 아이, 못된 아이'란 증거가 아님을 알려 주어야 합니다. 저는 학생의 잘못에 대해 꾸중한 후 "선생님도 네 나이 때는 친구를 때리기도 했어. 선생님께 많이 혼났지." 라고 말하곤 합니다. '선생님도 그랬어. 별거 아니야. 이 일로 네가 나쁜 아이가 되는 것이 아니야.'라는 생각을 전달하기 위해서입니다.

우리의 차례

이 장의 마지막은 우리 교사들이 스스로를 생각해 볼 수 있는 질문으로 마무리하려 합니다. 인지부조화, 확증편향의 관점에서 자신에게 다음 질문을 던진 후 그 답을 곰곰이 생각해 볼 기회를 가지시면 어떨까요?

'나는 괜찮은 교사야.'라는 생각 vs 내가 학생에게 저지른 '필요 이상의 심한 꾸중, 폭언, 체벌' 나는 이 상반되는 생각과 행동 사이의 인지부조화를 어떻게 해결하고 있나요?

156

끓어오르는 감정을 못 이기고 학생에게 버럭 화를 낸 후 학생의 탓으로 합리화하진 않았나요?

우리 반 최고 문제아를 떠올려 보세요. 그 학생이 노력하고 잘한 행동은 별것 아니라는 듯 지나쳐 버리면서 잘못한 행동만 주목하고 혼내 주는 체리피킹의 실수를 저지르고 있진 않나요?

학부모님들이 나를 관찰한다면 나를 훌륭한 교사라고 말해 줄까요?

'의심은 불쾌하지만, 확신은 어리석은 일이다.' 볼테르Voltaire'라는 필명으로 더 유명한 18세기 프랑스의 작가 겸 계몽사상가 프랑수아 마리 아루에François Marie Arouet의 격언입니다. 아이와는 달리 어른은 자신의 행동을 분석하고 반성할 수 있는 능력을 지니고 있습니다. 확신했던 믿음도 언제든지 틀릴 수 있다는 사실을 인정하고 제3자의 시각에서 자신을 판단해 보는 부단한 자기객관화의 노력만이 스스로에게 속지 않을 방법입니다. 자기 객관화를 통해 자신의 실수를 자각한 후 '자신의 실수를 인정하는 것', 이것이 자기합리화의 덫에서 빠져나오는 유일한 방법입니다. 실수를 인정하는 순간 자기합리화를 하려는 동기 자체가 사라지게 됩니다. 또한 교사가 학생들 앞에서 실수를 인정하고 사과하는 모습은 '실수를 반성해야 성장한다.'는 말 백 번보다 학생의 가슴에 큰 울림으로 남을 것입니다.

심리학이
말하는
아이들의
타고난 성향

아이들은 원래 그렇게 생겨 먹었다

아이들이 타고난 습성(진화심리학1)

인간의 마음은 어떻게 만들어질까?

인간의 심리가 형성되는 과정에서 가장 많은 영향을 끼치는 요인은 무엇일까요? 무엇이 인간의 마음을 만들까요? 유사 이래로 수많은 철학자들과 과학자들이 가장 많이 질문하고 대답해 온 화두일 것입니다. 위대한 인물들이 이 질문에 도전했습니다. 그중 가장 유명한 답으로는 프로이트의 '어릴 때 부모와의 관계가 인간의 마음을 만든다.'와 칼 마르크스Karl Marx의 '사회구조가 인간을 만든다.'가 있습니다. 이 두 답에는 공통점이 있습니다. 양쪽 모두 '인간은 백지상태에서 태어나 여러 환경의 영향을 받으며 심리를 형성한다.'라는 17세기 영국의 철학자 존 로크John Locke의 주장을 전제하고 있다는 점입니다.

제가 이 장에서 드릴 이야기는 로크의 주장을 정면으로 반박합니다. 결론부터 말씀드리자면 인간은 백지상태로 태어나지 않습니다. 인간은 '일정한 심리적 경향성'을 지니고 태어납니다. 즉 엄마 뱃속에서부터 이미 수많은 프로그램이 설치된 채 세상의 빛을 마주하게 됩니다. 이 주장은 20세기 이후 눈부시게 발전한 생물학, 뇌 연구의 결과 유전자 수준에서 입증된 사실입니다. 일란성 쌍둥이를 대상으로 한 연구에서 성격의 내향성, 외향성, 모험심, 정신 질환의 위험성 등이 매우 높은 확률로 유사하게 나타난다는 것을 예로 들 수 있습니다.

물론 쌍둥이들이라고 해도 100% 일치하지 않고 차이가 있습니다. 이 차이는 역시 성장 환경이 인간의 심리에 영향을 미치는 것으로 해석됩니다. 그렇다면 환경 vs 유전 어느 쪽이 인간 심리에 더 큰 영향을 미칠까요? 이에 대한 해답은 학자마다 이견이 있습니다. 하지만 적어도 현대 과학에서는 '인간은 백지상태로 태어났고 환경이 100% 인간의 심리를 결정한다.'는 주장은 하지 않습니다.

만약 우리가 아이들의 심리를 이해하기 위해 부모의 양육방법, 교사의 마음가짐, 교우 관계 같은 환경적 요인만 논의한다면 코끼리의 다리만 만진 채 코끼리 전체를 묘사하는 장님의 오류를 범할 수 있습니다. 그런 이유로 이 장에서는 아이들의 타고난 생리학적 측면에서 아이의 심리를 다루고자 합니다. 코끼리의 코, 귀를 살펴봄으로써 코끼리의 전체 모습에 한 걸음 더 다가갈 수 있을 것입니다.

사람의 비만을 해결하는 열쇠는 돼지?

2011년 2월 대한민국 농촌진흥청 연구진들은 돼지 연구로 사람의 비만을 해결할 수 있다는 연구 결과를 국제학술지에 게재하였습니다. 돼지의 비만 유전자와 사람의 복부, 어깨 부위의 비만 유전자가 동일하다는 사실을 농촌진흥청이 발견한 것입니다. 뱃살이 쏙 빠지는 다이어트약을 개발할 때 인간이 아닌 돼지를 실험에 사용할 수 있다는 발견은 신약 개발의 새로운 장을 열었다고 평가받았습니다. 그런데 사람과 돼지는 엄연히 다른 동물인데도 어떻게 사람과 돼지가 동일한 비만유전자를 가지고 있는 것일까요? 사실 현대 생물학에는 인간과 동물의 관계에 관한 이보다 더욱 신기한 사실들이 숨겨져 있습니다.

인간과 쥐는 비슷한 동물?

게놈Genome 프로젝트에 대해 들어 보신 적 있으신가요? 제임스 왓
슨Jmaes Watson이 DNA 이중나선구조를 발견한 이후 유전학, 분자생물학
은 눈부시게 발전해 왔습니다. 이 발전의 집대성이 미국, 영국, 독일, 프
랑스, 일본 5개국이 2800여 명의 연구진들을 동원, 1997년부터 13년 동
안의 연구 기간을 거쳐 2000년에야 그 대단원의 완성을 발표한 인간게
놈Genome 프로젝트입니다. 이 프로젝트는 인간이 가진 30억 쌍의 유전
자 모두를 분석하는 데 성공하였습니다. 2000년 당시 온 세계가 이 프
로젝트의 완성에 찬사를 보냈습니다. 이후 각 나라가 앞다퉈 인간 유전
자 연구에 뛰어들었습니다. 2009년경 한국도 세계 네 번째로 한국인 유
전자 지도를 완성합니다. 유전자 분석 기술은 나날이 발전되어 현재 한
인간의 유전자 분석에 채 1년도 걸리지 않는다고 합니다. 인간은 이 기
술을 인간뿐만 아니라 동물에게도 적용합니다. 현재 긴팔원숭이, 오랑
우탄, 고릴라, 침팬지, 초파리, 생쥐, 돼지에 이르기까지 다양한 동물의
유전자를 분석했습니다. 그 결과 놀라운 사실을 발견했습니다.

겉으로 보기엔 천양지차인 인간과 다른 동물은 사실 유전자 수준에
서는 별 차이가 없는 존재라는 것이 밝혀진 것입니다. 인간과 타 동물
은 생명을 구성하는 유전자는 미미한 차이만 있을 뿐입니다. 인간은 침
팬지와 약 97%, 긴팔원숭이와 약 96%, 다른 원숭이과 동물들과 95%
이상 똑같은 유전자를 가지고 있습니다. 심지어 쥐와도 90% 이상 같
은 유전자를 가지고 있는 것으로 나타났습니다. 인간과 돼지가 같은 비
만유전자를 공유한다는 것은 어찌 보면 당연한 결과였던 것입니다. 게

놈 프로젝트의 연구 성과는 본의 아니게 1860년대 전 세계에 핵폭탄이 떨어진 듯한 충격을 주었으며, '말도 안 되는 주장이다, 악마의 소리다.'라는 무수한 비난을 받았던 한 학설을 유전자 수준에서 증명해 버린 셈이 되었습니다. 이 학설은 '인간과 원숭이는 같은 동물이었다.' 한 발 더 나아가 '모든 동물은 같은 조상에서 비롯되었다.'라고 주장합니다. 이 학설을 제안한 인물은 신학대 출신의 박물학자 '찰스 다윈Charles Darwin'이며 그의 이론은 현재 '진화Evolution'라고 총칭되고 있습니다.

변이와 유전

지구상의 모든 생물은 진화합니다. 인간도 마찬가지입니다. 그러므로 진화를 빼고 인간을 온전히 이해할 순 없을 것입니다. 그래서 조금 길지만 진화의 작동 방식을 자세히 설명해 드리려 합니다. 진화의 작동 방식을 알기 위해선 세 가지 키워드를 이해해야만 합니다. 바로 '변이'와 '유전' 그리고 '자연선택'입니다. 먼저 변이와 유전에 관해 설명해 드리겠습니다.

모든 생물은 눈의 크기, 뼈의 무게, 지능, 힘의 크기 등 온갖 방식에서 다양한 차이를 가지고 있습니다. 이 모든 차이를 변이라고 일컫습니다. 그리고 이 변이는 일정 부분만 자식에게 유전됩니다. 일정 부분이라는 뜻은 성형수술로 예뻐진 인간의 얼굴, 치열한 전투 후 부러진 사자의 이빨 같은 환경적 사고로 일어난 변이는 유전되지 않는다는 의미입니다. 오직 유전자에 기록돼 있는 변이들만 유전됩니다. 꽃, 나무 같은 식물은 씨를 이용해 여러 들판으로 퍼지며 동물은 짝짓기를 통해 자식을 낳는 방식으로 자신의 유전자를 후세에 전달합니다. 부모의 유전자가 복사돼 자식으로 전달되는 과정을 일컬어 유전이라고 부릅니다.

하지만 생물 속에 내장된 유전자를 복사하는 복사기는 그 기능이 완벽하지 않습니다. 이 복사기는 유전자 복사 도중 오류를 발생시키곤 합니다. 이 유전자 복사의 오류를 돌연변이Mutation라고 부릅니다. 돌연변이는 자연적 현상으로 특별한 조건 없이도 무수히 일어나는 현상입니다. 그리고 방사선이나 화학물질 등 외부 요인이 작용한다면 돌연변이가 생길 확률은 더욱 높아집니다. 이 돌연변이가 바로 인간과 침팬지의 3%를 갈라놓은 결정적 요인이었습니다. 유전자 연구에 따르면 우리와 약 97%의 동일한 유전자를 지닌 침팬지는 600만 년 전에는 서로 같은 종이었다고 합니다. 다시 말해 우리와 침팬지는 한때 같은 동물이었던 것입니다.

600만 년 전 우리 조상님들이 짝짓기sex를 하며 유전자를 널리 복제하던 중 수십억 개의 유전체(염기) 중에 몇몇 돌연변이 유전자가 탄생합니다. 겉으론 알아보기 힘든 아주 작은 차이가 생겨난 것입니다. 예를 들어 0.001%만큼 특이한 조상님들이 탄생했습니다. 이 돌연변이 조상님들은 죽지 않고 살아남아 그 돌연변이를 자식에게 물려줍니다. 그리고 이 돌연변이 조상님들이 짝짓기를 통해 또 다른 돌연변이를 만들어 세상에 퍼뜨립니다. 이런 방식으로 쌓인 돌연변이들이 점차 누적돼 600만 년이란 시간이 지난 지금, 침팬지와 인간의 3%의 차이를 만들어 냈습니다. 그리하여 인간과 침팬지가 아예 다른 종이 된 것입니다. 침팬지만이 아닙니다. 긴팔원숭이, 붉은털원숭이, 침팬지, 오랑우탄을 비롯한 대부분의 원숭이과 동물들(유인원)은 인간과 같은 조상을 가졌습니다. 이는 오래 전엔 인간, 침팬지, 오랑우탄 등 모두가 같은 동물이었음을 뜻합니다. 수많은 돌연변이가 쌓여 약 3~7%의 유전자가 달라졌고 그 조금의 차이가 인간을 비롯한 수많은 종류의 원숭이과 포유류를 만들어 냈습니다.

하지만 발생하는 모든 변이가 진화에 포함되는 것은 아닙니다. 대부분의 돌연변이들은 버려지고 그중 극소수의 변이들만 선택되어 종의 변화에 이바지합니다. '어떤 변이들이 선택을 받는가?'란 문제의 답이 진화의 세 번째 키워드 안에 있습니다.

자연선택(적자생존)

돌연변이가 진화의 시작이라고 한다면 진화를 이끄는 역할을 하는 세 번째 키워드는 '자연선택 또는 적자생존Survival of the fittest이라고 불립니다. 풀어 설명하면 환경에 적합한 유전자가 살아남는다는 뜻입니다. 대표적인 예로 우리나라 과학교육과정에 실려 있는 공업암화 industrial melanism 현상이 있습니다. 이 이야기는 오래 전부터 유럽에서 흔히 목격되던 점박이나방으로부터 시작됩니다. 이 점박이나방의 색깔은 원래 하얀색을 띄었습니다. 그런데 18세기 유럽에서 검은색 점박이 나방이 처음으로 발견됩니다. 아마 자연적으로 발생된 돌연변이 나방이었을 것입니다. 검은색 점박이나방은 돌연변이인 만큼 처음에는 그 수가 얼마 되지 않았습니다. 그런데 19세기 후반 영국의 공업도시 맨체스터에서 이상 현상이 관찰됩니다. 하얀색 점박이나방이 자취를 감추고 검은색 점박이나방만 보이게 된 것입니다. 하얀색 점박이나방이 갑자기 색을 바꾼 것일까요? 검은색 점박이나방이 갑자기 늘어난 것일까요? 하얀색 점박이나방이 모두 갑자기 다른 곳으로 이동한 것일까요?

점박이나방의 색이 검은색으로 변한 이유에 대한 많은 가설이 있었지만 그중 가장 널리 인정받은 이론이 바로 과학교과서에 등장하는 공업암화 현상입니다. 19세기 후반 산업혁명이 한참인 영국, 특히 공장지

대였던 맨체스터 지방은 공장 굴뚝에 매연이 끊일 날이 없었습니다. 주변 숲의 나무들도 검은색으로 물들었다고 합니다. 원래 다수를 차지하고 있던 하얀색 점박이나방이 갑작스레 사방이 검은색으로 물든 숲에서 살게 된 것입니다. 검은 숲 속에서 하얀 점박이나방은 어둠 속의 횃불처럼 빛나게 됩니다. 점박이나방을 잡아먹는 새들에게 큰 기쁨을 선사합니다.

무방비로 노출된 하얀색 점박이나방의 개체수는 급격하게 줄어들었습니다. 반면 검은색 점박이 나방은 인간이 매연으로 만들어준 보호색을 바탕으로 포식자의 눈을 피할 수 있었습니다. 이것이 영국 맨체스터에서 하얀색 점박이나방이 사라지고 검은색 점박이나방이 번창하게 된 이유입니다. '적자생존Survival of the fittest', 말 그대로 환경이 적합한 유전자를 선택하였고 적합한 유전자가 살아남은 것입니다.

만약 전 지구상의 하얀색 점박이나방이 모두 자식을 낳지 못하고 죽어 버린다면 하얀색을 띄게 하는 유전자는 사라집니다. 그리고 검은색 점박이나방만이 남아 점박이나방은 이후 또 다른 돌연변이와 환경이 간섭하기 전까지 검은색으로 살아갈 것입니다.

진화론에 대한 흔한 오해

흔히 진화론에 대해 '지금 서울대공원 동물원에 있는 원숭이가 과거의 우리 조상이라는 건가요?'라는 질문을 던집니다. 이 질문에 대한 대답은 '아니요'입니다. 동물원의 원숭이, 침팬지, 오랑우탄은 인간과 같은 시간을 통해 진화해 온 동물들입니다. 수백, 수십만 년의 긴 시간 속에서 본다면 동시대를 살아온 우리의 형제라고 할 수 있겠죠. 하지만 조상은 될 수 없습니다. 우리 조상이 어떤 원숭이였는지 정확히 알 수는 없지만 추측은 가능합니다. 침팬지, 오랑우탄, 그리고 인간이 공유한 90%의 유전자가 바로 우리 조상의 흔적입니다.

'동물원의 원숭이가 시간이 지나면 인간이 되는 건가요?'라는 궁금증도 있죠. 대답은 역시 '아니요'입니다. 동물원의 원숭이는 이미 우리와 같은 시간을 두고 진화해 온 종족입니다. 시간이 지난다고 인간이 되는 것이 아닙니다. 원숭이가 앞으로 어떤 형태로 진화하게 될지는 누구도 모릅니다. 오직 환경만이 그 답을 짐작해 볼 수 있을 것입니다.

적자생존에 대한 흔한 오해

적자생존은 '강자가 살아남는다'는 뜻으로 종종 오해되기도 합니다. 하지만 명백히 틀린 말입니다. 애초에 적자의 뜻은 가장 적합한most fitted 생물이지 강한strongest 생물이 아닙니다. 얼핏 생각하면 체력적으로 뛰어나고 용감하며 힘이 센 '강한' 생물이 생존에 유리할 것 같습니다. 하지만 자연의 실제 모습은 이와 다릅니다. 예를 들어 용감하고 강한 토끼 종이 존재한다고 가정해 봅시다. 이 토끼 종을 '헐크토끼'라고 이름 붙여 보죠. 헐크토끼는 겁이 많은 타 토끼 종과는 달리 힘이 세고 두려움이 없어 싸움을 통해 식량을 독식합니다. 그래서 많은 토끼가 헐크토끼를 보면 슬금슬금 피합니다. 이 헐크토끼는 강하기 때문에 오래도록 살아남을까요? 정답은 '아니요. 헐크토끼는 강하기 때문에 금세 멸종할 것입니다.'입니다. 도망치지 않는 토끼는 곧 늑대, 여우, 호랑이 등에게 좋은 먹잇감으로 전락해 순식간에 멸종할 것입니다. 아무리 강해 봤자 토끼이니까요. 이런 식으로 옛날에는 토끼가 호전적인 동물이었는데 모두 멸종해 겁쟁이 토끼만 남았을지 아무도 모를 일입니다.

그렇다면 자연계에서 맞설 자 없는 최상위 포식자 호랑이는 어떨까요? 호랑이는 치명적이고 압도적이며 아름다우기까지 한 그 강함으로 인해 우리 민족에게 산군(산의 주인), 산신령으로 추앙받았습니다. 하지만 그 강함에 매료된 인간들에게 무차별로 사냥, 포획되어 현재 전 세계 모든 호랑이과 동물은 멸종 위기 동물로 지정돼 버리고 말았습니다. 이렇듯 우리가 일반적으로 생각하는 '강함'은 진화에 이점으로 작용하지 못합니다. 그보다는 변화하는 환경에 얼마나 적합한가가 중요합니다. 즉 어떤 동물도 거대한 자연의 변화 앞에서는 바람 앞의 촛불 같은 가녀린 존재입니다. 그래서 적자생존의 원리를 '자연이 선택한다', 즉 자연선택이라고 부를 수도 있는 것입니다.

지금도 계속되는 진화

이 같은 진화는 과거 역사책 속의 일이 아니라 지금 이 순간에도 끊임없이 진행되고 있습니다. 물론 인간에게도 일어나는 중입니다. 눈에 잘 띄지 않는 이유는 진화의 속도가 너무 느리기 때문입니다. 상대적으로 빠른 속도로 진행되는 인간 진화의 예로 유당분해효소를 들 수 있습니다. 유당분해효소란 대부분의 어미 포유류의 젖에 포함된 유당을 소화시켜 주는 효소입니다. 즉 소의 젖인 우유는 유당분해효소가 원활히 분비되어야만 쉽게 소화될 수 있습니다. 어미의 젖을 먹고 자라는 원숭이, 개, 돼지, 인간 등, 모든 포유류의 새끼들은 유당분해효소를 지니고 있습니다. 그런데 이 유당분해효소는 이유기(보통 만 2세) 이후로 조금씩 감소해 결국 사라집니다. 그래서 대부분의 포유류가 이유기 이후 유당을 섭취하지 않습니다. 소화가 불가능하기 때문입니다. 그럼에도 불구하고 섭취한다면 더부룩함을 느끼며 심하면 부글부글 끓어오르는 배를 움켜쥐고 한참 동안 화장실 신세를 져야 합니다.

하지만 저는 오늘도 소젖을 섞은 카페라테를 마셨습니다. 아이스 카페라테가 없는 여름은 생각하기도 싫습니다. 저는 물론 성인입니다. 이상하죠? 포유류 중 인간만이 성인이 돼서도 유당을 분해할 수 있습니다. 왜일까요? 물론 시작은 돌연변이였을 것입니다.

어느 순간 성인이 돼서도 유당분해효소가 남아 있는 돌연변이 유전자를 지닌 인간이 태어났을 것입니다. 그런데 그 시기가 매우 중요합니다. 5만 년 전에는 이런 돌연변이를 가진 인간이 있었다면 그의 자손들은 자연에게서 버림받았을 것입니다. 자신의 아이가 먹을 젖을 뺏어 먹는 아버지, 어머니는 당연히 자녀를 키우기 힘들었을 것이고 유전자를 널리 퍼뜨릴 수 없었을 테니까요.

하지만 약 8000년 전 같은 돌연변이를 갖고 태어난 인간은 달랐습니다. 도대체 무슨 일이 벌어진 걸까요? 초등학교, 중학교, 고등학교 역사 시간에 수없이 들은 인간 역사의 획을 긋는 변화가 이때 벌어졌습니다.

신석기 혁명

약 8000년 전 인간은 빗살무늬 토기를 만듭니다. 이 빗살무늬 토기를 초, 중학교 역사시험 주관식 문제의 답으로 적었던 기억나시나요? 빗살무늬 토기가 항상 주관식 문제로 나올 만큼 중요한 이유는 이 토기가 식물의 씨앗을 보관하는 용도로 쓰였기 때문입니다. 즉 농경의 시작을 의미하죠. 농경과 함께 정착 생활을 시작한 인류는 '목축'도 함께 시작합니다. 농경, 목축, 정착 생활이 시작된 이 시기를 우리는 '신석기 혁명'이라 부릅니다. 신석기 혁명에서 우리가 주목해야 할 단어는 '목축'입니다. 드디어 정착 생활을 시작한 인간은 소, 돼지, 말을 잡아 가축으로 길들이기 시작합니다. 여담으로 지금의 개는 그 당시 가축으로 길들여진 야생 늑대가 진화한 후손입니다.

그 당시 절대 부족한 식량 상황은 인간이 배만 채울 수 있다면 모든 것을 먹어 보도록 시도하게 만들었을 것입니다. 물론 가축의 젖도 먹어 봤을 것입니다. 그러나 엄마 젖을 뗀 인간은 소, 말 등의 젖을 먹으면 심각한 배탈이 나게 됩니다. 하지만 식량이 부족한 그 당시 사정상 그냥 버리기는 아까웠겠죠. 그래서 고민과 연구 끝에 자연적으로 유당을 분해시키는 방법을 개발하기에 이릅니다. 바로 자연발효의 시작입니다. '조금 내버려 뒀다 썩고 고약한 냄새가 날 때 먹으니 탈이 안 나더라. 맛도 있더라.'라고 깨닫게 되는데 이것이 치즈와 버터, 요구르트 등의 시초입니다. 그런데 희한하게도 성인이 된 후에 생으로 소 젖을 먹어도 멀쩡한 인간이 존재했습니다. 모든 돌연변이가 그렇듯 처음에는 아주 극소수였을 것으로 추정됩니다. 그들은 누구도 먹지 못하는 소, 말, 돼지의 젖을 생으로 마시게 됩니다.

태양빛이 버거워 겨자씨만한 눈조차 뜨지 못할 만큼 희미한 생명을 힘겹게 부여잡고 있는 아기들에게 자연이 준 선물이 바로 엄마의 젖입니다. 모든 동물의 젖에는 건강, 나아가 생존에 결정적 역할을 하는 영양분들이 차고 넘칠 정도로 함유돼 있습니다. 이를 주변 인간들과 싸울 필요 없이 마음껏 마실 수 있게 된 그 돌연변이 인간들은 더 건강해지고 더욱 많은 자식을 나으며 그들의 돌연변이 유전자를 널리 퍼뜨렸을 것입니다. 그 돌연변이 인간들이 지금 스타벅스, 에디야 등 각종 커피숍에서 카페라테를 마시는 우리의 조상입니다. 실제 목축이 상대적으로 일찍 시작됐으며 활발했던 유럽, 중동 지역의 사람들은 유당분해효소 유전자를 가진 비율이 매우 높습니다. 이와 대조적으로 농경, 채식이 주였고 목축이 활발하지 못했던 한국, 중국 등의 동아시아인, 아메리카 원주민들은 우유를 잘 소화시키지 못하는 사람의 비율이 두 배에서 네 배 정도 높다고 합니다. 한국인인 저도 아이스 카페라테를 사랑하지만 많이 마시면 속이 편하지 않은 이유가 여기 있습니다.

이런 식으로 진화는 지금도 진행 중입니다. 하지만 진화엔 오랜 시간이 걸립니다. 유당분해효소 유전자를 가지지 못한 모든 인간이 한 명도 남김없이 사망하고 남은 인간 100% 모두 유당분해가 가능한 유전자를 가진 인간만 남을 경우 젖을 먹는 인간Homo drinkmilk(호모 드링크밀크)의 진화가 완료될 것입니다. 이를 위해선 우유를 먹으면 조금 속이 불편해지는 저도 아이를 낳으면 안 되겠죠? 그렇다면 모두가 자손을 못 남기고 죽을 때까지 그 시간이 얼마나 걸릴까요?

나아가 고작 유당분해효소가 아니라 수많은 유전자의 변화가 동반돼야 하는 피부색, 머리 색깔 등의 진화에는 얼마의 시간이 걸릴까요? 마지막으로 묻고 싶은 질문은 광범위한 유전자가 관련된 인간 심리의 진화에는 얼마의 시간이 걸릴까요? 인간 심리가 눈에 띄도록 변화하려면 최소 수만 년에서 수백만 년의 시간이 필요할 것입니다. 끊임없이 진화하는 중이지만 우리가 그 모습을 직접 목격하지 못하는 이유가 여기 있습니다. 인간은 기껏해야 자기 증손자 정도밖에 보지 못하고 죽습니다. 진화를 목격하기엔 한 개인의 삶은 찰나의 순간보다 짧습니다.

진화는 과학적 사실

길고긴 서론이 이제 끝이 났습니다. 제가 이렇게 서론을 길게 쓴 이유를 고백하자면 첫째, 진화의 과정을 알아야 이후 나오는 우리 아이들의 심리와 행동의 많은 부분을 이해할 수 있게 됩니다. 둘째, 진화론을 과학적으로 검증되지 않은 이론으로 치부하는 풍토가 은연중 우리 문화에 존재하기 때문입니다. 진화론 자체는 이미 과학적으로 검증된 사실입니다. 유전자를 분자 단위, 염기 단위까지 분석할 수 있는 현대과학은 생리적(두뇌 용적, 소화기관, 구강 구조, 걷는 방법 등) 진화를 유전자 수준에서 수없이 검증했습니다.

심지어 실험실 내에서 진화를 만들어 내기도 했습니다. 유전자와 진화를 연구하는 유수의 연구자들은 1세대에 한 달 정도 생존하는 초파리에 주목합니다. 이 초파리를 가지고 35년간 600세대에 걸쳐 관찰한 실험이 있습니다. 600세대 동안 실제 초파리의 유전자는 변화 즉 진화했고 그 자세한 과정이 세계 최고의 과학학술지 네이처Nature에 2010년[•] 실리기도 했습니다. 또한 미시간대학의 리처드 렌스키Richard Lenski 박사의 연구팀은 1988년 2월 24일부터 2015년 현재까지 대장균의 배양을 통한 진화실험[⦁]을 진행 중입니다. 이 대장균들은 자식의 자식을 나아 2014년 4월에는 6만 세대를 넘어섰습니다. 연구진은 여러 세대를 거치며 대장균 유전자에 돌연변이들이 발생했고 이것이 정착되는 과정을 확인하였습니다. 즉 대장균들이 실험실 환경에 맞춰 진화한 것이지요.

이처럼 진화는 그럴듯한 추론이 아니라 이미 인위적 실험실 환경에서 관찰할 수 있고 검증된 과학적 사실입니다.

[•] www.nature.com/nature/journal/v467/n7315/full/nature09352.html
[⦁] myxo.css.msu.edu/index.html, 미국 미시간대학 장기진화실험 프로젝트 홈페이지

심리도 변해 왔다

지금 인류가 속한 종인 호모 사피엔스는 15~25만 년 전에 나타났다고 전해집니다. 길게는 25만 년 짧게는 15만 년에 해당하는 기간은 침팬지와 인간으로 종이 나뉘는 종류의 진화가 일어나기에는 짧은 시간이지만 인간 안에서 변화가 발생하기엔 충분한 시간입니다. 진화는 돌연변이와 적자생존을 앞세워 인간 스스로도 눈치채지 못할 만큼 아주 천천히 조금씩 인간을 변화시켰습니다. 대표적으로 꼬리뼈가 갈수록 짧아지고 체모가 많이 줄었다고 합니다. 신체적 형질만 변했을까요? 인간의 심리도 이 길고 긴 시간의 영향에서 자유로울 수는 없었을 것입니다. 지금부터는 육체적 진화가 아닌 진화가 현재 인류의 생각과 사고에 미친 심리적 진화에 대해 설명 드리고자 합니다.

심리적 진화의 흔적

최초의 인류라고 일컫는 오스트랄로피테쿠스는 약 300만 년 전 혹은 그 이전부터 존재하였다고 합니다. 이 세월의 무게만큼 진화는 짙고 거대한 그림자를 드리우고 있습니다.

① 거미를 알아보는 지각적 틀은 생후 5개월부터 형성된다는 연구가 있습니다.
② 만 3세의 유아도 약한 동물(사슴, 양 혹은 인간 등)이 강한 동물(사자, 호랑이 등)을 만났을 경우 잡아먹힐 수 있고 그 후엔 영구한 행동불능, 즉 죽을 수 있다는 상황을 정교하게 이해한다고 합니다.
③ 다양한 자연물의 사진들(버섯, 동물, 곤충 등) 중 뱀, 거미 등의 독

을 가진 동물의 사진을 섞어 놓을 때 매우 빠른 속도로 뱀, 거미를 찾아낸다고 합니다. 반대로 뱀, 거미의 수십 개의 사진 속에 버섯, 나무의 사진을 섞어 놓을 때는 버섯, 나무를 찾는 속도는 상대적으로 매우 느리다고 합니다. 이 같은 결과는 다양한 문화권의 성인, 만 3세의 아동들에게도 동일하게 나타났습니다.

④ 다양한 문화권 사람들을 대상으로 도시, 인공 환경, 자연 풍경의 사진을 보여 주며 더 호감이 가는 사진을 고르라고 했을 때 모든 문화권의 사람들은 공통되게 자연 풍경을 선택하였습니다. 또한 인공 환경일 경우에도 나무, 꽃 등 자연물이 포함돼 있는 사진이 호감도가 더 높았습니다.

⑤ 심리적 스트레스를 받고 있는 사람에게 자연 풍경을 담은 사진을 보여 줄 경우 심리적 스트레스가 줄어듭니다.

⑥ 낯선 사람을 보면 두려워하는 공포증, 거미 같은 독충에 대한 공포증, 뱀에 대한 공포증은 현대 정신의학에서도 보고되는 공포증의 종류들입니다. 하지만 실제 통계를 보면 인간이 뱀, 거미 같은 동물에 의해 해를 입을 확률은 극히 낮습니다. 현 인류의 70% 이상이 도시에서 거주하기 때문입니다. 낯선 사람에 의한 범죄율도 그리 높지 않습니다. 현대사회에서 가장 많은 인명 피해를 끼치는 것은 자동차, 전기 콘센트라고 합니다. 하지만 현재까지 정신의학계에서는 자동차나 전기 콘센트에 대한 공포증이나 정신질환이 보고된 바는 없습니다.

《진화심리학》, 데이비드 버스, 2012, 웅진지식하우스

위의 모든 심리 실험, 통계들은 공통된 결론을 내리도록 도와주고 있

습니다. 현대 문명을 살아가고 있는 우리는 아직 선사시대의 진화가 드리운 그늘에서 벗어나지 못했다는 사실입니다. 수십만 년 동안 육체적 변화는 물론이고 인간의 생각, 사고 같은 심리적 측면에서도 진화의 영향은 아직 뿌리 깊게 남아 있습니다. 이 그늘을 한 문장으로 요약하자면 다음과 같습니다.

우리는 현대 문명 속에서 살지만 우리의 심리는 아직 아프리카 사바나에서 벗어나지 못했다.

원시인류로부터 시작하면 수백만 년, 현생인류로부터 계산하면 수십만 년에 이르는 이 긴 진화의 시간 속에서 우리가 정착 생활을 시작한 것은 고작 약 8000년 전 신석기 혁명 때부터 입니다. 수백만 년의 시간 동안 우리는 정글, 초원 등지에서 동물을 사냥하거나 과일, 열매 등을 따면서 살아왔습니다. 이를 수렵채집 생활이라고 부릅니다. 즉 인간은 지금까지 살아온 세월의 99%를 수렵채집 생활 속에서 살아왔으며 그에 맞게 진화한 동물입니다.

위의 연구 결과에서 밝혀진 ① 해충을 보면 본능적으로 거리를 두고 싶어 하는 성향, ③ 다양한 자연물 사이에서도 뱀, 거미 같은 독을 가진 동물을 빠르게 찾아내는 능력, ② 사자, 호랑이 등 강한 동물들에게 잡아먹혀 생명을 빼앗길 수도 있다는 지각, ④, ⑤ 빌딩, 아스팔트 도로 같은 인공물보다는 숲, 강, 꽃을 익숙하고 친근하게 생각하는 습성 모두 수렵채집 생활을 하던 우리 조상들로부터 받은 기억의 흔적들입니다. 만약 문화나 부모의 영향이라면 갓 말을 습득한 2~3세의 유아에게까지 적용되는 앞의 실험 결과를 설명할 길이 없습니다.

우리의 뇌는 아직 수렵채집하던 구석기에 적합한 뇌이며 우리의 뇌 입장에선 현대 문명은 굉장히 생소한 환경입니다. 진화의 속도를 고려할 때 기껏해야 1만 년이 채 되지 않는 문명이 인간에게 끼친 영향은 매우 미미할 수밖에 없습니다. 아마 5만 년 정도 더 현대 문명이 지속되어야 우리의 뇌는 그제야 '여기가 사바나가 아닌가?'라고 눈치챌지 모릅니다. 그래서 우리의 뇌는 현대 문명에 적응하기 위한 별도의 노력을 필요로 합니다. 우리가 '교육'이라고 부르는 녀석이 바로 현대 문명에 적응하기 위한 인간의 필사적인 노력인 것입니다.

진화의 그늘로 부터 벗어나기 위해 치러야 하는 고통

학창시절 공부가 행복하셨나요? 이 대답에 자신 있게 '네'라고 대답할 분은 거의 없을 것입니다. '원래 공부는 힘든 거야.' 우리는 너무 당연하게 말합니다. 하지만 공부가 원래 힘든 이유에 대해 고민해 본 적 있으신가요? 공부가 인간의 생존에 필수적 요소라면 우리는 공부에 쉽게 적응하도록 진화했을 것입니다. 하지만 그렇지 못하죠.

이에 대한 해답은 문명의 핵심 열쇠인 '문자'에 있습니다. 문자의 발명은 고작 6000여 년 정도밖에 되지 않았습니다. 수십만 년의 수렵채집 생활 동안 인간은 문자를 사용하지 않았고 당연히 문자를 보는 능력은 진화에 포함되지 못했습니다.

컴퓨터를 스스로 설치해 본 적이 있으신지요? 아시다시피 컴퓨터 본체에 전원만 연결했다고 해서 컴퓨터가 작동하진 않습니다. 컴퓨터가 작동하기 위해선 운영체제인 윈도우 프로그램이 필요합니다. 이 윈도우 안에는 화면이 모니터에 나오게 해 주는 그래픽 드라이버, 소리가 나오게 해 주는 사운드 드라이버 등의 여러 프로그램들이 포함돼 있습니다.

그래서 윈도우를 설치하면 따로 손대지 않아도 모니터에 화면이 나오고 스피커에서 소리가 나옵니다. 이 컴퓨터를 우리 몸에 비유하자면 컴퓨터 본체를 우리의 몸, 운영체제를 뇌라고 할 수 있습니다. 그런데 우리 뇌에는 생존에 관한 프로그램은 태어날 때부터 설치돼 있는 반면 문자 해독을 위한 프로그램은 설치되어 있지 않습니다. 문자의 역사가 너무 짧기 때문에 진화를 통해 그 능력이 온전히 자리 잡지 못한 것입니다. 그렇기 때문에 문자 해독 프로그램을 설치하기 위해선 따로 수고를 들여야 합니다. 부모, 교사의 잔소리가 함께하는 지난한 훈련을 거쳐야 문자 해독에 능숙해질 수 있습니다.

진화로 인해 내장된 프로그램들

문자의 짧은 역사로 인해 문자 해독 능력이 인위적으로 노력해야 설치되는 프로그램인 반면 수십만 년의 시간 동안 진화를 통해 미리 설치된 프로그램도 존재합니다. 이 프로그램들은 인간이라면 태어날 때부터 내장돼 있기 때문에 따로 설치하기 위해 노력할 필요가 없습니다.

① 모든 문화권의 유아들은 팔, 다리에 힘이 들어가는 그 순간부터 온 힘을 다해 두 팔 두 다리로 기어다니는 연습을 합니다. 다리에 힘이 생기고 나서는 무조건 뜁니다. 점프도 하죠. 이뿐만이 아닙니다. 다리에 힘이 생긴 대부분의 아이는 올라갈 수 있는 한 최대한 높은 곳으로 올라가려 합니다. 그리고 무엇이든 잡고 대롱대롱 매달립니다. 의자, 탁자, 장롱 심지어 부모님의 목까지 엄마, 아빠가 숨이 막혀도 멈추지 않습니다. 이를 수백 번 수천 번 반복합니다. 어른이 시키지 않아도, 아니 어른이 아무리 '위험하다, 조심해라,

얌전히 있어라.'라고 말려도 절대 멈추지 않습니다. 당연히 무릎이 까지고 때론 피가 철철 나기도 합니다. 하지만 '아, 난 무릎이 까졌으니 이제 다시는 달리지 않을 테야.'라고 생각하는 네 살짜리 아이는 없을 것입니다. 이 나이 때 아이들은 심지어 뼈에 금이 가도 잠시뿐, 뼈가 채 붙기도 전에 돌아다닙니다. 도저히 멈출 수 없습니다. 결국 어른들은 아이들이 뛰는 행동에 '본능'이라는 말을 붙여주곤 일정 부분 포기해 버립니다.

② 또한 유아들은 무엇이든 손으로 만져 보고 냄새를 맡고 입으로 빨아 보기를 멈추지 않습니다. '이건 지지야, 입에 넣으면 안 돼.'라고 아무리 말려도 끝까지 스스로 빨아 보아야 직성이 풀립니다. 유아가 빠는 행동 역시 어른이 멈추게 할 수 없는 본능입니다.

③ 언어 역시 마찬가지입니다. 문자는 따로 교육하지 않으면 익히기 힘들지만 듣고 말하는 의사소통은 누구나 자연스럽게 습득합니다. 유아 때부터 엄마와 눈을 맞추려 노력하고 엄마의 표정을 살핍니다. 그리고 엄마가 하는 말을 끊임없이 따라합니다. 어쩌다 '엄마'와 비슷한 발음의 '으아'라는 옹알이를 했을 때 엄마가 기뻐하는 모습을 보곤 '으아, 으아, 으아'를 끊임없이 반복합니다.

이렇게 어느 문화를 가리지 않고 전 세계에 통용되는 인간의 습성들은 본능, 즉 진화의 산물일 가능성이 높습니다. 그리고 진화의 산물은 대부분 수렵채집사회의 생존 문제와 직접 연관되어 있습니다.

① 달리기, 뜀뛰기, 나무타기 등은 사냥을 위해 혹은 맹수로부터 도망하기 위해 가장 필요한 기술입니다.

② 만지고 냄새 맡고 맛보는 습성은 정글에서 인체에 해로운 독을 걸러내고 인체에 무해한 열매들을 찾기 위해 꼭 필요한 기술입니다.
③ 홀로 살아갈 수 없는 허약한 동물인 인간에게 의사소통 능력은 매우 중요합니다.

이를 익히는 과정에서 인내나 고통은 찾을 수 없습니다. 왜냐하면 우리 뇌 속에는 수렵채집사회에 꼭 필요한 능력들, 특히 익히지 않으면 죽을 수도 있는 생존과 연관된 능력들을 자연스럽게 익히도록 자동화 프로그램이 설치돼 있기 때문입니다. 자동화 프로그램인 만큼 특별한 노력을 들이지 않아도 저절로 작동합니다. 이 프로그램이 작동하는 과정은 문자 해독, 미분, 적분, 영어 단어 외우기와는 달리 조금도 고생스럽지 않습니다. 오히려 신나고 재미있습니다. 달리고 뛰고 매달리고 냄새 맡고 맛보는 행동은 아이의 얼굴이라는 캔버스에 즐거움, 기쁨이 가득 차게 만들어 줍니다. 분명 달리기를 재미없어 한 조상도 있었을 것입니다. 하지만 이 조상은 아마 살아남아 자식을 낳기 힘들었겠죠. 달리기를 좋아하고 신체적으로 매우 날랬던 유인원들이 남긴 자손이 우리이기 때문에 우린 이 행동들을 반복하며 행복을 느낍니다.

구석기시대를 그리워하는 우리 아이들

아이들이 체육시간을 좋아하는 이유.
책상에 가만히 앉아 있지 못하는 이유.
실내보다 바깥을 좋아하는 이유.
글자를 읽기 어려워하는 이유.

말을 통해 정보를 주고받기는 쉽지만 문자를 통한 과정은 힘들어 하는 이유.

문자보다 TV, 만화책, 그림책을 좋아하는 이유(그림, 벽화의 역사는 수만 년 전으로 올라갑니다).

열 개 이상의 수를 어려워하는 이유.

분수, 소수, 극한, 미적분 같은 실생활에서 보기 힘든 추상적 개념을 어려워하는 이유.

위의 이유는 모두 동일합니다. '아이들이 원래 그렇게 생겨 먹어서 입니다.' 즉 아이들은 위의 상황들을 힘들어할 수밖에 없는 선천적 경향을 가지고 태어납니다. 아이들은 책상에 앉아 선생님 수업을 들으면서도 바깥에서 피구하는 모습을 상상합니다. 문자에는 오래 집중하지 못하는 반면 친구와의 수다는 시간이 가는 줄 모르고 몰입합니다. 이와 반대로 문자 해독, 추상적 사고 능력을 기르기 위해선 의도적인 반복 학습 같은 후천적 노력이 필요하죠.

모든 아이가 답답한 교실에서 벗어나 정글로 초원으로 돌아가고 싶어 합니다. 넓게 펼쳐진 초원의 지평선 끝까지 마음껏 달리고 나무를 타고 올라가 저녁 석양을 감상하고 싶어 합니다. 수풀을 헤치며 빨간색, 노란색의 다양한 열매들을 따 먹고 빨갛게 물든 혀를 삐쭉 내밀고 괴물 흉내를 내며 웃고 싶어 합니다. 우리 아이들이 타고난 유전자가 자신의 본능을 마음껏 펼치라고 속삭이기 때문입니다. 혹시 잊어버렸을지 모르시겠지만 우리 어른들도 과거엔 교실에 앉아 똑같은 백일몽을 꾸었습니다.

하고 싶어요, 근데 안 돼요

"와…. 은지 100점이네. 진짜 부럽다…."

"나도 한번 100점 받아 보고 싶다."

"아씨, 엄마한테 또 혼나겠네…."

수학 시험지를 나눠 줄 때마다 터져 나오는 학생들의 탄성입니다. 모든 학생이 공부를 잘하고 싶어 합니다. 100점짜리 시험지를 보여 주는 순간 선생님, 부모님의 흔들리는 눈빛과 환해지는 표정을 알기 때문입니다. 하지만 우리 유전자는 계속해서 생존에 필요한 훈련을 우선적으로 강요합니다. 우리가 아직 사바나에 있다고 착각하기 때문입니다. 책을 읽고 계산을 하는 것이 현대사회에서 생존에 더 도움이 된다는 사실을 우리의 뇌는 아직도 눈치채지 못하고 있습니다. 학생이 공부를 잘하고 싶어 하는 마음과 유전자에 새겨진 본능 사이에는 태평양보다 넓은 광활한 간극이 존재합니다. 그 간극만큼 학생들은 괴롭습니다.

본능은 어릴수록 더 강하기 때문에 저학년으로 갈수록 칭찬받고 싶은 마음과 타고난 본능 사이의 간극은 더 커집니다. 초등 저학년 아이들은 정말 사랑스럽습니다. 선생님 뒤만 졸졸 쫓아다니는 아이들, "선생님 결혼했어요?", "선생님은 왜 이렇게 멋지세요?" 등 쉬는 시간 제 주위에 몰려들어 초롱초롱한 눈빛으로 질문하는 모습, 선생님의 칭찬 하나에 목숨 거는 아이 등 깨물어 주고 싶을 만큼 귀여운 2학년 아이들의 모습을 쉽게 볼 수 있습니다. 반면 정말 교사를 화나게 하기도 합니다. 제가 저학년 담임을 처음 맡았을 때 가장 많이 했던 말은 "수업 시간에는 떠들지 말고 선생님에게 집중하세요.", "수업 중 뒤돌아보지 마세요."입니다. 교사는 이런 상황에 훈련이 되어 있어서 두세 번 정도는 차분하게 말할 수 있습니다. 하지만 여섯 번에서 열 번 정도 반복되면 어느새 이성이 날아갑니다. "선생님이 조용히 하라고 했죠!"라고 벌컥 화를 내며 소리 지르게 되죠. 처음엔 2학년 아이들이 '나를 무서워하지 않는구나.' 심지어 '내 말을 우습게 여기는구나.'라고 생각하기도 했습니다. 하지만 정말 깊이 반성하고 때론 눈물까지 보일 정도로 혼나고 나서도 채 5분도 지나지 않았는데도 똑같은 잘못을 반복합니다. 이런 상황을 수없이 겪고 나서야 깨달을 수 있었습니다.

'2학년 아이들은 진짜로 나를 좋아하고 그리고 정말 내게 칭찬받고 싶어 하는구나. 그런데도 자기 행동이 뜻대로 조절 안 되는구나.' 그제야 칭찬받고 싶어 하는 마음과 자기 뜻대로 조절되지 않는 행동 사이에서 아이들이 얼마나 힘들어할지 조금이나마 느낄 수 있었습니다.

구석기시대에서 현대사회로 가는 길

현대사회가 힘들다 해도 우리 아이들을 구석기시대로 돌려보낼 순 없습니다. 어찌됐건 우리가 사는 현대사회에 적응시켜 줘야 합니다. 구석기시대에서 현대사회로 넘어오는 험난한 여정 속에서 넘어진 아이에겐 손을 내밀어 주고 지친 아이는 부축해 함께 걸어가 주는 것이 교사의 역할일 것입니다. 이를 위해 교사가 되새겨야 할 점들이 있습니다.

첫째, 학생들의 본능을 인정해 줘야 합니다. 우리 뇌는 생존에 필요한 기술을 자동적으로 익히도록 프로그램되어 있습니다. 아이들이 천방지축 날뛰는 행동의 많은 부분은 이 자동화 프로그램(본능)에 속합니다. 이 자동화 프로그램을 아이의 의지로 조절하는 것은 매우 힘듭니다. 자기 조절이 미숙한 어린 학생일수록 프로그램의 영향은 더 강할 수밖에 없습니다. 억누르기만 한다고 해결되지 않습니다. 수업 중 집중하지 못하고 떠드는 학생, 쉬는 시간 교실에서 위험할 정도로 뛰어다니는 학생, 심지어 수업 중 돌아다니는 학생들은 본능이 너무 강하거나 본능을 억제하는 능력이 약한 학생들입니다. 이 학생들도 선생님께, 부모님께 칭찬받고 싶어합니다. 그리고 그 간극 때문에 고통을 겪습니다.

"선생님, 저도 아는데 잘 안 돼요."

수업 중 갑자기 일어나 돌아다니는 버릇 때문에 몇 번을 호되게 혼난 준영이가 눈물을 흘리며 한 이야기입니다. 그 당시에 저는 이 말을 이해하지 못했습니다. 아는데도 실천하지 못하는 의지만 탓했었죠. 만약 혼내서 좋아질 수 있다면 때론 꾸중과 질책도 좋은 교육 방법이 될 것입니다. 저 역시 충분한 능력을 갖췄음에도 실천하지 않는 학생들은 호되게 혼내는 편입니다. 하지만 준영이 같이 본능을 제어하는 능력이 아직 충분히 발달하지 못한 학생들의 경우 꾸중은 반짝 효과만 거둘 뿐입니다. 준영이 같은 아이에겐 본능을 인정해 주는 너그럽고 따뜻한 시선이 필요합니다. 그리고 조금 늦더라도 천천히 기다려 주는 자세가 무엇보다 중요합니다. 혼내기만 하다간 자칫 아이가 '나는 못난 아이야, 나는 해도 안 되는 아이야, 난 계속 안 될 거야.' 같은 부정적인 자아상을 가질 수도 있기 때문입니다. 이를 위해선 무엇보다 '그래, 원래 아이들은 그런 본능을 타고났어. 그게 자연스러운 거야.'라는 타고난 본능 자체를 인정하는 자세가 필요합니다.

둘째, 꾸준한 반복이 본능을 이길 수 있습니다. 우리의 뇌는 가소성, 즉 변화하는 속성을 지니고 있습니다. 여러 번 반복하면 습관이 되고 습관은 뇌 속에 새로운 프로그램을 만들어 줍니다. 이 프로그램이 설치되면 수업 중 앉아 있기, 선생님 말씀에 집중하기 같은 행동이 별다른 노력 없이도 자연스러워집니다. 가장 중요한 것은 '반복'입니다.

'비행을 저지르던 철수는 엄한 호랑이 선생님께 한 번 크게 혼나곤 눈물을 흘리며 참회했고 그 후 딴 사람처럼 변했다.'라는 어딘가에서 본 듯한 이 진부한 스토리는 그릇된 신화입니다. 특히 초등학교 학생들에겐 전혀 먹히지 않는 전략입니다. 손바닥 맞기나 의자 들기 등의 체벌을 받으면 분명 잠시 나아진 행동을 보일 것입니다. 하지만 본능이 사라진 것이 아니라 공포가 잠시 본능을 억눌러 생겨난 현상일 뿐입니다. 공포가 사라진 장소(예 : 어른이 없는 장소)에서는 당연히 다시 반복됩니다. 또한 공포는 학교나 공부 자체에 대해 부정적인 감정을 갖게 하거나 자아존중감을 떨어뜨리는 등 또 다른 심각한 부작용을 낳습니다. 뇌가 변하기 위해선, 본능을 길들이기 위해선 끊임없는 반복이 가장 좋은 방법입니다. 물론 그 과정에서 교사의 끈기와 인내가 필수적일 것입니다.

셋째, 칭찬받고 싶어 하는 학생의 마음을 헤아려 주세요. 모든 학생은 칭찬받고 싶어 합니다. 공부를 잘하고 싶어 합니다. 학생의 의도를 의심할 필요는 없습니다. 만약 규칙을 어기더라도 본능이 잠시 승리를 거둔 것일 뿐, 대부분의 경우 학생이 의도적으로 잘못을 저지르진 않습니다. 혹시나 저처럼 학생이 나를 무시한다고 착각해 학생을 미워하는 실수를 저지르지 않으셨으면 좋겠습니다. 그리고 어린 학생일수록 어른의 칭찬을 목말라 하며 더 칭찬받기 위해 노력합니다. 그만큼 칭찬이 주는 파급 효과가 매우 큽니다.

"이야, 재원이가 오늘 선생님 말에 유독 집중을 잘하네, 대단하다."
"오늘 따라 선우 글씨가 참 예쁘네. 열심히 노력해 쓰고 있구나?"

본능에 휘둘리는 학생일수록 본능을 이기려는 노력을 열심히 칭찬해 주시길 부탁드립니다. 꾸중, 처벌 열 번보다 아이의 마음을 울리는 칭찬 한 번이 아이를 변화시키는 데 더 큰 힘이 됩니다. 만약 꾸중, 처벌만 계속된다면 그 억울함이 자라서 반항으로 돌아올지도 모릅니다. 시간이 걸리더라도 너무 책망하지 않고 잘하는 모습을 보일 때 그 순간을 칭찬해 주고 격려해 주는 것이 효과적입니다.

너는 왜 그 모양이니?

교사의 입장에서 또 부모의 입장에서 하루에도 열두 번씩 머릿속에 떠오르는 질문입니다. 이 장의 내용이 이 질문에 일정 부분 대답이 되었으면 합니다. "이렇게 쉬운 것을 왜 못하니?", "왜 그렇게 얌전하지 못하니?", "왜 그리 참을성이 없니?" 우리 어른들은 이런 말들을 아이들에게 너무 쉽게 내뱉곤 합니다. 아이들이 참을성이 없는 것, 얌전하지 않은 것, 글자를 못 읽는 것, 계산을 못하는 것은 감히 단언컨데 '자연의 섭리'라고 말할 수 있습니다. 원래 그렇게 태어났기 때문입니다. 그러므로 질문 자체가 모순되죠. 이 질문은 이렇게 바뀌어야 옳을 것입니다.

"너는 어쩜 이렇게 참을성이 많니?"
"넌 어쩜 집중을 잘하니?"

아이의 본능, 즉 아이 스스로 조절 불가능한 것을 조절하라고 강요받을 때 아이의 자아존중감은 심각하게 손상됩니다. '자신은 못되고 못난 아이, 해 봤자 안 되는 아이'라는 생각이 머릿속에 자리 잡습니다. '앉아 있기 얼마나 힘들까?, 얼마나 바깥에서 뛰고 싶을까?, 얼마나 공부가 어려울까?'와 같이 조금 더 따뜻한 시선으로 지켜봐 주시길 부탁드립니다. 조금 너그러워진다고 해서 '우리 아이들이 비뚤게 성장하면 어떡하지?'라는 걱정을 하실 필요는 없습니다. 우리 어른들의 개구졌던 어린 시절과 지금의 모습을 비교해 보면 알 수 있듯이 결국 시간은 우리 아이들의 편이기 때문입니다.

남자아이들은 원래 이렇다

타고난 남자아이들의 특징(진화심리학2)

라스코 동굴벽화

오른쪽 사진은 프랑스의 남서쪽 라스코Lascaux 동굴에서 발견된 벽화를 촬영한 것입니다. 기원전 17,000년~13,000년경 후기 구석기시대에 그려진 것으로 추정되는 이 동굴벽화는 1979년에 유네스코 세계유산으로 등재되었습니다. 먼저 왼쪽 사진을 살펴보면 기원전 들소, 멧돼지, 순록 등으로 여겨지는 수많은 동물이 보입니다. 누구나 한 번쯤 이런 동물들이 그려진 고대 동굴벽화를 보신 경험이 있을 것입니다. 비슷한 동물들이 수많은 다른 동굴벽화에서도 공통적으로 발견됩니다. 학자들은 이 동물들이 구석기 인류의 먹잇감, 즉 사냥 대상이었기 때문에 여러 벽화들의 주요 테마가 된 것으로 추정합니다. 두 번째 그림에는 동물과 인간이 함께 등장합니다. 들소로 보이는 동물이 창 같은 무기에 관통당한 모습이 보입니다. 창 아래로 들소의 내장이 쏟아지고 있고 사냥꾼으로 보이는 한 남자가 지켜보고 있는 모습이 인상적입니다. 그의 성별을 남자로 확신하는 이유는 몸의 가운데 부분에서 확인할 수 있습니다.

남자의 본성 사냥꾼

인류는 1%(약 8000년)를 제외한 99%(수십~수백만 년)의 세월 동안 수렵채집 생활을 해 왔습니다. 이 수렵채집 생활의 전통은 사냥, 열매 채집을 통해 생활하는 세계 곳곳의 부족사회를 통해 현재까지 이어져 오고 있습니다. 이들의 삶을 관찰함으로써 과거 원시 인류의 삶을 예측 해 볼 수 있습니다. 중앙아프리카공화국의 열대우림에서 살아가는 아 카피그미족은 생계 유지를 위한 활동 시간 중 약 56%를 사냥에 사용 한다고 합니다. 보스와나의 쿵족은 그보다 더 많은 시간을 사용한다고 하죠. 평균적으로 쿵족의 전체 음식물의 40%는 사냥한 동물들로 이

루어진다고 합니다. 사냥이 잘되는 시기는 그 비율이 90% 이상까지 올라갑니다. 이를 바탕으로 과거 남자들은 대부분 특정 직업을 추구하며 살았다고 추론할 수 있습니다. 바로 '사냥꾼'입니다. 당연히 사냥에 유리한 기질을 가진 남자 원시인이 더 많은 식량을 가졌고 더 많은 자식을 낳았을 것입니다. 그리고 그 유전자를 물려받은 사람들이 현대의 남자들입니다. '사냥꾼'이 되기 위해 가져야 할 혹은 가질 수밖에 없었던 습성을 이해하면 천방지축 남자아이들의 행동이 조금은 다르게 보일지 모릅니다.

모험을 즐기는 사냥꾼

"선생님 빨리 와 보세요!"

"무슨 일이니?"

"철구랑 규형이가 이상해졌어요. 새하얘요."

"응? 뭐라고?"

"그냥 빨리 와 보세요."

체육시간을 끝내고 강당에서 막 교실에 돌아와 앉으려던 차에 혜원이에게 이끌려 다시 밖으로 나갔습니다. 저는 혜원이가 도대체 무슨 말을 하는 것인지 알아들을 수가 없었습니다. 처음엔 저에게 장난을 치나 하고 생각했죠. 복도로 나가니 저 멀리서 아이들 십수 명이 모여 함께 "와! 꺅!" 하고 비명을 지르고 있었습니다. '뭔가 일이 크게 터졌구나.' 하는 예감에 한걸음에 뛰어가 아이들의 숲을 비집고 들어갔습니다.

"으악! 너희 이게 뭐야?"

저도 주변에 모여 있던 아이들처럼 비명을 질렀습니다. 철구랑 규형이는 혜원이의 말 그대로 머리부터 발끝까지 하얗게 물들어 있었습니다. 깜짝 놀라 철구의 새하얀 얼굴을 만져 보았습니다. 하얀색 가루 같은 것이 제 손에 묻어났습니다. 그제야 살펴보니 아이들의 머리부터 발끝까지 흰색 가루가 뽀얗게 내려앉아 있었습니다.

"철구, 규현이 너희 뭘 한 거예요? 왜 이렇게 됐어요?"

철구, 규현이는 베시시 웃으며 말했습니다.

"그게요…. 저기 강당에 있잖아요…."

"뭐? 뭐가 있어?"

"빨간통 있잖아요. 되게 무거운 거…. 규현아, 그거 이름이 뭐였더라?"

그제야 철구, 규현이가 뒤집어 쓴 하얀 가루의 정체를 알 수 있었습니다.

"소화기? 그걸 뿌린 거야? 이런 미…."

하마터면 아이들 앞에서 욕이 나오려는 것을 꿀꺽 삼켰습니다. 기가 막히는 놀라움에 이어 걱정이 파도처럼 밀려와 제 가슴을 콱 막아 버렸습니다.

"이야기는 나중에 하자. 빨리 따라와. 우선 보건실로 가야 돼요."

아이들 손을 잡고 보건실로 뛰어갔습니다. 그 순간에도 철구와 규현이는 뭐가 그리 재밌는지 히죽히죽 웃고 있었습니다. 정말 한 대씩 쥐어박아 주고 싶었으나 우선 아이들이 잘못되진 않을지 특히 소화기 분말이 들어간 눈에 이상이 생기진 않을지 덜컥 겁이 났습니다.

"소화기 분말은 몸에 큰 해를 미치지 않아요, 선생님. 일부러 다량을 들이마시지 않는 한 괜찮아요."

보건 선생님의 말씀에 그제야 안도의 한숨이 나왔습니다.

"그건 그렇고, 너희 정말 대단하다. 이 녀석들 무슨 정신으로 그런 장난을 한 거야? 니들 담임 선생님에게 혼나 봐야지!"

"네, 이 녀석들 저한테 크게 혼나야죠. 무슨 장난을 쳐도 그렇게 쳐?"

철구, 규현이는 제가 화가 났고 크게 혼날 것을 알았는지 고개를 푹 숙이고 있었습니다. 그제야 얼굴에 장난기가 가신 모습이었습니다.

"혼나기 전에 한번 물어보자. 너희 도대체 왜 그런 거예요?"

"…."

"그럼, 질문을 바꿔 볼까? 어떻게 시작된 일이에요?"

"…그게 철구가 저거 어떻게 하는 건지 아냐고…."

규현이가 먼저 입을 열었습니다.

"철구가 뭐라고 했다고요?"

"그게…. 철구가 자기 옛날에 소화기 써 본 적 있다고, 진짜 재밌다고 했어요."

"그래? 철구야 그랬니?"

"아니 근데요…. 제가 처음에 그러긴 했는데요, 그런데 먼저 하자고 한 건 규현이었어요."

"아니야. 네가 먼저 하자고 했잖아!"

"잠깐…. 누가 먼저 하자고 했는지가 중요한 게 아니에요. 어쨌든 너희가 무척 위험한 일을 이미 저질렀으니까 둘 다 같이 혼날 거야. 근데 선생님이 궁금한 것은 규현이, 철규, 너희가 소화기를 튼 다른 특별한 이유는 없나요?"

"…."

192

"규현아 정말 없어?"

"…그냥 해 보고 싶었어요."

"그냥?"

"네…."

"그럼 철규는 다른 특별한 이유 없나요?"

"…저도 규현이랑 똑같아요."

"그럼 정말 둘 다 그냥 재미있을 것 같아서 한 일이에요?"

둘 다 동시에 대답했습니다.

"…네."

남자들의 특성 중 가장 첫 손가락에 꼽힐 수 있는 점은 충동성, 좋게 말하면 용감하다는 점입니다. 이 특성이 남학생들의 활동성과 결합하면 특유의 모험적 성향이 완성됩니다. 난간에 떨어질 듯 매달려 스릴을 즐기는 아이, 계단을 전속력으로 뛰어가는 아이, "우유 폭탄이다!" 외치며 4층 창 밖으로 우유를 던지는 아이, 철봉에 거꾸로 매달려 있는 아이, "난 안 다친다니까."라고 자신하며 보호 장비는 착용할 생각도 않은 채 자전거, 인라인스케이트를 타는 아이, 이런 아이들의 90%는 남학생입니다. 이 모습을 보는 여성들은 이렇게 외칩니다.

"도대체 남자애들은 왜 그 모양이야?'"

많은 여선생님이 책망과 힐난의 눈빛으로 남교사인 저에게 묻곤 했습니다. 그럴 때면 저는 이렇게 대답했죠.

"원래 그렇게 생겨 먹었어요. 저도 어릴 땐 그랬어요. 하하하."

"양선생님도 그랬어요? 아이구, 참. 하여간 남자들이란 진화가 덜 됐다니까…. 쯧쯧."

"하하하, 맞아요. 남자는 아직 원시시대에서 못 벗어난 거죠."

두려움을 모르는 용감함, 생각한 바를 주저 없이 행동으로 옮기는 결단력, 지칠 줄 모르는 체력, 왕성한 활동량 모두 훌륭한 사냥꾼이라면 지녀야 할 필수적인 능력들입니다. 끊임없이 주위를 살피며 돌아다니다가 순간적인 기회를 놓치지 않고 목숨을 걸고 맹수를 포획하는 사냥꾼. 이 사냥꾼은 분명 더 많은 먹이를 잡았을 것이고 부족 모두에게 영웅으로 칭송받았을 것입니다. 그리고 수많은 여성이 이 사냥꾼에게 매력을 느끼고, 자연적으로 더 많은 자손을 남겨 그 유전자를 널리 퍼뜨렸을 것입니다. 그러나 수렵채집사회에서 영웅적 기질로 칭송받던 덕목들은 현대사회로 오면서 아래와 같은 골칫거리로 자리 잡게 됩니다.

두려움을 모르는 용감함 → 조심성 없음

주저 없이 행동으로 옮기는 결단력, 행동력

→ 급한 성격, 신중하지 못함, 참을성 없음, 충동적 성향

지칠 줄 모르는 체력, 왕성한 활동량 → 산만함

만약 사냥꾼의 유전자가 감정을 가지고 있다면 퍽 억울할 것이 틀림없습니다. 수만 년 전에는 최고의 영웅으로 칭송해 주던 여성들이 이제는 자신을 골칫덩어리로 여기기 때문입니다.

이런 성향은 현대 교육제도를 만나 더 큰 비극을 만듭니다. 우리의 교실을 상상해 봅시다. 좁은 교실 안에서 조금도 움직이지 말고 가만히 앉은 채 선생님의 말씀을 듣기만 해야 합니다. 수업 중에는 오직 연필이 깨작깨작하는 정도의 움직임만 허용됩니다. 일어난다거나 몸을 움직인다거나 소리를 낼 경우 여지없이 산만한 학생으로 매도당하고 맙니

다. 복도에서도 뛰지 못하고 얌전히 걸어 다녀야 합니다. 심지어 뛸 수 있는 유일한 시간인 체육시간에도 질서를 지키고 자신의 차례를 기다려야 합니다. 뛰거나 질서를 깨는 행동, 스릴을 즐길 수 있는 행동은 대부분 제지당합니다. 대부분의 사냥꾼에게 학교는 마치 감옥 같은 곳입니다. 특히 자기 조절력이 약한 어린 남학생일수록 더 갑갑하고 답답하게 느낄 것이 분명합니다.

이 모험가들을 위해 교사가 해 줄 수 있는 일 첫 번째는 남학생들에게 최대한 안전한 환경을 만들어 주는 것입니다. 남학생들에겐 대걸레가 야구 방망이, 빗자루는 목검, 쓰레받기는 방패로 보입니다. 커터 칼, 가위 등은 언제든지 아이들을 다치게 할 흉기가 될 수도 있습니다. 이런 위험한 물건은 학생들 주위에서 최대한 치워 주는 것이 좋습니다. 그리고 빗자루, 가위 같이 꼭 필요한 물건에는 규칙을 만들어 줘야 합니다. 그 물건의 용도에 맞는 쓰임새 외에 다른 장난을 하지 않도록 경고하고 주시하여야 합니다. 이는 물건만이 아니라 행동도 마찬가지입니다. 실내에서 뛰기, 계단 난간을 타고 내려오기, 창문에 매달리지 않기 등 너무 당연한 안전에 관한 규칙들도 계속 일깨워 주고 주시해야 합니다. 저도 학생들에게 쓸데없는 잔소리는 되도록 삼가야 한다는 생각을 가지고 있습니다만 남학생들에게 '안전'에 관한 잔소리는 몇 번을 반복해도 부족함이 없습니다. 특히 초등 저학년 남학생에겐 '안전'에 관한 구체적이고 반복적인 잔소리가 꼭 필요합니다. 아이들이 아무리 싫어해도 말이죠.

뛰어난 집중력의 사냥꾼

사냥꾼의 집중력

지칠 줄 모르는 활동량, 겁 없는 용감함을 남자아이가 가진 첫 번째 특성으로 꼽은 후 이와 상반된 집중력을 두 번째 특성으로 꼽아 의아해 하는 독자가 많을 것입니다. 남학생들의 집중력은 차분하고 조용하게 선생님 말씀에 귀 기울이는 종류의 집중력과 거리가 먼 것은 사실입니다. 하지만 그렇다고 남학생에게 집중력이 없는 것은 아닙니다. 남학생들은 차분히 수업을 듣는 집중력과는 다른 종류의 집중력을 가지고 있습니다.

사냥터는 자그마한 사시나무 숲 속의 개울을 지나 그다지 멀지 않은 곳에 있었다. 그곳에는 이미 눈의 흔적을 찾아볼 수 없었다…. (중략) 아직 눈이 남은 우거진 숲에서는 구불구불한 좁은 시냇물이 희미한 소리를 내며 흘렀다. 작은 새들은 즐겁게 지저귀며 이 나무에서 저 나무로 날아다녔다. 얼어붙은 땅이 녹고 풀이 자라느라 지난 해의 묵은 잎들이 흔들리면서 이따금 완벽한 정적을 뚫고 사락사락 소리가 들리곤 했다.

'이럴 수가! 풀이 자라는 것을 눈과 귀로 느낄 수 있다니!' 레빈은 뾰쪽한 어린 풀 옆에서 회색의 축축한 사시나무 잎사귀가 움직이는 것을 보고 혼잣말을 했다. 그는 가만히 서서 소리에 귀를 기울였다. 레빈은 시선을 좌우로 움직였다. 그러자 그의 앞에 부드러운 잎눈이 하나로 어우러진 사시나무 우듬지 위로 푸르스름한 하늘을 나는 새 한 마리가 보였다. 새는 그를 향해 곧장 날아왔다. 팽팽한 천을 일정한 속도로 찢는 듯한 커다란 울음소리가 바로 그의 귓가에서 들렸다. 벌써 새의 기다란 코와 목이 보이기 시작했다. 붉은 섬광이 번쩍였다. 새는 화살처럼 아래로 곤두박질치다 다시 위로 솟구쳐 올랐다. 다시 섬광이 번쩍이며 총소리가 울렸다. 그러자 새는 마치 공중에 떠 있으려고 애쓰는 듯 날개를 퍼덕이다가, 날갯짓을 멈추고 짧은 순간 그자리에 그대로 있나 했더니, 질퍽이는 땅 위로 철퍼덕하는 무거운 소리를 내며 떨어졌다.

러시아의 대문호 톨스토이의 《안나 카레리나》 중 극중 인물 레빈의 사냥 장면입니다. 고요한 숲의 한가운데서 사냥감에 집중하는 레빈의 모습이 실감나게 묘사되어 있습니다. 레빈이 새의 움직임을 쫓기 위해 온 신경을 집중합니다. 그러던 중 숲의 숨결, 나무, 풀의 미세한 움직임을 느끼며 자신의 집중력에 깜짝 놀랍니다.

남학생을 다뤄 본 어른이라면 누구나 이런 장면을 보신 기억이 있을 것입니다. 축구, 야구에 열중한 남자아이, 레고에 중독된 남자아이, 자동차에 빠져 버린 남자아이, 공룡에 반한 아이 등, 남자아이들은 자신이 좋아하는 것에 미친 듯이 빠져듭니다. 학교에서 보내는 대부분의 시간 동안엔 여학생들의 집중력이 남학생보다 더 뛰어납니다. 하지만 남학생들은 자신이 좋아하는 그 무언가가 발견되면 언제 그랬느냐는 듯이 엄청난 집중력을 보여 줍니다. 이때의 집중력과 끈기는 여학생을 능가합니다. 쉬는 시간, 점심시간 조금의 틈만 있어도 공을 들고 축구 골대로 달려가는 수많은 남학생의 집중력과 열정은 감히 흉내 내기조차 힘든 수준입니다. 이 아이들은 아무리 더운 날씨에도, 온몸이 얼어붙는 영하의 날씨에도 심지어 비가 억수같이 내리는 날도 축구 골대를 쉽게 하지 않습니다.

이런 비상식적인 열정, 끈기와 집중력은 주로 남학생에게서 자주 보이는 특성입니다. 조용히 수업을 듣는 집중력은 여자에게 못 당하지만 자신이 빠진 한 가지 목표를 향해 달려가는 추진력, 집중력은 남학생들을 당해낼 수 없습니다.

에디슨

발명왕 에디슨, 베이징 올림픽 수영 8관왕 마이클 펠프스의 공통점이 무엇인지 아시나요? 그들은 초등학교 시기 학교에서 손댈 수 없는 문제아였습니다. 특히 학교 수업에 조금도 집중 못했다고 하죠. 하지만 여러분도 알고 있듯 자신이 좋아하는 일을 찾고 난 뒤엔 어마어마한 집중력과 열정을 보여 주었습니다. 하루 약 16시간씩 자신의 일에 몰두한 것으로 유명한 에디슨의 문답은 남자가 가진 집중력의 특징을 잘 보여 줍니다.

"어떻게 하루 16시간씩 일을 할 수 있나?"

"누구나 하루 16시간씩 일을 한다네. 사람들은 직장에서 일을 하거나, 집에서 쉬거나, 신문을 읽거나, 산책을 하거나, 생각을 하며 살고 있지. 만일 그들이 7시에 일어나 11시에 잠자리에 든다면 그들은 16시간을 쓰는 거지. 유일한 차이는, 그들은 많은 일을 하고 나는 오직 한 가지만 한다는 거야. 만일 사람들이 한 가지 목표에만 집중한다면 나처럼 할 수 있는 거야."

나만의 것

남학생은 대개 여학생들보다 집중력이 없고 산만하다는 평가를 받습니다. 일견 맞는 말 같지만 남학생들의 잠재력을 간과한 의견이라고 생각합니다. 평소 산만한 남학생도 나만의 것을 찾은 후에는 몰라보게 달라집니다. 자신이 정말 좋아하는 것을 찾은 아이들은 눈빛부터 달라지는 걸 느낄 수 있습니다. 얼굴에도 생기가 돕니다. 그것이 공부라면 정말 좋겠지만 설혹 아니더라도 힘껏 응원해 주어야 합니다. 축구, 농구 같은 운동이라거나 힙합, 락 같은 음악, 만화책이나 게임*이라도 말입니다. 건강과 자신을 해치지 않는 선에서 자신이 좋아하는 것에 올곧이 집중하는 경험은 남자아이들 속에 잠재된 엄청난 에너지를 발견하도록 도와줄 것입니다. 그리고 그 경험에서 발견한 자신의 숨겨진 열정과 성취감, 성공 경험은 아이의 미래에 큰 자산이 될 것입니다.

● 게임은 이미 대한민국 대표 문화 수출 상품이라는 K-pop의 열 배 이상의 규모를 가진 최고 문화 수출 상품입니다. 게임은 한국의 도서 문학, 만화, 영화, K-pop, 애니메이션, 캐릭터 상품, 광고 콘텐츠 상품의 수출 규모 모두를 합친 것보다 훨씬 많은 수출액을 자랑합니다(한국콘텐츠진흥원 2013년 4월 발표 기준 콘텐츠 산업 수출액 현황에서 게임 산업이 차지하는 비중은 55.1%). 게임이 학생의 발달에 미치는 중독성, 학업 소홀 등의 부정적인 영향도 분명 존재하지만 정도를 넘지 않는 다면 굳이 원천 차단하려 아이와 싸울 필요는 없습니다. 1980~90년대에는 만화책이 불량 문화로 취급당했으나 윤태호, 허영만 화백처럼 2015년 현재 만화가는 존경받는 직업인, 문화예술인의 하나입니다. 이처럼 게임도 시간이 흐른 후에는 문화, 예술 분야의 일부분으로 인정받을 것입니다. 우리 아이들이 좋은 게임을 많이 할수록 미래에 존경받을 훌륭한 게임개발자들이 많이 배출되리라 믿습니다.

한 번에 한 가지

맹수와 목숨을 건 싸움을 해야 하는 사냥꾼은 운동 능력이 좋고 순간 집중력이 높습니다. 하지만 이런 사냥꾼의 특성은 반작용을 가지고 있습니다. 남자들은 대체로 여러 가지 일을 동시에 수행하지 못합니다. 맹수를 사냥할 땐 잠시만 한눈을 팔아도 순식간에 목숨을 잃을 수도 있습니다. 이런 상황을 생각하면 한 가지에 집중해 다른 일은 신경 쓰지 못하는 남자의 특성을 이해하기 쉬울 것입니다.

이에 대한 재미있는 실험이 있습니다. 영국 허트포드셔대학과 글래스고대, 리즈대 공동 연구진은 실제 남성과 여성을 대상으로 동시에 여러 가지 일을 수행하는 실험을 수행했습니다. 첫째 컴퓨터를 보며 도형 이름 맞추기, 점의 개수 세기를 동시에 해결하도록 했죠. 그 결과를 살펴보면 각 과제를 따로 할 때보다 동시에 진행할 때 여성은 약 60%가량 느려졌으나 남성의 경우 약 80%가량 느려졌다고 합니다. 둘째 실험에서 연구진은 남녀에게 지도에서 식당 찾기, 산수 문제 풀기, 잃어버린 열쇠 찾을 방법을 생각해 내는 것을 주어진 시간 안에 동시에 해결하는 과제로 주었습니다. 이 과제 역시, 여성이 더 빠르고 효과적으로 행동했다고 합니다.

이런 차이의 원인은 뇌의 뇌량에 있다고 합니다. 익히 알려져 있듯 뇌는 좌뇌와 우뇌로 갈라져 있습니다. 각기 다른 역할을 하는 이 두 가지 뇌를 연결해 주는 케이블이 바로 뇌량입니다. 여자의 경우 이 뇌량의 굵기가 남자보다 훨씬 굵다고 합니다. 이 뇌량의 굵기로 인해 여

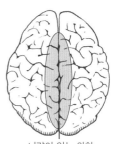

뇌량이 있는 위치

자들은 좌, 우뇌를 동시에 활용하는 데 능하다고 합니다. 반면 남자는 좌, 우뇌의 동시 활용 능력이 상대적으로 떨어지겠죠.

남학생들에게 수학 학습지와 국어 학습지, 책상 속 정리까지 한꺼번에 여러 과제를 주는 일은 "애야, 세 가지 과제 모두 망치렴."이라고 말하는 것과 다름없습니다. 친구와 떠들며 동시에 그림을 그릴 때 혹은 음악을 들으며 수학 문제를 풀 때 결과물의 질은 떨어질 수밖에 없습니다. 그렇지 않아도 주위 산만한 남학생의 집중력을 높여 주기 위해선 한 번에 한 가지 과제만 제시해 주는 것이 좋습니다.

만약 부득이 여러 가지 과제를 내줘야 할 경우 '① 수학익힘책 30쪽까지 풀기 → ② 친구와 답 비교해 보기 → ③ 알림장 쓰기 → ④ 자기 자리 청소하기' 같이 일의 순서를 명확히 정해 주고 칠판에 제시하는 것이 바람직합니다. 여러 가지 일을 교사가 순서를 매기고 조직화해 남학생들이 한 번에 한 가지씩 처리할 수 있도록 도와주는 방법으로 남학생들의 집중력을 높일 수 있습니다.

자존심에 목숨을 거는 사냥꾼

괴물

"미안해…."

병권이는 우유에 흠뻑 젖은 진필이를 보며 말했습니다.

"아이…, 진짜 이게 뭐야! 다 젖었잖아!"

병권이가 자신을 뒤쫓는 정희를 피해 뛰어다니다 그만 우유를 마시던 진필이를 쳐 버린 것입니다. 진필이의 셔츠는 온통 우유로 젖어 버렸습니다.

"진필아, 진짜 미안해 내가 일부러 그런 건 아닌데…."

"일부러 안 그러면 다야? 존나 짜증 나네, 너 땜에 이게 뭐야?"

"아…. 진짜 일부러 그런 것 아니라니까? 왜 이렇게 짜증 내는데?"

처음엔 정말 미안해했던 병권이의 안색이 갑자기 변했습니다.

"뭐? 내가 짜증 안 나게 생겼냐? 너 때문에 다 엎질러졌잖아? 씨발."

"그러니까 미안하다고, 내가 미안하다고 했잖아?"

"그게 미안한 태도야?"

"아, 씨발 그럼 어쩌라고? 존나 짜증 나네, 그래서 어쩌라고?"

제가 끼어든 것은 병권이도 함께 욕을 하기 시작한 순간부터였습니다.

"어…. 얘들아 잠시 멈춰야 할 것 같다. 잠깐 진정하고 둘 다 선생님에게 와 보세요."

처음엔 '미안해'로 시작했다가 되레 화내는 바람에 큰 싸움으로 번지는 병권이와 진필이의 이야기는 교실에서 흔히 볼 수 있는 남학생들의 싸움 패턴입니다. 왜 남학생들은 자기가 잘못했음에도 불구하고 도리어 화를 내어 싸움을 키워 버릴까요? 왜 남학생들은 욱하는 마음에 폭력을 휘두를까요? 이 같은 남자의 성향 이면에는 괴물이 자리 잡고 있습니다. 이 괴물의 정체를 알아야 남자의 마음을 온전히 이해할 수 있습니다.

우두머리

'칸', '킹', '바라 아사미'라는 말을 들어 보셨나요? 각각 만주, 몽골 지방 언어, 영어, 힌두어에서 쓰이는 '우두머리', '대인'이라는 의미의 단어입니다. 이집트, 수메르, 황하문명 등 모든 고대 문명권에는 '우두머리'나, '대인'으로 불리며 막강한 권력과 재물을 독점하는 특권층이 존재했습니다.

고대 문명 이전 원시사회에서도 우두머리가 존재했을까요? 농경으로부터 시작된 고대 문명 이전에는 수렵채집사회가 있었습니다. 인류가 살아온 99%의 시간은 수렵채집사회입니다. 그래서 전혀 기록이 없는 아마득한 과거 인류의 생활 모습을 탐구하는 인류학자들은 현재까지 남아 있는 소수의 수렵채집 부족사회를 연구합니다. 아마존, 북아프리카, 남태평양 등지에 남아 있는 와포족, 미오코족, 카야파족, 차티노족, 마사우아족, 미헤족, 믹스테코족, 케추아족, 테라바족, 첼탈족, 오세이지족 등 수많은 현대 수렵채집사회에서도 우두머리와 비슷한 용어를 찾을 수 있습니다. 수렵채집사회로부터 고대사회에 이르기까지 수십, 수백만 년 동안 인류는 지위가 높은 인간, 특히 지위가 높은 남자를 나타내는 단어를 가지고 있었습니다. 즉, 남자들은 쭉 '계급사회'를 살아온 것입니다.

이 같은 경향은 지금 우리가 사는 현대까지 이어집니다. 1789년 프랑스 혁명과 함께 '모든 인간은 평등하고 자유로울 권리가 있다.'는 인권에 대한 개념이 전 세계로 퍼집니다. 그 결과 세계 여러 나라에서 공식적인 귀족이나 왕 계급은 현저히 줄었습니다. 그럼에도 불구하고 현대사회에서도 인간의 완전한 평등은 요원해 보입니다. 헌법상 계급이 존재하지 않는 공화국인 대한민국에서도 '개천에서 용 난다', '유전무죄 무전유죄'라는 말을 흔히 듣습니다. 이 말들은 우리 사회의 불평등한 구조를 그대로 드러냅니다.

결론적으로 인류가 살아온 원시사회, 고대사회에서부터 현대에 이르기까지 사회구조는 그 정도의 차이가 있을 뿐 차별적 계급사회였으며 맨 꼭대기엔 우두머리가 존재합니다.

왜 우두머리가 되려 할까?

미국 코넬대학에 인류학과 설립에 일조한 저명한 인류학자 앨런 홀름버그Allan. R. Homberg는 그의 저서 《활을 든 유목민Nomads of the long bow》에서 수렵채집 생활을 하는 부족의 한 남자에 대한 흥미로운 이야기를 들려줍니다. 남아메리카 볼리비아 동부에 위치한 시리오노족에서 생활하는 이 남자는 사냥에 무척 서투릅니다. 이 남자의 이름을 시리오라고 가정하겠습니다. 시리오는 사냥을 잘하는 남자들에게 자신의 아내를 여럿 빼앗겼습니다. 또한 집단 내에서 지위를 상실했으며 주위로부터 모욕을 당합니다. 홀름버그는 그런 시리오와 함께 사냥에 나섭니다. 홀름버그는 현대 문명의 도움으로 잡은 수많은 동물을 시리오에게 건네며 부족민들에게는 본인이 잡은 것이라고 말하게 시킵니다. 이에 더해 총의 사용법까지 가르쳐 시리오가 수많은 사냥감을 획득하도록 도왔습니다. 그 결과 시리오는 부족 내에서 높은 사회적 지위를 차지했을 뿐만 아니라 수많은 여자를 부인 혹은 섹스 파트너로 사귀었다고 합니다. 그리고 그를 모욕하던 동료들은 태도를 바꿔 그를 매우 존중했다고 합니다.

이 연구에서 알 수 있듯이 계급사회 내에서 우두머리들은 존경과 힘을 가집니다. 이로 인해 우두머리들은 값진 자원의 대부분을 독차지하게 되죠. 자원에는 금, 은 보물 같은 사치품만이 아니라 음식, 마실 물 같이 삶, 죽음과 직접적으로 연관된 자원들도 포함돼 있습니다. 서열 가장 위쪽 사람들은 자유롭게 원하는 대로 자원을 사용하나, 서열 밑으로 갈수록 더 적은 양의 자원이 찔끔찔끔 흘러갔을 것입니다. 정도의 차이가 있을 뿐 자원 분배의 불평등은 현대사회까지도 해결되지 못했습니다. 즉, 계급의 문제는 식량의 문제였고 또한 죽고 사는 생존과 연관된 문제였던 것입니다.

그뿐만이 아닙니다. 지위가 높은 남성은 여성까지 독차지합니다. 아프리카의 음부티 피그미족에서 북쪽 지방의 알류트 이누이트족까지 186개의 현대 부족사회를 조사한 결과 어느 곳이나 지위가 높은 남자가 더 큰 부와 더 많은 아내를 거느리며 더 많은 가족을 갖는 것으로 나타났습니다. 계급과 생산하는 자손의 수는 밀접한 관련이 있습니다.

권력자에게 많은 여성이 몰리는 현상은 일견 남성이 힘을 사용해 억지로 여자를 차지하기 때문이라고 여길 수도 있습니다. 하지만 사실은 다릅니다. 많은 연구에서 이 현상은 여성의 기호가 함께 작용한 결과라고 설명합니다. 권력자의 강요가 없더라도 여성은 사회적 지위가 높은 남성을 선호합니다. 여성의 배우자 선택에 관해 전 세계에 걸친 조사 연구에서 여자들은 남자들보다 배우자의 사회적 지위를 훨씬 중요하게 여기는 것으로 나타납니다. 이런 경향은 '유럽, 아프리카, 아시아', '불교, 유대교, 기독교', '남반구, 북반구', '자본주의, 사회주의, 공산주의' 문화권에 가릴 것 없이 모두 동일하게 나타났습니다. 양육이나 교육의 영향에 관계없이 여성들은 사회적 지위가 높은 남자에게 본능적으로 끌린다고 말할 수 있습니다.

식량과 관련한 생존 문제와 자신의 유전자를 퍼뜨리는 번식 문제, 이 두 가지 이유로 인해 남자는 본능적으로 자신의 무리에서 우두머리가 되고 싶어 합니다. 동양의 《초한지》, 《삼국지》 등의 각종 역사소설, 《사조영웅문》, 《의천도룡기》 같은 무협지, 서양의 《반지의 제왕》, 《아서 왕 이야기》 등의 문학 작품, 미국의 〈대부〉, 〈원스 어폰 어 타임 인 아메리카〉, 한국의 〈친구〉, 〈신세계〉 등의 누아르 영화들 모두 일인자가 되고 싶어 하는 남자의 로망을 다룹니다. 그리고 이 작품들은 남성들의 절대적인 지지를 받습니다. 반면 대부분의 여성들에게는 지독히도 인기가 없다는 공통점도 가지고 있습니다.

우두머리의 조건

모든 남자는 본능적으로 우두머리가 되고 싶어 합니다. 그렇다면 어떤 남자가 우두머리가 되는 것일까요? 에콰도르의 아마존 지역의 부족들을 조사한 인류학자 존 패턴John Patton의 연구가 그 힌트를 주고 있습니다. 패턴은 아마존의 두 부족을 방문하여 모든 부족 남자의 사진을 찍습니다. 그리고 그 사진을 다른 부족에게 보여 주며 "오늘 전쟁이 벌어진다면 누가 가장 용감하고 최고의 전사가 될까요?" 하고 물었습니다. 패턴은 누가 가장 용맹한 전사인지에 대한 타 부족민의 추측을 점수화합니다. 그리고 이 용감한 전사 점수와 실제 부족 남자들의 지위를 비교해 보았습니다. 결과는 어땠을까요? 전사 점수와 지위는 70~90%의 높은 상관관계를 보였습니다. 즉 용감해 보이는 남성이 부족 내에서 실제 높은 지위를 가지고 있었던 것입니다. 이처럼 전사로서의 용맹성 혹은 용맹해 보이는 외모는 그들의 지위를 결정하는 중요한 요소입니다.

인류의 99%의 역사 동안 사냥이 먹을 것을 얻는 주요 수단이었던 만큼 남자의 용맹함은 사회적으로 선망받는 가치였을 것입니다. 그리고 사냥 실력, 싸움 실력이 뛰어난 용맹한 남자가 부족에서 높은 지위를 차지했을 것입니다. 용맹한 사냥꾼의 자손들인 현대 남성 역시 본능적으로 힘, 덩치, 용맹함, 두려움 없음을 남성적 가치로 존중합니다. 특히 사회화가 덜 된 남학생들의 경우 용맹함과 힘의 과시가 남학생들의 지위를 결정하는 데 중대한 영향을 미칩니다.

괴물의 정체

"한병태라고 했지? 이리 와 봐."

그가 좀 전과 똑같은 나지막하지만 힘 실린 목소리로 말했다. 손끝 하나 까딱하지 않았으나 나는 하마터면 일어날 뻔했다. 그만큼 그의 눈빛은 이상한 힘으로 나를 끌었다. 하지만 나는 서울에서 닳은 아이다운 영악함으로 마음을 다잡아 먹었다. 이게 첫 싸움이다. 그런 생각이 들며 버티는 데까지 버텨 볼 작정이었다. 처음부터 호락호락해 보여서는 앞으로 지내기 어려워진다는 나름의 계산도 있었지만 다른 아이들의 까닭 모를, 거의 절대적인 복종을 보자 야릇한 오기가 난 탓이었다.

"왜 그래?"

내가 아랫도리에 힘을 주며 깐깐하게 묻자 그가 피식 웃었다.

"물어볼 게 있어."

"물어볼 게 있다면 네가 이리로 와."

"뭐?"

이문열의 소설 《우리들의 일그러진 영웅》에서 주인공 한병태와 엄석대가 나누는 첫 대화를 묘사한 장면입니다. 반의 급장으로 누구나 다 인정하는 우두머리인 엄석대를 보고 막 전학 온 한병태가 느끼는 긴장, 그리고 본능적으로 엄석대에게 지지 않으려는 병태의 심리묘사가 두드러집니다. 병태는 엄석대의 부름에 순순히 응해 버릴 경우 석대의 밑으로 들어가게 되는 것임을 본능적으로 느낍니다. 그렇기에 마음을 다잡고 석대에게 반항합니다. 모든 남자아이는 병태처럼 타인에게 강하게 보이려는 성향을 가지고 있습니다. 소위 '센 척', '허세'라고 불리는 이 성향은 유구한 시간 동안 우두머리가 되기 위해 싸웠던 남자들의 투쟁의 역사가 남긴 흔적입니다.

본능적으로 우습게 보이지 않으려는 한병태의 오기와 진필이에게 우유를 쏟았음에도 도리어 성을 내던 병권이의 분노는 서로 맞닿아 있습니다. 병권이도 우유를 쏟은 것은 자기 잘못이라는 것을 인식하고 있습니다. 분명 미안한 마음도 가지고 있었습니다. 하지만 진필이가 버럭 화를 내는 그 순간 병권이의 마음속에서 석대에 맞섰던 한병태의 오기와 같은 종류의 무언가가 치솟아 올라온 것입니다. 상대에게 쉽게 보이지 않으려는 본능, 우리는 이 속성을 속칭 '남자의 자존심'이라고 부르기도 합니다.

'남자는 곧 죽어도 자존심'이란 말은 남자에게 자존심이 얼마나 중요한지 묘사해 줍니다. 10대 남학생들에게는 언어적 폭력 혹은 육체적 폭력이 이 자존심을 한껏 치켜 세워 줍니다. 이 성향은 겉모습만 바뀔 뿐 성인이 돼서도 똑같습니다. 직접적인 폭력을 금지하는 성인 사회에선 돈, 능력, 사회적 지위가 세련되게 원초적 힘을 대신합니다.

괴물이 남자를 지배할 때

조금 무서운 통계를 예로 들겠습니다. 우리의 이웃나라 일본에서 남자가 저지른 살인 사건들의 동기를 조사한 연구가 있습니다. 이 연구에 따르면 1950년대 발생한 전체 살인 사건 중 무려 70%, 1990년대에 발생한 살인 사건 중 61%에서 체면, 평판, 명예, 지위가 범행 동기로 작용했다고 합니다. 제가 남자의 자존심을 괴물이라고 칭한 이유가 여기 있습니다. 이 괴물은 순식간에 남자들을 지배해 참혹한 결과를 만듭니다. 학교에서도 마찬가지입니다. 제 경험상 학교에서 벌어지는 남학생 간의 폭력의 원인 대부분엔 바로 이 자존심이 자리 잡고 있습니다.

괴물을 다루는 방법

"어…. 얘들아 잠시 멈춰야 할 것 같다. 잠깐 진정하고 둘 다 선생님에게 와 보세요."

"병권아, 진필아 선생님이 너희를 계속 지켜봤는데…. 싸움 나기 직전인 것 같아서 불렀어요. 우리 잠시만 진정할 시간이 필요한 것 같아. 병권아, 지금 여기서 1분만 자기 행동을 생각해 볼래? 진필이도 똑같이. 대신 서로 떨어져서 진정할 수 있게 벽을 보며 생각해 봐요. 선생님이 1분 뒤에 부를게요."

아이들은 잠시 떨어져 생각할 시간을 가졌습니다.

"얘들아 시간됐다. 선생님한테 오세요."

병권이와 진필이가 다시 제 앞에 모였습니다. 아까보다 훨씬 진정된 얼굴이었습니다.

"혹시 더 생각할 시간이 필요해요?"

"아니요."

"그래, 그럼 누구 먼저 얘기해 볼까? 병권이 먼저 해 볼까?"

"네…."

"그래, 항상 그래왔듯이 자신의 행동에 관해서만 이야기하는 거예요. '재가 ○○○했어요.'라는 말은 하면 안 됩니다. 자기 행동에 관해서만 말해 보자. 알았지?"

"네…."

"그럼, 병권아 무슨 생각 했어?"

"제가 진필이한테 잘못한 것 같아요."

"그래? 왜요?"

"그게…. 제가 진필이를 쳐서 우유를 다 쏟아 버렸어요."

"그랬지. 그래서 진필이 기분을 생각해 봤어요?"

"네."

"어땠을까?"

"짜증 났을 것 같아요."

"그렇구나. 진필이 짜증 났었니?"

"네. 짜증 났어요."

"응, 맞았네. 또 어떤 기분이 들었니?"

"화났어요."

"그렇구나. 병권이 생각이 맞았네. 선생님도 진필이였으면 화났을 것 같아. 병권이도 똑같이 느꼈구나. 그래, 또 어떤 생각했어?"

"…그게 다예요."

"그래, 그럼 이번엔 진필이에게 말할 기회를 줘 볼까? 진필이는 무슨 생각했어?"

"진짜 짜증 났어요. 그래서 화가 나서… 병권이한테… 욕을 했어요. 그게 잘못한 것 같아요."

"그래? 뭐라고 욕했니?"

"씨발이라고 했어요."

"씨발? 진필이가 엄청 짜증 났었나 보네. 그럼 병권이 기분은 어땠을까?"

"나빴을 것 같아요."

"그렇겠네. 병권아 어때? 진필이 말에 대해 어떻게 생각해?"

"맞아요."

"더 보탤 말은 없니?"

"그게… 화났어요."

"그래, 그럼 짜증 나고 화났구나. 또 있니?"

병권이는 고개를 저었습니다.

"그래, 그럼 병권이가 우유를 쏟아 놓고 왜 화냈는지 이제 알겠다. 너희 둘 다 깊이 생각해 봤구나. 그럼 정리하자. 자신이 실수한 것만 서로 말해 볼까? 그리고 잘못한 건 서로 사과해야 하겠지?"

주먹을 내지르기 직전까지 갔던 병권이와 진필이가 다행스럽게도 서로 사과하고 마무리되었습니다. 남학생 속에서 꿈틀거리던 괴물을 다시 잠재운 데 가장 큰 공을 세운 것은 저도 아니고 병권이, 진필이도 아니었습니다. 이 상황을 정리한 것은 다름 아닌 '시간'이었다고 생각합니다. 여기서 말하는 시간은 두 가지 의미를 가지고 있습니다.

첫 번째 '시간'은 '1분의 힘'입니다. 짧지만 서로의 화난 얼굴을 잠시 거두고 자신의 행동을 생각한 1분의 시간이 아이들에게 분노를 진정시킬 힘을 준 것입니다. 이것이 괴물의 약점입니다. 아무리 거세게 타오르던 불길도 더 이상 태울 것이 없으면 사그라집니다. 자존심 상한 상황으로부터 잠시 거리를 두는 순간 괴물의 천적인 이성이 괴물과 싸우기 시작합니다. 이때 교사의 지도가 빛을 발할 수 있습니다. 반대로 남학생 속의 괴물이 날뛸 때는 어떤 설교나 벌도 힘을 잃습니다.

'1분의 힘'이 충분히 효과를 발휘하도록 도와준 또 다른 조력자가 있습니다. 그것이 바로 두 번째 '시간'인 '타이밍'입니다. 남학생의 자존심

싸움은 순식간에 거세게 타오릅니다. 하지만 아무리 거대한 산불이라 해도 그 시작은 조그마한 불씨인 법입니다. 큰 산불로 번지기 전 조그마한 불씨는 작은 노력으로도 쉽게 끌 수 있습니다. 빠르면 빠를수록 꺼뜨릴 불의 크기는 작습니다. 병권이와 진필이의 다툼 역시 큰 산불이 될 가능성이 있는 불씨였습니다. 이런 불씨가 1분 만에 사그라질 수 있었던 것은 어디까지나 조기에 소화했기 때문입니다. 10대 남학생들의 마음속 불씨는 언제, 어디서든지 활활 타오를 때만 기다리고 있습니다. 특히 체육수업, 반 대항 축구, 피구 시합 같은 활동은 남학생들의 승부욕이 대폭발하는 시간입니다. 마치 한겨울 몇 달 동안 물 한 방울도 구경 못한 채 바싹 마른 잎들이 불씨만을 기다리는 모습과 같습니다. 작은 충돌이 순식간에 큰 불로 번질 수 있습니다. 이때 교사의 매의 눈이 필요합니다. 누가 흥분했는지, 누가 자존심 상해 하는지, 빠르게 발견할수록 진화는 쉬워집니다.

이미 남학생 간 자존심에 큰 상처가 났다면 서로를 화해시키는 데 굉장히 긴 시간이 필요합니다. 서로 잘못한 행동들, 상처받은 감정들을 긴 시간 동안 서로 나누는 과정을 거쳐야 합니다. 하지만 그래도 어느 정도 앙금이 남는 것을 각오할 수밖에 없죠. 아이들이 서로 깊은 상처를 주기 전에 빠르게 개입하는 것이 최선일 것입니다.

남자아이들에게 존경받는 교사 되기

남자아이들의 본능 인정하기

남학생들을 잘 다루는 교사가 되기 위해서는 첫 번째 남학생들의 욕망을 인정해 주어야 합니다. 이 이야기는 앞서 진화에 대한 이야기에서 자세히 말씀드렸기 때문에 짧게 이야기하겠습니다. 남학생들의 위험하고 엉뚱한 행동들은 많은 경우 본능의 소산입니다. 특히 어리면 어릴수록 본능이 두드러지며 반대로 자기 조절력은 떨어집니다. '왜 이렇게 참을성이 없니? 왜 이렇게 산만하니?'라는 생각보단 '안 됐다. 얼마나 뛰고 싶을까?'라는 마음으로 남학생들을 가엽게 바라봐 주시길 부탁드립니다. 그리고 남학생들이 자신이 좋아하는 일을 찾아 열정과 집중력을 발휘할 때 폭풍 칭찬이 필요합니다.

하지만 아무리 안타깝다고 해도 학교에서 위험한 행동을 저지르는 남학생들을 그대로 방치한다면 기물 파손, 타박상, 골절, 싸움 등 사건, 사고가 끊이지 않을 것입니다. 남학생의 선을 넘은 행동에는 분명한 제지가 필요합니다. 특히 안전에 관련된 경우에는 말이죠. 이 천방지축들에게 선을 긋기 위해 몇 가지 명심해야 할 점이 있습니다.

구체적인 규칙 만들기

첫째, 구체적이고 명확한 행동적 규칙을 만들어 주어야 합니다. '위험한 일은 안 된다, 다칠 것 같은 행동은 하지 마라.' 같은 규칙들은 얼핏 보면 적절해 보이지만 남학생들에겐 규칙으로 작동하기 힘듭니다. '위험한 일'이라는 말이 가진 추상성과 '난 복도에서 뛰어도 안 다치니까 괜찮아, 자신 있어.'라는 남학생 특유의 용기가 맞물려 이런 규칙을 무용지물로 만들기 때문입니다. 제 경험상 남학생들에게 규칙을 이야기할 때는 '교실이나 복도에서 뛰면 안 된다. 난간에 매달리면 안 된다. 친구를 밀치면 안 된다.' 같이 구체적인 상황과 행동을 명확하게 제시해 주는 것이 더 효과적이었습니다. 실제 성인 남성에게도 "청소해요."라고 지시할 때보다 "3시까지 방을 쓸고 걸레질을 마쳐요."라고 구체적으로 지시할 때 지시를 실행할 확률이 더 높아진다고 합니다. 물론 "복도에서 뛸 경우 첫째, 네가 넘어져 크게 다칠 수도 있고 둘째, 친구와 부딪쳐 상처를 입힐 수도 있어."와 같이 구체적인 이유도 함께 제시하는 것이 좋습니다. 논리적인 것을 중시하는 남자의 특성상 다양한 예시를 통해 위험성을 충분히 납득한다면 규칙의 힘은 더 커질 것입니다.

이에 더해 '복도에서 뛸 경우 1분간 반성하기 같이' 간단한 벌칙도 함께 제시해야 합니다. 이때 벌칙은 학생에게 선택권을 주어 함께 만드는 것이 좋습니다. 토의를 통해 학생들도 납득하고 인정할 만한 벌칙을 선택해야 하겠죠. 저는 주로 스스로 반성할 기회를 주는 방식의 벌칙(예 : 복도에서 달릴 경우 벌어질 상황 세 가지 생각해 선생님께 말하기)을 학생들과 함께 만드는 편입니다.

남학생들에게 권위 있는 교사 되기

권위를 따르는 아이들

교사는 학급에서 정해진 규칙이 엄정하게 지켜지도록 관리해야 합니다. 하지만 20~40명에 이르는 학생들을 교실, 복도, 화장실, 운동장 등 모든 장소에서 교사가 하루 종일 감시할 순 없습니다. 교사의 눈이 닿지 않는 곳에서도 규칙이 지켜지기 위해선 선생님이 없는 곳에서도 선생님을 의식하도록 만들어야 합니다. 이를 위해 필요한 것이 바로 교사의 '권위'입니다. 교사의 권위는 남학생들이 어디에 있건 '규칙은 지켜야지, 선생님과의 약속이니까.'라고 생각하게 만들어 줍니다.

남학생이 선생님의 권위를 무시할 경우 순식간에 통제에서 벗어나게 됩니다. 모험적, 충동적 성향, 우두머리가 되고자 하는 성향들이 아무런 통제를 받지 못할 때 교실은 '내 힘이 더 세니 내 말을 들어.' 같은 약육강식의 정글로 변할 수도 있습니다. 때론 교사의 위에 서서 학급 친구들을 좌지우지하려는 남학생도 나타납니다.

반대로 남학생이 교사의 권위를 인정하게 되면 순순히 선생님의 말을 따릅니다. 교사가 권위가 있다면 남학생들은 최소한 선생님 앞에서는 기본적인 약속들을 지키려 노력하는 모습을 보여 줍니다. 우거지상을 한 얼굴에 '아, 진짜 짜증 나.'라고 쓰여 있는데도 불구하고 열심히 선생님의 말을 따르려 애쓰는 모습은 무척 귀엽게 느껴지기도 합니다.

남학생들이 이런 성향을 보이는 이유는 위계질서를 굉장히 중요하게 여기기 때문입니다. 최소 수십만 년 동안 계속된 계급사회의 전통이 남자들의 몸에 아직도 배어 있는 것입니다. 계급사회 내에서 우두머리는 물, 음식 등 각종 생존에 필수적인 식량을 나누는 역할을 했습니다. 살기 위해서라도 우두머리의 말을 잘 따랐을 것입니다. 또한 남자들이 수행한 부족 간의 전투, 맹수 사냥 같은 위험한 활동에는 엄격한 상하, 수직 관계가 필요했을 것입니다. 당장 생사가 달린 전투의 현장에서 "오른쪽을 막아!"라고 외치는 우두머리의 말에 "왜요? 저는 왼쪽을 막고 싶은데요."라는 집단은 생존이 불가능했을 것입니다. 그렇게 살아남은 남자들의 자손이 지금의 남자들입니다. 일단 '저 사람은 내가 따라야 할 사람이야.'라고 교사의 권위를 인정한 후에는 자연스럽게 교사를 따라갑니다. 이런 남자의 성향을 보여 주는 재미있는 실험이 있습니다.

얼마 전에 100만 원의 주식을 샀는데 회사가 파산했다. 이 돈을 찾을 수 있는 두 가지 방법이 있다. ①번안을 선택할 경우 100%의 확률로 20만 원을 찾을 수 있다. 80만 원은 잃는다. ②번 안을 선택할 경우 30%의 확률로 100만 원 모두 되찾을 수 있다. 대신 70%의 확률로 돈을 모두 잃는다. 어떤 방법을 선택할 것인가?

미국 뉴욕 아델파이 대학의 심리학자 엘사 어머Elsa Ermer는 대학생들을 대상으로 ① 안전한 방법과 ② 위험한 방법 중 한 가지를 선택하는 상황을 제시합니다. 여기서 한 가지 조건이 더 추가되는데 이 조건이 실험을 매우 흥미롭게 만들어 줍니다. 어머는 대학생이 선택을 고민하는 장소에 그들보다 사회적 지위가 높은 사람을 데려와 지켜보도록 만듭니다. 비교 집단에는 사회적 지위가 비슷한 사람이 지켜보게 만들었습니다. 그리고 어머는 관찰자의 지위가 결정에 어떤 영향을 끼치는지 관찰합니다.

실험 결과 사회적 지위가 동등한 사람이 지켜본 남자 대학생들보다 사회적 지위가 높은 사람과 같이 있는 남자 대학생들이 ① 안전한 방법을 더 많이 선택했습니다. 이 효과는 여성에게서는 나타나지 않고 오직 남성에게만 나타났다고 합니다. 그 자리에 참석한 사회적 지위가 높은 사람은 단 한마디의 충고도 하지 않았습니다. 심지어 단 한마디의 말도 건네지 않았고요. 그저 대학생들이 어떤 선택을 하는지 지켜본 것뿐입니다. 지위가 높고 권위 있는 사람이 단지 옆에서 지켜보는 것만으로도 남자의 행동은 달라집니다. 스스로 위험한 행동을 자제합니다. 이 실험결과를 남학생들에게 적용한다면 위계질서가 안정적이고 뚜렷한 교사 아래에서 남학생들의 모험적 습성은 줄어들 것이라고 예상할 수 있습니다.

남학생에게 권위 있는 교사

지금부터 제가 드리려는 말씀은 심리학 이론에서 얻은 지식이 아닌 제가 아이들과 동고동락하며 얻은 노하우에 관한 이야기입니다. 제가 생각하는 '교사의 권위'란 '권위'라는 단어가 일반적으로 풍기는 '위압감, 공포'와는 동떨어져 있습니다. 저는 교사의 권위란 신뢰와 믿음, 나아가 사랑이 바탕이 된 관계에서 나올 수 있는 감정이라고 생각합니다.

만약 사랑과 믿음 없이 억압, 공포로 권위를 세울 시 대부분의 학생은 선생님이 '무서워서' 따라가게 됩니다. 이럴 경우 몇몇 학생은 교사를 도전하고 이겨내야 하는 악당으로 간주합니다. 교사에게 반항하는 자신은 '어벤져스, 아이언맨'이 되고 교사는 물리쳐야 할 '우주 악당'이 되는 것이지요. 그리고 몇몇 학생은 악당의 격퇴를 실제 시도하기도 합니다. 교사에 대한 의미 없는 말대꾸, 차가운 눈빛, 심지어는 교사에게 직접적으로 신체적 폭력을 행사하는 학생도 있습니다. 교사가 애써 아이언맨을 패퇴시켰다 해도 교사가 없는 화장실, 복도, 하교 길에서 그

학생은 온갖 찬사를 받는 영웅으로 추앙받습니다. 결국 사랑과 믿음 없는 권위는 학생들에게 죽은 척하는 연기를 시킬 순 있어도 진정한 교사의 권위는 만들 수 없습니다.

사랑, 신뢰 양쪽 모두 권위 있는 교사가 되기 위한 매우 중요한 요소입니다. 어느 하나가 부족해도 학생들에게 인정받기 힘듭니다. 그런데 제 경험에 비추어 여학생들은 '사랑'이라는 측면을 더 중요시하고 남학생들은 '신뢰, 믿음'이라는 측면을 중요하게 여깁니다. 그러므로 '사랑'이라는 측면은 여학생을 다루는 장으로 미루고 이 장에서는 '신뢰, 믿음'을 중심으로 말씀드리고자 합니다. '신뢰, 믿음'이란 단어는 시쳇말로 남자들에게 '의리'라고 불리기도 합니다.

첫째, 교사와 학생들 간 만들어진 약속은 꼭 지킨다는 신뢰가 필요합니다. 저는 학기 초 학생들에게 다음 세 가지를 약속합니다. '체육시간은 빼먹지 않는다.', '쉬는 시간 10분은 꼭 지켜 준다.', '어떤 학교폭력으로부터든 보호해 준다.' 그리고 이 세 가지 약속은 무슨 일이 있어도 지키려고 노력합니다. 만약 학교행사로 체육시간을 빼먹어야 할 사정이 있다면 미리 아이들에게 양해를 구합니다.

"애들아, 이번 학예회 때문에 체육 수업을 비롯해 다른 수업들도 함께 빠져야 할 것 같아. 선생님이 미리 약속한 일인데 못 지키게 돼 정말 미안해요. 하지만 다음에 비는 시간이 있으면 체육을 우선적으로 할게요."

그리고 만약 수업이 늦게 끝나면 다음 수업 시간을 줄여서라도 쉬는 시간 10분은 보장해 줍니다. 마지막으로 어떤 폭력이든 선생님에게 알려 주기만 하면 피해자를 우선해 보호해 준다고 약속합니다.

"그게 어떤 남학생이건 같은 반 친구, 다른 반의 힘센 아이, 전교 짱,

혹은 중학생 형들, 고등학생 형들 그 누구든지 상관없어요. 선생님에게 말만 해 준다면 선생님이 무슨 일이 있어도 해결해 줍니다. 형들이 우리 아이들을 괴롭혀 선생님이 직접 중학교에 찾아가 중학교 학교폭력위원회를 연 일도 있습니다. 그 후 다시는 형들이 아이를 찾아가지 않았어요. 누군가 너희에게 폭력을 사용했다면 그게 누구든 즉시 선생님에 알려 주세요. 선생님이 책임지고 해결해 줄게요."

제가 학교폭력 예방교육을 하며 학생들에게 강조하는 말입니다. 그리고 이 약속들은 무슨 일이 있어도 지키려고 노력합니다. 이것이 교사로서 남학생들과 꼭 지켜야 할 의리입니다. 선생님이 약속을 지킨다는 신뢰는 남학생들이 그 선생님을 믿고 따르게 만듭니다.

둘째, 교사, 학생 모두 약속을 어길 경우 그에 상응하는 책임을 집니다. 저는 지켜야 할 약속을 어겼을 때는 항상 학생들에게 사과합니다. 만약 정해진 등교 시간보다 늦게 도착했을 경우 학생들에게 사과하고 똑같은 벌칙을 받습니다. 수업 시간이 조금 길어져 쉬는 시간이 짧아질 경우 "미안하다 얘들아, 5분만 더 수업을 진행해야겠어. 대신에 다음 시간은 5분 늦게 시작할게요." 같이 사과하고 대안을 제시합니다. 학생들도 마찬가지입니다. 학생들에겐 지켜야 할 수많은 약속이 있습니다. '친구를 괴롭히지 않기, 지각하지 않기, 욕하지 않기, 신체적 폭력을 사용하지 않기, 수업 중 집중하기 등.' 이 수많은 약속에는 이를 어겼을 시받게 되는 반성, 벌칙 등의 책임이 뒤따라야 합니다. 만약 책임이 뒤따르지 않는다면 남학생들은 이 규칙을 아무 가치 없는 빈껍데기로 여길 것입니다.

학생들에게 부여하는 책임에는 일관성이 중요합니다. 어떤 경우는 반성문을 쓰고, 어떤 경우는 청소를 하고, 어떤 경우는 그냥 넘어가는 등, 책임을 지는 방법이 때에 따라 들쑥날쑥하다면 남학생들은 납득하지 않습니다. 만약 영수와 철수가 청소를 빼먹고 도망쳤는데도 영수는 벌로 일주일 동안 청소를 하고 철수는 잠깐 혼난 채 넘어간다면 철수는 자신의 잘못을 반성은커녕 오히려 규칙에 대해 나아가 교사에 대해 반항심만 갖게 될 것입니다. 규칙을 집행하는 교사의 공정함과 엄정함이 교사의 권위의 또 하나의 기둥이 됩니다.

마지막으로 교사의 권위에 이유 없이 도전하는 행동을 용납하지 말아야 합니다. 남학생들은 가끔씩 교사 학생 사이에 그어진 선을 넘나들려 할 때가 있습니다. 만일 선을 넘는 행동이 실수가 아닌 의도적인 것이라면 교사는 그 행동을 절대 용납하지 않는 모습을 보여 주어야 합니다. 어떤 행동들이 선을 넘는 행동일까요? 그 선은 교사 각자마다 다양한 답을 가지고 있을 것입니다. 저 같은 경우는 교우 관계를 해치는 행동, 수업을 방해하는 행동, 예의에 어긋난 행동 총 세 가지의 선을 가지고 있습니다. 그리고 학생들에게 항상 이 세 가지를 명심하고 지켜 줄 것을 부탁합니다.

"준용아, 수업 중에는 집중해야지."

준용이는 수업 중 소설책을 보고 있었습니다. 저의 말을 잘 못 들었는지 계속 책에서 눈을 떼지 못했습니다.

"준용아."

목소리를 조금 높이자 그제야 준용이가 고개를 들었습니다.

"준용아 수업 중에는 다른 책을 보면 안 되죠?"

"아… 네…."

그러곤 책을 덮었습니다. 제가 다시 수업을 시작하려고 하는 순간 준용이가 다시 책을 피는 모습이 보였습니다.

"준용아? 다시 책 피는 거예요?"

"아씨~, 진짜 알았다니까요. 쯧."

준용이는 얼굴을 완전히 찌푸린 채로 책을 치우며 신경질적으로 대답했습니다. 소설책은 덮지도 않았습니다.

"강준용."

저는 조용한 목소리로 준용이를 불렀습니다. 그러곤 준용이의 얼굴을 쳐다보았습니다. 아무 말도 하지 않고 그저 바라만 보았습니다. 교실에선 한참 동안 정적이 흘렀습니다. 준용이의 짜증스런 얼굴이 그제야 펴졌습니다. 저는 조용히 이야기했습니다.

"집어넣어."

준용이는 그제야 책을 책상 속으로 집어넣었습니다.

"수업 끝나고 선생님에게 오세요."

"네…."

"그리고 남은 수업 똑바로 해요. 알았어요?"

"네…."

만약 준용이의 수업을 듣지 않으려는 태도, 예의에서 벗어난 행동 두 가지는 모두 제가 정해 놓은 선을 넘는 행동이었습니다. 이런 행동을 봤을 땐 즉시 그 행동을 멈추게 합니다. 저는 남학생의 행동을 멈추게 하기 위해 주로 부정적인 감정을 밖으로 드러내 보이는 방식을 사용합니다. '선생님은 너의 행동에 화가 났어. 그리고 당장 그 행동을 멈추지 않으면 선생님은 더 화가 날 거야.'라는 메시지를 보냅니다. 목소리를 높이거나 신체적 위협 없이도 이 같은 메시지를 충분히 전달할 수 있습니다. 주로 남학생의 눈을 똑바로 쳐다보고 조용한 목소리로 요구 사항을 짧고 명확하게 전달합니다. 목소리를 높이거나 위협적인 말투를 쓰는 것은 되도록 최후의 수단으로 남겨 둡니다.

그러나 교사가 학생에게 부정적인 감정을 드러내는 횟수는 적으면 적을수록 좋습니다. 교사가 아무리 교육적인 훈육을 한다 치더라도 훈육은 훈육일 뿐입니다. 학생들이 듣기 좋아할 리 없습니다. 자주 부정적인 감정을 드러내다 보면 학생에게도 교사 자신에게도 정서적 앙금이 남게 됩니다. 이는 교사와 학생 사이를 서서히 악화시킬 것입니다. 교사가 부정적인 감정을 드러내는 횟수를 줄이기 위해선 교사의 선도 적을수록 좋겠죠. 교사가 가장 중요하게 여기는 몇 가지 가치를 중심으로 최소한의 원칙들을 세워 집중적으로 지도해야 합니다.

반항적 행동의 이유 살피기

남학생의 반항적인 행동 이면에는 끓어오르는 장난기, 선생님을 친구처럼 편하게 여기는 마음, 선생님과 친분을 과시하고 싶은 마음, 친구들 앞에서 강한 모습을 보이고 싶은 욕구, 때론 교사를 제치고 스스로 우두머리 자리에 오르려는 욕망 등 수많은 이유들이 존재합니다. 모든 이유들은 저마다의 사정을 가지고 있으며 이유에 따라 교사의 교육 방법도 달라집니다. 그렇기 때문에 반항적인 행동은 그 자리에서 즉시 제지하더라도 그 후에는 그렇게 행동한 이유에 대해 대화하는 시간이 꼭 필요합니다.

만약 장난기나 호승심으로 반항한 것이라면 선생님과 장난쳐도 되는 상황과 그렇지 않은 상황을 이야기해 볼 수 있을 것입니다. 혹은 반항적인 행동이 자신의 강함을 표현하는 수단이 되어서는 안 되는 이유에 대해 이야기를 해 볼 수도 있겠죠. 어떤 상황이건 학생에게 맞춤형 교육을 할 수 있는 기회가 될 것입니다. 그리고 때론 학생의 숨겨진 속사정을 엿볼 수 있는 기회가 되기도 합니다.

"준용아, 아까 왜 그런 행동을 했는지 물어봐도 될까요?"

'…'

"선생님 기억에는 준용이가 평소 그렇게 행동한 적 없는데…. 그래서 선생님이 무척 궁금해."

"…"

"혹시, 기분 상하는 일이라도 있었니?"

"…그게, 어제 엄마한테 혼났어요."

"그래? 그래서 기분이 안 좋았구나? 왜 혼났어?"

"어제 수학 시험지 받았잖아요. 시험 못 봤다고…."

'응? 선생님은 준용이 성적이 좋았던 걸로 기억하는데…. 몇 점이었지?'

"83점이요."

"그래, 정말 잘 본 건데, 근데 혼났어요?"

"네, 엄마가 그렇게 할 거면 학원도 다니지 말라고 돈 아깝다고…."

"진짜? 아이고, 속상했겠다."

"컴퓨터도 치워 버리겠다고 하셨어요."

"헉, 그건 진짜 큰일이네. 준용이 게임 정말 좋아하잖아."

"네…"

"그래서 오늘 기분이 상해 있었구나."

"네… 공부하기가 싫었어요."

'음. 그래 이제야 네 마음을 이해하겠다. 진작 알았으면 오늘은 대충 모른 척 넘어가는 건데 그랬네.'

"…"

"그럼, 준용아 오늘은 수업 중 조금 딴짓을 해도 선생님이 눈감아 줄게요. 준용이가 기분이 무척 안 좋은 날이니까. 단, 딴 친구들이 수업 듣는데 방해만 하지 않으면 돼요."

"네…"

"그리고 하나만 더, 아무리 기분이 상해 있다 하더라도 수업 중에 선생님한테 그렇게 감정적으로 반응하면 안 돼요. 그럼 선생님도 준용이를 혼낼 수밖에 없어."

"…네."

"그럼 선생님한테 뭐라고 해야 하죠?"

"죄송해요."

"그래, 오늘 준용이 기분도 안 좋았는데 선생님이 거기다 하나 더 얹어 버려 선생님도 미안해요. 사과할게."

"…"

"그럼 이제 들어가도 돼요. 빨리 준용이 기분이 풀렸으면 좋겠다."

반항적인 표현은 때론 학생이 그 즈음 힘든 일을 겪고 있다는 SOS 신호일 수도 있습니다. 이럴 때 저는 저의 원칙을 조금 포기하더라도 학생이 원하는 바를 들어주려고 노력합니다. 때론 무서운 호통이나 엄격한 벌보다 이해의 말과 위로가 학생의 행동을 변화시키는 데 훨씬 효과적이기 때문입니다.

여자아이들은 원래 이렇다

여자의 본성 양육자

옆의 조각상은 1908년 오스트리아 빌
렌도르프 근교에서 발견된 조각상입니다.
약 2만 4000년 전에 만들어진 것으로 추
정되는 이 토기 조각상은 과도하게 풍만
한 여성의 형상을 하고 있습니다. 이 여성
을 오늘날의 미적 관점에서 보자면 아름
답다고 말하긴 힘들 것입니다. 하지만 이
모습이 2만 4000년 전의 인류에게는 이상
적인 여성상이었고, 더 나아가 그들이 모
시던 여신의 모습이었을 것이라고 학자들
은 추측합니다. 태양신 라, 지혜의 신 아테

빌렌도르프의 비너스

나, 천둥의 신 토르처럼 고대의 신들은 저마다의 상징을 가지고 있습니
다. 그렇다면 이 여신은 어떤 상징을 가지고 있었을까요? 풍만한 젖가
슴, 넓은 골반과 엉덩이, 한껏 부푼 배에서 추측컨대 출산과 다산 즉 어

머니의 상징을 가진 여신이었을 것으로 여겨집니다.

수렵채집 생활 동안 남자들이 수행했던 역할을 사냥꾼이라고 한다면 여성들이 수행했던 역할은 양육자, 바로 어머니일 것입니다. 수십, 수백만 년의 시간 동안 여성들은 어머니라는 역할에 적응해 살아왔습니다. 실제 멕시코, 자바, 케추아족, 네팔, 필리핀을 포함한 현대 기술 문명의 손이 닿지 않은 여러 부족사회에서 남자와 여자의 육아 패턴을 조사한 결과 아버지는 자신의 시간 중 5~18%를 아이를 돌보는 데 사용했다고 합니다. 이와는 대조적으로 어머니는 40~88%를 아이를 돌보는 데 사용한다고 합니다. 즉 여자가 아이를 돌보는 시간은 남자의 열 배에 이릅니다. 베네수엘라 열대우림의 예쿠아나족을 조사한 결과 아기가 사람에게 안긴 시간의 78%는 어머니에게 안긴 시간이라고 합니다. 반면 아버지는 1.4%밖에 되지 않았다고 합니다. 이 법칙의 예외로 여겨져 화제가 된 부족이 있습니다. 중앙아프리카의 아카피그미족은 특이하게도 남자들이 아기를 어르고 달래며 배변 처리까지 도맡는다고 합니다. 심지어 어머니가 옆에 없을 때 아버지가 자신의 젖꼭지까지 물린다고 하죠. 물론 젖은 나오지 않습니다. 그래서 인류학자들은 아카피그미족의 남자들에게 '모성적 남성'이란 별명을 붙여 줬습니다. 하지만 그런 아카피그미족의 경우에도 아버지가 아기를 안아 주는 시간은 하루 평균 57분이라고 합니다. 이는 이례적으로 높은 수준이긴 하지만 아카피그미족의 어머니가 하루에 아기를 안아 주는 시간인 하루 평균 490분에 비하면 5분의 1도 안 됩니다. 이런 경향은 현대도 다르지 않습니다. 홀로 아이를 양육하는 부모 중 약 90%가 여자라는 연구 결과도 있을 만큼 양육은 아직 여성의 몫이 절대적입니다.

여성들은 '양육자'의 역할을 추구하며 살았습니다. 아이들을 기르고 가사를 관리했던 사람들이 여성입니다. 어머니는 자신의 유전자를 물려받은 아이를 직접 돌봤기 때문에 유능한 어머니가 당연히 더 많은 자손을 퍼뜨렸을 것입니다. 그리고 그 유전자를 물려받은 사람이 바로 현대의 여성입니다. 훌륭한 양육자가 되기 위해 가져야 할 혹은 가질 수밖에 없었던 습성을 이해하고 바라보면 금성에서 온 여학생들의 행동을 더 잘 이해할 수 있을 것입니다.

공감하는 양육자

공감하고 표현하는 양육자

"너 거기서!"

"크크, 싫어."

경철이는 서은이의 부채를 들고 신나게 도망치고 있었습니다.

"아야! 아."

경철이의 뒤를 바짝 쫓던 서은이가 책상에 걸린 가방 사이를 뛰어넘다 그만 크게 넘어졌습니다. 와당탕 하는 소리가 교실에 울려 퍼졌습니다. 큰 소리에 놀라 반 친구들이 서은이가 넘어진 장소로 달려왔습니다.

"뭐야? 무슨 일이야?"

"야, 서은이 왜 넘어졌냐?"

먼저 달려온 탁현이, 현제가 경철이에게 물었습니다.

"서은아, 괜찮아?"

"서은아, 안 다쳤어?"

혜영이와 지영이는 넘어진 서은이 옆에 앉아 서은이와 눈을 맞추며 물었습니다.

"아야야, 흑흑."

서은이는 눈물을 흘리고 있었습니다.

"어, 서은이 운다. 야 누가 그랬어? 누가 그런 거야?"

늦게 달려온 윤태가 주위 친구들에게 물었습니다.

"어떻게…. 서은아 많이 아파? 선생님 서은이 울어요!"

"야! 한경철, 서은이 너 때문에 울잖아! 어쩔 거야?"

경철이는 울고 있는 서은이 옆에서 어색한 표정으로 다가가지도 못하고 그렇다고 도망치지도 못한 채로 어정쩡하게 서 있을 뿐이었습니다. 그때 제가 서은이에게 다가가 물었습니다.

"서은아 괜찮니? 어디가 아파?"

"…발목이 아파요."

"아이고, 얼마나 아플까? 빨리 보건실 가야겠다."

"선생님, 제가 서은이 데려다 줄게요."

"저도 같이 갈게요."

지켜보고 있던 혜영이와 지영이가 같이 가겠다고 나섰습니다.

"그래? 그렇게 해 주면 고맙죠. 지금 바로 출발할래?"

"네, 서은아 가자!"

서은이는 친구들에게 부축받은 채 절뚝거리며 보건실로 출발했습니다. 그리고 뒤돌아보니 경철이는 절뚝거리는 서은이를 물끄러미 쳐다보고 있었습니다.

"경철이는 선생님이랑 이야기해야겠죠?"

"네…."

경철이는 고개를 숙이며 풀죽은 목소리로 대답했습니다.

남녀의 특징이 두드러지도록 조금 각색을 하긴 했지만 어느 교실에서나 일주일에 한두 번은 벌어지는 장면입니다. 하지만 이 전형적 모습만큼 남학생과 여학생의 특성을 잘 보여 주는 장면은 없습니다.

우선 첫 번째로 서은이에게 달려오는 혜영이와 지영이의 모습을 살펴보겠습니다. 친구가 어떤 사고가 났을 때 여학생들은 정말 '걱정'을 합니다. 친구에게 다가가 다치진 않았는지, 많이 아프진 않은지 그 감정을 헤아리고 함께 공감해 줍니다. 만약 친구를 아프게 한 가해자가 있다면 "야! 한경철 서은이 너 때문에 울잖아?", "너 어쩔 거야?" 같이 함께 분노해 주기도 합니다. 또한 친구의 상태가 안 좋다면 친구를 부축해 기꺼이 보건실로 가려고 합니다. 체육시간 중 여학생이 다쳤을 때 "누가 같이 보건실 가 줄래요?"라고 물으면 항상 다섯 명 이상의 여학생들이 손을 듭니다. 너무 많아 추첨을 해야 할 지경이죠. 이처럼 여학생들은 친구의 어려움, 아픔에 공감하고 도와주려는 성향이 강합니다. 또한 친구의 억울한 일엔 함께 분노해 줍니다.

남학생들도 친구가 다치면 달려옵니다. 그러고는 가장 처음 하는 행동은 다음과 같은 질문입니다.

"왜 그래? 왜 다쳤냐?"

남학생은 다친 친구의 걱정보다는 무슨 사건이 벌어졌는지 궁금해서 달려옵니다. 달려와 친구가 아파하며 우는 모습을 보고선 이렇게 생각합니다. '많이 아픈가 보다.' 그리고 구경합니다. 친구의 모습에 같이 아파하고 위로나 치료 등 그에 맞는 조치를 취하는 남학생은 드뭅니다. "누가 같이 보건실 가 줄래요?"라는 질문에 남학생도 많이 손을 듭니다. 하지만 누가 같이 갈지 결정된 후 하는 말을 들어 보면 참 얄밉습니다. "아깝다, 수업 빠질 수 있었는데…."

두 번째로 서은이가 넘어진 순간을 보겠습니다. 만약 경철이었다면 십중팔구 서은이처럼 울지 않았을 것입니다. 경철이 같은 남학생에게 우는 장면을 보인다는 것은 약한 모습을 보이는 쪽팔리는 행동입니다. 눈물이 날 만큼 아팠다 해도 경철이는 눈물은 꿀꺽 삼키고 툭툭 털고 일어나 다시 자신의 부채를 뺏은 친구를 쫓아갔을 겁니다. 혹은 정말 화난 표정으로 일어나 "야, 너 진짜 죽을래? 장난 그만하고 빨리 내놔." 하면서 친구를 위협했을 수도 있습니다. 남학생들은 '분노'의 감정은 적극적으로 표현하지만 슬픔, 아픔 같은 감정은 되도록 억누릅니다. '사과' 역시 마찬가지입니다. 자신이 잘못했다는 것을 알고 사과해야 하는 것도 알고 있지만 경철이는 서은이가 아파하는 모습을 보며 쭈뼛거리기만 할 뿐입니다. 남 앞에서 솔직하게 미안하다고 사과하는 일, 얼마나 아프냐고 위로하는 일 모두 남학생들에겐 설혹 마음이 있다 해도 겉으로 표현하긴 힘든 몸에 안 맞는 행동들입니다.

반면 여학생의 경우 그게 무엇이든 자신이 느낀 바를 그 자리에서 풍부하게 표현합니다. 서은이는 넘어진 순간 부채를 뺏긴 억울함, 넘어진 창피함, 아픔 등의 감정이 순식간에 폭발했을 것입니다. 여학생들은 그 복받치는 감정을 억누르지 않고 그대로 분출합니다. 여학생은 속상해 우는 장면을 '쪽팔리는 모습'이라고 여기지 않습니다. 타인의 감정을 함께 느끼는 공감 능력이 뛰어난 만큼 자신의 감정을 표현하는 데도 거리낌이 없습니다. 남자인 저로선 때론 '이 일이 울만한 일인가?'라는 생각이 들 정도로 과하다고 여겨질 때도 많습니다. 하지만 주위 여자 친구들이 과한 표현도 최선을 다해 받아 주고 위로해 줍니다.

타인의 감정을 읽고 함께 느끼는 선천적인 공감 능력, 풍부한 감정 표현 같은 여학생의 특성은 학교생활에서 긍정적인 효과를 발휘합니다. 친구의 기분을 재빠르게 살피고 행동해 서로 간 다툼이 적을 수밖에 없습니다. 이는 교사와 학생 관계에도 그대로 적용됩니다. 여학생은 보통 선생님께 잘 보이고 예쁨받으려는 성향이 남학생보다 훨씬 강합니다. 그런 만큼 선생님의 표정, 분위기를 잘 살펴 행동합니다. 자기 농담에 취해 수업 분위기를 해친다든지, 선생님이 화났을 때 눈치 없이 떠들다 혼나는 여학생은 찾기 힘듭니다. 그래서 교사 입장에선 여러모로 남학생보다 여학생들이 수월합니다.

타고난 공감 능력

여학생들은 남학생들에 비해 뛰어난 공감 능력을 가지고 있습니다. 타인의 감정을 포착하고 함께 느끼는 공감 능력의 성 차이는 동서고금을 막론하고 항상 주목받아 왔습니다. 그리고 현대의 수많은 심리연구도 정서 인식, 표현, 동정, 공감 등 다양한 정서 능력에 있어 여성이 남자보다 훨씬 뛰어나다고 말하고 있습니다. 혹자는 이런 차이가 '여자는 조신하고 얌전하고 착해야 한다.' 같은 고정관념과 이를 강제하는 교육에서 비롯됐다고 주장하기도 합니다. 물론 그런 사회적 분위기도 영향을 미쳤을 것입니다. 하지만 언어나 교육의 영향을 전혀 받지 못한 신생아, 유아를 대상으로 한 실험들에서도 비슷한 결과들이 도출됩니다.

영국 캠브리지 대학 연구진은 생후 24시간이 지난 신생아를 대상으로 움직이는 모빌 사진과 사람의 얼굴 사진을 동시에 보여 준 후 어느 쪽에 더 오래 시선을 머무는지를 비교해 보는 실험을 실시했습니다. 결과는 남아는 움직이는 모빌의 모습에, 여아는 얼굴 사진에 훨씬 오래

시선이 머물렀다고 합니다. 여아는 남아보다 인간의 얼굴에 더욱 끌리는 성향을 가졌다고 말할 수 있습니다. 그리고 영국 런던시티대학교 연구진은 성별에 따른 장난감 선호도를 알아보기 위해 9~36개월의 유아들에게 다양한 장난감을 나눠 주고 자유롭게 놀게 했습니다. 결과 남아들은 자동차, 포크레인 같은 움직이는 기계류를 여아들은 사람, 동물 인형을 선택했다고 합니다.

또한 아동 심리를 다룬 EBS의 유명한 다큐멘터리 프로그램 〈아이의 사생활〉(1부, 남과 여)에서는 아직 교육의 영향이 적은 3~4세의 남녀 아동들과 엄마의 놀이 장면을 보여 줍니다. 갑자기 엄마가 망치에 손이 찧여 아파하는 모습을 연기하자 여자아이들은 놀이를 멈추는 모습, 엄마를 안아 주는 모습, 함께 우는 모습을 보인 반면, 남자아이들은 잠시 엄마를 쳐다본 후 별 반응 없이 놀이에 몰두하는 무척 대조적인 모습을 보여 줍니다.

이 실험 결과 및 간단한 관찰 장면들을 살펴볼 때 양육, 교육에 상관없이 여자들은 남자들보다 본능적으로 인간에 대해 더 많은 관심을 가지고 있는 것으로 보입니다.

왜 공감 능력이 발달했을까?

영국 케임브리지 대학교 실험심리학 및 발달정신병리학 교수인 사이먼 베런-코언Simon Baron-Cohen은 여자와 남자의 공감 능력은 인생 초기부터 일관된 차이를 계속 보여 준다고 합니다. 그의 말에 따르면 여자아이는 남자아이보다 공평성에 더 많은 관심을 보입니다. 그리고 다른 사람의 고통을 접할 때 더 공감하는 반응을 보입니다. 또한 다른 사람의 감정을 읽는 데 더 민감하고, 감정과 느낌에 대해 더 풍부하고 많은 이야기를 한다고 합니다. 베런-코언은 이러한 성차가 만들어진 이유에 대해 다음과 같은 가설을 세웠습니다. '여성은 자식 양육을 도맡았기 때문에 공감 능력이 발달했다.'

유아는 부모의 도움이 없이는 단 며칠도 살아남기 힘듭니다. 음식을 공급받는 일, 체온을 유지하는 일, 질병 예방 등 모든 환경이 극도로 열악했던 수렵채집사회에선 유아의 생존률이 더욱 낮았을 것입니다. 더구나 유아는 언어를 구사할 수 없습니다. "나 배고파, 나 졸려, 나 열 나." 이 중 그 무엇도 말로 표현하지 못합니다. 또한 이 욕구를 스스로 해소할 능력도 없습니다. 잠자는 것조차 부모의 도움이 필요하죠. 그렇기 때문에 유아는 표정, 울음, 비명 등으로 자신의 상태를 전달합니다. 이런 유아의 생존을 위한 본능적 의사 표현에 '왜 이렇게 시끄러워?'가 아닌 '아기가 배고프구나, 많이 아프구나, 지금 졸립구나.'라고 해답을 주는 전문가가 바로 어머니였습니다. 자식의 생존과 성장을 위해 유아의 감정을 읽고 함께 느끼는 능력은 어머니들에게 필수적이었을 것입니다. 그리고 이 능력이 뛰어났던 어머니들이 가혹한 환경에도 불구하고 더 많은 자식을 살려내고 길러냈을 것입니다. 그 어머니들의 자손이 바로 현대의 여성인 것입니다.

양육자의 공격성

민영이

영지 있잖아 우리가 너를 싫어해, 존나 싫어해, 이제 수현이가 문제 보낼 꺼임.

수현 야 전민영, 니가 진짜 우리 배신 깜?

수현 개노답ㅋㅋ(답이 없다는 은어)

정윤 진짜 배신?

민영 배신 아니야.

영지 존나 빡친다. 실망, 진짜 실망이다.

영지 이제 절교다. 바바이

영지 수현, 정윤이도 니랑 절교.

영지 맞지?

수현 맞어, 나도.

민영 왜 그래? 너희

수현 나도 절교임.

영지 너 원래 존나 재수 없었어.

영지 존나 잘난 척하고

수현 마자마자

영지 이제 쌩까자

민영 나 나간다.

수현 도망간다. ㅋㅋ

영지 그래 꺼지고 이제 아는 척하지 마라.

민영이가 보여 준 카톡에는 일주일 전 날짜가 찍혀 있었습니다.

"후…. 굉장히 충격적이네. 민영아, 네가 얼마나 힘들었을지 상상이 안 간다. 많이 힘들었지?"

"네…."

"선생님이 이런 일이 있었는데도 눈치도 못 채고…. 선생님은 아직도 너희가 제일 친한 친구들이라고 생각하고 있었다. 정말 미안하다. 민영아."

"…."

"얼마나 속상하고 괴로웠을까…. 근데 민영아, 왜 이 카톡을 바로 선생님께 말하지 않고 일주일 만에 보여 줬니?"

"…그냥 넘어가려고 했어요."

"그럼 혹시 일주일 동안 무슨 일이 있었니?"

"그게… 말을 걸어도 상대를 안 해 주고요…."

"그래? 그리고?"

"그리고… 계속 저를 쳐다보곤 비웃어요. 소근대고. 그걸 제일 못 참겠어요."

관계적 공격성

'남자들은 매우 공격적인데 반해 여자들은 덜 공격적이다.' 이것이 우리 사회의 일반적 인식입니다. 하지만 이 뿌리 깊은 편견에 반기를 든 학자들도 있습니다. 그들은 말합니다.

'여자들도 남자들만큼 공격적이다. 다만 그 공격성을 밖에서 관찰하기 힘들 뿐이다.'

대표적인 학자로 미국 미네소타 대학의 심리학 교수였던 닉 크릭Nick. R. Crick이 있습니다. 크릭은 아동의 공격성 중 여자아이의 공격성에 깊은 관심을 가지고 오랫동안 연구한 아동심리학자입니다. 그녀는 아동의 공격성을 여러 종류로 분류합니다. 그중 여자아이가 행하는 공격의 유형으로

닉 크릭

관계적 공격성Relational Aggression을 제안합니다. 관계적 공격성이란 교우 관계를 조정하거나 손상시키는 일체의 행동을 의미합니다. 예를 들어 따돌리기, 모임에 안 껴 주기, 나쁜 소문 퍼뜨리기, 우정을 철회하기 등이 관계적 공격에 속합니다. 관계적 공격은 피해자의 소속감, 감정에 의도적인 상처를 남기는 것을 목적으로 합니다. 크릭은 관계적 공격성을 포함해 아동의 공격성을 측정할 경우 여학생도 남학생만큼 공격적인 성향을 보인다고 주장합니다. 즉, 공격성은 남학생에게만 붙이는 꼬리표가 아닌 것입니다.

여학생들이 가진 관계적 공격성의 특징은 그와 상반되는 남학생의 공격성과 비교해 보면 명확해집니다. 관계적 공격성은 첫째로 피해자의 정서를 공격합니다. 남학생은 미운 상대를 밀치고 때립니다. 그로 인해 피해자는 신체적 고통을 입게 됩니다. 하지만 민영이의 사례에서 보이듯이 영지, 수현, 정윤이는 민영이의 손가락 하나

건들지 않았습니다. 대신 민영이가 슬프고 우울하게 만들었죠. 밤에 한숨도 못 자도록 정서적인 고통을 주는 것이 관계적 공격성의 주목적입니다.

둘째, 관계적 공격성은 간접적이고 은밀해 주위 어른들이 눈치채기 힘듭니다. 민영이의 카톡을 봤을 때 저는 등골이 서늘해졌습니다. 이제까지 어떤 일이 벌어졌는지, 지금은 어떤 상황인지, 앞으로 어떤 일이 벌어질지 짐작할 수 없었기 때문입니다. 이런 사건의 대부분은 교사가 눈치챘을 땐 이미 일이 커질 대로 커져 피해 학생이 너무 큰 상처를 입은 후일 때가 많았습니다. 이 점이 대부분 눈에 잘 띄고 사정을 파악하기 쉬운 남학생 간의 폭력과는 매우 다릅니다. 남학생이 상대를 욕하고 때리면 대번에 반 친구들, 선생님 모두 알게 됩니다. 설혹 학교 바깥에서 벌어진 폭력이라고 해도 '승현이가 호성이를 팼대.'라는 소문은 금방 퍼지기 마련입니다. 이와 대조적으로 여학생들의 관계적 공격은 주변에서 눈치채기 매우 어렵습니다. 영지, 수현, 정윤이가 교실 한편에서 조용히 속닥거리는 모습은 교사가 보기에 평화로운 수다로 보일지 모르지만 세 명의 여학생이 한 여학생의 목을 서서히 조르는 모습일 수도 있습니다. 민영, 영지, 수현, 정윤이 당사자들 말고는 아무도 눈치채지 못하게 말입니다.

세 번째 특징은 관계적 공격은 주로 1대 1 싸움이 아닌 1대 다수로 행해진다는 사실입니다. 나쁜 소문 퍼뜨리기, 모임에 안 껴 주기 등의 관계적 공격 형태는 다수가 소수를 상대로 할 때 그 효과가 배가 됩니다. 그래서 관계적 공격엔 동료가 끼어듭니다. 가해자는 주로 가장 가까운 친구부터 구슬려 함께 공격에 참여시킵니다. 만약 공격의 중심이 되는 가해 학생이 반에서 인기 있고 영향력이 큰 학생이라면 순식간에 집단 따돌림으로 발전할 수도 있습니다.

네 번째 특징으로 관계적 공격은 종종 가장 친한 친구들 사이에서 벌어진다는 사실입니다. 남학생들이 치고받고 싸우는 경우 대부분은 평소 사이가 좋지 않을 경우입니다. 친한 친구일수록 심각한 싸움을 벌일 가능성은 낮아집니다. 하지만 여학생들의 경우 심각한 싸움은 가장 친한 친구들 사이에서 벌어집니다. 그리고 그 싸움의 양상은 관계적 공격일 경우가 많습니다. 주로 친한 친구 그룹 안에서 그룹의 주류가 한 여학생을 공격하는 양상을 띕니다. 혹은 한 그룹 안에서 다시 두 그룹으로 나뉘어 주류가 소수를 공격하기도 합니다. 여섯 명의 친구 그룹에서 네 명이 두 명을 공격하는 모습이 그 예가 될 수 있습니다.

여자아이들은 왜 그래?

제 경험상 4학년 이상의 여학생들부터 친구 무리가 형성됩니다. 저학년 때까지는 두루두루 친하게 지내던 아이들 사이에 '베프(베스트 프렌드를 뜻하는 은어)' 즉 나만의 단짝이 생기기 시작하는 것입니다. 그리고 무리가 형성되면 민영이와 비슷한 종류의 사건이 따라옵니다. 남자인 저는 이 점이 도저히 이해가 되지 않았습니다.

'왜 여자아이들은 친한 친구들끼리 싸우지? 그것도 한 번 치고받고 싸우는 것도 아니고 평생 상처로 남을 만큼 질 나쁜 행동을 어떻게 제일 친했던 친구에게 서슴없이 할 수 있을까? 도대체 여자아이들은 왜 그래?'

이런 사건이 터질 때마다 저는 이 궁금증을 풀기 위해 선배 선생님들께 질문 드리곤 했습니다. 초등교사인 만큼 주변에 여쭤 볼 여선생님은 넘쳐 났죠. 그중에 가장 많이 들은 대답은 아래와 같았습니다.

"하여간 여자애들이란…. 여자들은 원래 그래. 질투심이 많으니까."

여선생님들은 말로 자세히 설명하진 못해도 본질적인 무언가를 깊이 이해하고 있는 듯이 보였습니다. 그리고 어느 정도는 어쩔 수 없이 인정하고 넘어가야 한다는 체념도 보였습니다. 하지만 저는 여전히 이해가 가지 않았습니다. 이해할 수 없으니 '영지, 수현, 정윤이' 같은 여학생들에게 솟아오르는 '미움'도 멈출 수 없었죠. 남자인 저로선 자신과 친했던 친구에게 벌이는 관계적 공격은 '배신' 그 자체입니다. '남자는 곧 의리'라고 외치는 남자들에게 배신이란 가장 지탄받는 행동입니다. 또한 앞에서 욕하고 때리는 것은 용서해도 당사자가 모르게 뒷담화, 이간질하는 행동은 남자에겐 '상종 못할 비열한 행동'으로 여겨집니다. 그런 이유로 '아무리 이해하려 해도 인간적으로 너무하다.'라는 실망감이 미움이란 감정을 불러들였습니다. 학생들의 실수를 덮어 주는 전가의 보도인 '아직 어리니까 그렇지 뭐.'로도 미움을 다스릴 수 없었습니다.

학생들을 예뻐하고 사랑해도 교사라는 직업은 무척 힘든 일입니다. 더군다나 아이들을 미워하게 되면 학교는 우울한 장소로 변합니다. 친한 친구들에게 관계적 공격을 보이는 여학생들에 대한 미움을 걷기 위해서라도 여학생들의 심리에 대해 이해해야 했습니다.

- 왜 여학생들은 우정에 심하게 집착할까?
- 왜 여학생들은 그토록 친했던 친구를 공격할까?
- 왜 여학생들은 앞에서 당당하게 싸우지 않고 뒤에서 음험하게 관계적 공격을 하는 걸까?

앞으로의 글은 위의 질문에 대한 저의 개인적 결론을 정리한 내용입니다. 우선 여자들의 우정의 특징을 살펴보는 것으로 시작하겠습니다.

여학생들 간 우정의 특성

그랜드 캐니언의 낭떠러지 앞에서 혼신의 질주를 멈춘 그들의 차 뒤엔 수많은 경찰차가 서 있습니다. 앞으로도 뒤로도 갈 수 없는 상황 그때 델마가 루이스를 쳐다보며 말합니다. "우리 계속 가는 거야. 밟아(Let's keep going. Go)!" 이 말과 함께 그들의 차가 전진합니다. 하지만 델마와 루이스는 서로 눈을 맞추며 함박웃음을 짓습니다. 그들의 손은 꼭 맞잡혀 있습니다. 그리고 하늘로 날아오릅니다.

241

이 묘사는 두 여성이 가부장적 남편으로부터, 여자를 성욕의 대상으로만 여기는 사회적 관습으로부터 탈출하는 여정을 그린 리들리 스콧 감독의 1991년 작 〈델마와 루이스〉의 마지막 장면입니다. 저는 이 영화를 고등학생 때 TV로 시청했습니다. 그 당시 저에겐 여성들의 우정이 무척 인상 깊게 다가왔습니다. 보통 영화나 소설에서 그려지는 남자들의 우정은 같이 술 마시며 서로 농담하는 것이 대부분일 뿐 서로의 속내를 좀처럼 드러내지 않습니다. 서로의 약한 모습도 절대 보이지 않습니다. 하지만 아무 말 없어도 서로를 깊이 이해한다는 설정이 소설, 영화 등에서 흔히 묘사하는 남자들의 우정이었습니다.

하지만 델마와 루이스는 달랐습니다. 서로의 속내를 있는 그대로 펼쳐 보이며 함께 나눕니다. 그리고 심지어 자신의 가장 부끄러운 부분까지 함께 나누며 같이 웁니다. 설혹 그 부끄러운 사건이 루이스의 잘못으로 벌어진 일이라 해도 델마는 잘잘못을 따지지 않고 이해하고 감싸줍니다. 마치 무조건적인 사랑을 베푸는 어머니가 떠올랐습니다. 그리고 마지막에 서로 손을 꼭 잡고 죽음을 택하는 장면까지… 여자들의 우정을 묘사하는 모든 장면이 저의 뇌리에 인상 깊이 남았습니다. '저것이 여자들의 우정인가? 여자들의 우정이 남자들보다 오히려 강할 수 있겠구나…'라고 생각했던 기억이 납니다.

미국 뉴멕시코 대학의 진화심리학자 제이콥 비질Jacob. M. Vigil은 여자들과 남자들의 우정의 성격과 심리가 서로 다르다고 주장합니다. 그에 따르면 여자 사이의 우정은 남자보다 훨씬 가깝고 친밀한 경향이 있다고 합니다. 더 친밀하다는 의미는 여자가 남자보다 서로의 개인적 정보를 더 많이 공유하며, 동일한 가치를 추구합니다. 또한 서로에게 더 많은 시간을 투자하는 경향이 있다고 합니다. 제 경험으로도 여학생들은 남학생들보다 서로에 대해 더 깊은 대화를 나눕니다. 예를 들어 여자 친구들끼리는 자신들의 비밀, 고민, 깊은 가족 이야기 등을 서로 공유하는 경우가 남자들보다 훨씬 많습니다. 또한 여자 친구들끼리는 동일한 가치를 더 많이 추구합니다. 예를 들어 친한 친구들끼리는 좋아하는 아이돌도 비슷해집니다. 때론 엑소EXO를 좋아한다는 이유로 가까워지는 여학생도 많이 보았습니다. 하지만 남학생들은 아이유를 좋아한다는 이유로 친해지진 않습니다. 즉 여자들의 우정은 남자보다 더 친밀하고 개인적이며 동일한 가치를 공유한다고 할 수 있습니다. 그리고 여자들은 이런 관계를 형성하기 위해 남자보다 더 많은 노력을 쏟는다고 합니다. 용건만 교환하고 채 1분도 못 채우고 전화를 끊는 남자들에 비해 여자들은 몇 시간씩 통화하며 수다를 떨곤 합니다.

친밀한 친구가 주변에 없을 때 여학생들은 매우 불안해합니다. 제가 관찰해 온 바에 따르면 학기 초 여학생들은 항상 자신의 '베프'를 찾아 헤맵니다. 작년 베프가 다시 같은 반이 된 운이 좋은 여학생, 빠르게 베프를 찾은 여학생과 달리 자신만의 베프를 못 찾은 여학생들은 굉장히 '얌전해'집니다. 이 아이는 '원래 조용한 아이구나.' 하고 깜빡 속아 넘어가기도 합니다. 하지만 베프를 찾은 순간 변하기 시작합니다. 베프와 함께 쉴 새 없이 재잘대고 목소리도 높아집니다. 단짝이 없어도 무리지어 와자지껄 떠드는 남학생들과는 사뭇 다른 모습입니다. 그만큼 여학생들에게 '자신만의 특별한 누군가'는 굉장히 중요한 존재입니다. 그리고 '누군가'를 찾은 후엔 그녀를 지키기 위해 최선을 다합니다.

여학생들이 우정에 집착하는 이유
비질은 여자들이 이 같은 친밀한 우정을 형성하는 원인으로 우정이 여자들의 삶에서 매우 중요한 기능을 했기 때문이란 가설을 세웠습니다. 비질에 따르면 역사적으로 여성은 결혼과 함께 친족으로부터 멀어지는 일이 잦았다고 합니다. 자신을 보호해 줄 친족이 없는 상황에서 여성은 우정에 기대기 시작합니다. 여자들 사이의 친밀한 우정은 남편이 없는 사이 자신과 자녀를 지키는 사회적 안전망의 역할을 하게 됩니다. 그래서 여자들은 친밀한 우정을 추구하는 쪽으로 진화했다는 것이 그의 주장입니다.

만약 비질의 가설이 옳다면 여자의 우정이란 단순한 친밀감 쌓기가 아니라 생존 전략의 한 형태로 볼 수 있습니다. 자신의 안전을 지키겠다는 강렬한 본능적 욕구가 우정을 쌓고 지키는 원동력인 것입니다. 그래서 굳건한 우정을 가진 여학생들은 심리적으로 안정된 반면 우정이 흔들리거나 아예 우정을 갖지 못한 여학생들은 자신감이 없고 불안을 느끼게 되는 것입니다.

여학생이 친했던 친구를 공격하는 이유

여학생들의 우정이 사실 생존 본능과 연관된 강렬한 욕구에서 비롯됐다면, 자신이 쌓아 놓은 교우 관계는 어쩌면 그들의 10대 시절을 통틀어 가장 중요한 가치일 수 있습니다. 만약 자신의 우정을 위협하는 존재가 갑자기 나타났다면? 여학생들이 이 존재에게 느낄 분노는 이루 말로 할 수 없을 것입니다. 그렇다면 이 우정을 위협할 수 있는 존재는 누가 될 수 있을까요?

① 내 베프와 친해지려고 베프에게 접근하는 누군가
② 나의 베프 무리에 새롭게 끼어들어 현재의 만족스런 균형을 무너

뜨리려는 누군가

③ 내가 베프로 만들고 싶은 친구 옆에 이미 베프 역할을 하고 있는
누군가

이상은 우정을 위협하는 존재가 여학생의 우정 바깥에 있는 경우입
니다. 가장 일반적인 경우라고 할 수 있습니다. 하지만 내 우정을 위협
할 수 있는 존재는 바깥에만 있지 않습니다. 오히려 가장 가까운 곳에
있는 존재가 내 우정을 위협할 수 있습니다.

④ 내 베프 자리를 차 버리고 다른 베프를 만나려는 누군가
⑤ 내 베프 무리에 속해 함께 놀고는 있지만 내가 무리 내에서 누
리는 리더의 자리를 위협하는 누군가
⑥ 내 베프 무리에 속해 함께 놀고 있지만 마음에 안 들어 쫓아내
고 싶은 누군가
⑦ 내 베프 무리를 배신하고 다른 무리로 떠나려는 누군가

때론 우정에 가장 위협을 줄 수 있는 존재가 우정의 당사자가 될 수
도 있습니다. 우정에 가장 치명적 위협은 친한 친구의 변심입니다. 앞에
서도 말씀드렸듯 여학생들에겐 '우정' 그 자체가 무엇보다 중요한 가치
입니다. 여학생들은 이 '우정'을 위협하는 존재에게 본능적으로 위협을
느끼는 동시에 격렬한 불안, 분노를 경험합니다. 설혹 그 대상이 나의
친한 친구라고 해서 분노가 줄어들진 않습니다. 오히려 배신감이 더해
져 더 큰 분노를 불러일으키기도 합니다.

민영이 2

　민영이의 경우는 ⑤, ⑦번이 겹쳐 나타난 관계적 공격 양상이었습니다. 평소 영지는 자신의 그룹에서 민영이의 존재가 마음에 들지 않았습니다. 자신의 말에 잘 따르지 않고 때론 따로 놀려 하는 민영이에 대해 '재수 없다.'고 느꼈습니다. 애초에 민영이는 이런 무리 문화에서 조금은 자유로운, 여러 친구와 두루두루 친하게 지내는 성격의 소유자였습니다. 그런 찰나에 서울랜드 소풍을 앞두고 제가 소풍에서 함께 다닐 조를 짜라고 말한 것이었습니다. 민영이는 별 생각 없이 먼저 같은 조를 하자고 권한 예원이와 한 조를 만들었다고 합니다. 민영이는 "그냥 예원이가 먼저 말했는데 거절하기가 조금 그랬어요…. 저랑 많이 같이 가고 싶어 하는 것 같아서요."라는 별것 아닌 이유였다고 합니다.

　이를 뒤늦게 알게 된 영지는 몹시 화가 치밀어 올랐습니다. 평소 민영이의 행동과 이번 일이 겹쳐지며 민영이가 자신의 무리를 벗어나려 한다고 생각한 것입니다. 영지는 민영이의 행동을 자신의 우정에 대한 위협으로 느낍니다. 영지는 그 순간 민영이에게 본때를 보여 주기로 결심합니다. 그리고 즉시 수연, 정윤이에게 전화를 걸어 민영이를 공격하는 데 함께할 것을 요구합니다. 관계적 공격이 시작된 것이죠. 그렇다면 영지는 왜 민영이에게 직접 전화하지 않았을까요? 영지는 왜 남학생처럼 앞에서 싸우는 대신 뒤에서 몰래 상처 주는 관계적 공격을 택했을까요?

여자아이들이 관계적 공격성을 보이는 이유

'그 자식, 짜증 나는데 본때를 보여 줘야지.'

　학창 시절 중 누구나 한 번쯤 해 봤음직한 생각입니다. 일부는 실제 행동에 옮기기도 합니다. 남학생은 설명할 필요 없이 '욕, 주먹, 발차기'로 상대방을 공격합니다. 하지만 여학생이 '주먹, 발차기'를 쓰는 경우는 드뭅니다. 대신 '무리에서 배제시키기, 나쁜 소문내기' 등의 관계적 공격 양상을 더 많이 보이죠. 이 같은 공격성의 성차는 어디서 비롯된 것일까요?

첫째로 남녀가 중요하게 여기는 가치가 다르기 때문이라고 생각합니다. 남자는 육체적 힘의 과시를 매우 중요하게 생각합니다. 육체적 힘, 그 자체가 권력이 되는 시간을 살아왔기 때문입니다. 반면 여자에게 육체적 힘은 그리 중요한 가치가 아닙니다. 여자들은 조화로운 인간관계를 더 중요하게 여기는 경향이 있습니다. 중요하게 여기는 가치의 차이는 공격성에도 그대로 적용됩니다. 남학생들은 분노했을 때 상대를 힘으로 제압하려 하는 반면 여학생들은 관계를 파괴시키는 방법을 사용하는 것입니다. 남학생이 '누군가에게 두드려 맞았다.'를 가장 수치스럽게 여기듯이 여학생은 상대방에게 '쟤는 친구들로부터 버림받았다.'는 가장 수치스러운 딱지를 붙이는 것입니다. 이를 간접적으로 보여 주는 실험이 있습니다.

미국 텍사스대학교의 진화심리학자 데이비드 버스David. M. Buss는 우두머리가 되려는 지배적인 성향을 가진 남, 여의 행동 성향에 대해 조사한 바 있습니다. 지배적인 성향의 남자들은 '내 일은 남에게 시켰다, 내 고집을 관철시켰다, 뭘 할지 정해 주었다.' 등, 힘의 과시 및 자신에게 이익이 돌아가도록 만드는 이기적 지배 행동을 상대적으로 많이 하는 것으로 드러났습니다. 이에 반해 지배적인 성향의 여자들은 '나는 집단에서 싸우는 구성원들의 분쟁을 가라앉혔다, 집단 프로젝트를 진행시 내가 여러 사람의 일을 계획, 조직하는 일을 주도했다.' 등 사회적 관계

조절 및 집단의 기능을 촉진하는 행동의 빈도가 높은 것으로 나타났습니다. 이처럼 남자들은 타인에게 힘을 과시함으로써 자신의 지배성을 나타내는 반면 여자들은 타인의 관계를 조정하는 행동으로 자신의 지배성을 표현한다고 합니다.

여자아이들의 공격이 관계적 공격 성향을 띄는 두 번째 이유는 우리 어른들의 교육 방식에서 찾아볼 수 있습니다. 미국에서 소녀리더십센터 The Girls Leadership Institute를 운영하고 있는 교육자 겸 작가인 레이첼 시먼스Rachel Simmons는 이렇게 주장합니다.

경쟁심, 질투, 분노는 자연스러운 감정이다. 억누르지 말고 드러내라, 사회가 강요하는 '착한 소녀'를 버려야 한다.

그녀는 자신의 저서 《소녀들의 심리학》에서 여학생 간의 집단따돌림에 대해 자세히 다룹니다. 그러면서 여학생이 관계적 공격성을 가지게 된 원인으로 사회가 강요하는 '착한 소녀'와 '이상적인 어머니상'을 지목합니다.

우리 어른들은 왈가닥인 여자아이들을 볼 때면 이렇게 질문합니다. "너는 왜 이렇게 여자답지 못하니?", "넌 여자애가 왜 이렇게 거치니?", "넌 머슴애니? 여자애니?" 흔히 들을 수 있는 이런 말들에서 볼 수 있듯이 우리 사회는 화내고 치고받고 싸우는 남자아이들에겐 '남자아이니까, 뭐.'라고 관대하게 넘어가면서 비슷한 행동을 보이는 여자아이들에게는 공격적인 말들을 서슴없이 던집니다. 이에 더해 여자아이들에게는 조신함, 상냥함, 참을성, 부드러움 등 이상적인 어머니의 특성을 가져야 한다고 주입시킵니다.

뚜렷한 가치관이 생기기도 전인 어린 시절부터 이런 가치를 반복적으로 강요당함으로써 여자아이들은 자신의 분노, 증오, 공격성을 무의식 속으로 억압합니다. 겉으로 드러나는 공격성이 사라지더라도 분노의 감정까지 사라질 순 없습니다. 억압된 감정은 어떤 방식으로든 탈출구를 찾습니다. 그리하여 여자아이들의 억압된 분노와 공격성은 '상냥하고 조신한 아이'라는 자신의 이미지를 해치지 않는 은밀한 형태로 변신함으로써 탈출에 성공합니다. 억압됐기에 더 강력하게 변한 분노의 표출 방법이 관계적 공격성이라는 것이 시먼스의 주장입니다.

실제 여자아이들은 자신들의 은밀한 싸움이 어른들에게 드러나는 것을 극히 꺼립니다. 영지의 경우도 민영이의 카톡을 출력해 보여 주기 전까지 자신이 민영이를 공격했다는 사실을 끝까지 부인했습니다. 오히려 자신은 굉장히 억울하다고 호소했죠. 저도 영지가 평소 말썽부리는 모습을 본 적이 없기에 민영이의 카톡을 보지 않았다면 민영이의 말을 믿지 못했을 것입니다. 이외 제가 경험했던 여학생들의 관계적 공격의 대부분은 당사자나 친한 친구들 말고는 누구도 모르게 은밀히 진행됐습니다.

여자아이들의 공격성이 사회로부터 분노 표출을 억압받은 결과라는 시먼스의 주장은 저에게 많은 생각거리를 던져 주었습니다. "남자는 대범해야 해. 남자면서 그럼 안 돼." 같은 말을 무척 싫어했던 저로서는 여학생들의 억압받은 분노에 대해 동변상련의 감정이 느껴졌습니다. 안타까운 연민의 감정도 갖게 되었습니다.

여자아이들은 원래 그래

왜 여학생들은 우정에 심하게 집착할까?

왜 여학생들은 친했던 친구를 공격할까?

왜 여학생들은 앞에서 마주보며 싸우지 않고 뒤에서 음험하게 관계적 공격을 할까?

자신과 가까운 친구들에게 그것도 몰래 뒤에서 관계적 폭력을 저지르는 여학생들을 봐 왔습니다. 그때마다 머릿속에서 위의 질문이 떠나질 않았습니다. 아직 여선생님들이 자조적인 웃음이 깃든 "하여간 여자애들이란…. 여자들은 원래 그래."란 대답을 100% 이해하진 못했을 것입니다. 다만 전보다 더 가까워졌다고는 생각합니다.

저는 관계적 공격을 행하는 여학생들을 더 이상 미워하진 않습니다. 비록 비뚤어진 방법이지만 무엇보다 자신의 우정을 소중히 여기고 그 우정을 지키려고 발버둥치는 행동이라는 것을 알았기 때문입니다. 미워하기보다는 그저 자신의 감정에 빠져 버려 주위를 돌보지 못하는 미숙하고 조금 이기적인 아이로 이해합니다. '비열하고 못된' 인간성과는 달리 미숙함, 이기적 성향은 교사가 이해하고 교육해야 할 것들이라고 생각합니다. 왜냐하면 아이들이 미숙하고 이기적인 건 너무나 당연한 일이기 때문입니다.

다양한 장점의 양육자

수요일에 마일로는 산 속 동굴에서 마법 수프를 끓이고 있었어. 못된 마법사를 무찌를 약이었지. 그때 부엌에서 엄마가 큰소리로 외쳤어.

"마일로 마당에서 냄비 가지고 놀면 안 돼!"

"엥? 엄마는 마일로가 뭘 갖고 노는지 어떻게 알았을까?"

《우리 엄마는 슈퍼맨》이란 동화책의 일부입니다. 마일로의 엄마는 부엌에서 일하면서도, 컴퓨터와 전화를 동시에 하면서도, 친구와 수다를 떨면서도 마일로의 장난을 모두 알아차립니다. 마일로는 그런 엄마를 초능력자라고 여기죠. 물론 엄마는 초능력을 가진 것이 아니라 냄새를 맡거나, 뛰어다니는 소리를 듣고 마일로가 무슨 장난을 하는지 짐작하는 것입니다. 하지만 여기서 남성의 관점에선 초능력이라고 불릴 만한 여성의 중요한 특성을 발견할 수 있습니다.

여자는 동시에 여러 가지 일을 수행하는 일에 매우 능합니다. 앞서 남자아이에 대해 이야기할 때 예로 들은 실험에 대해 기억하실 것입니

출처: 《우리 엄마는 슈퍼맨》, 안젤라 맥올리스터 지음, 알렉스 T. 스미스 그림, 김현좌 옮김, 내인생의책.

다. 여성은 식당 찾기, 산수 문제 풀기, 잃어버린 열쇠 찾을 방법을 생각해 내는 동시 과제에서 남성보다 훨씬 뛰어난 능력을 보였습니다.

또한 동시에 여러 가지 일을 많이 수행하는 것도 여성들이라고 합니다. 이스라엘 바일란 대학과 미국 미시건 주립대학 연구진은 직장에 다니는 어머니, 아버지들에게 하루 중 아무 때나 불규칙적으로 일곱 번 울리는 시계를 차게 합니다. 그리고 알람이 울리면 그 순간 어떤 일을 하는지 적고 이를 관찰하는 실험을 했다고 합니다. 조사 결과 남자보다 여자가 동시에 여러 가지 일을 하고 있었다고 합니다. 예를 들어 어머니들은 아이와 놀아 주며 빨래하고 저녁밥을 만들기, 아이 숙제 봐 주며 회사 일하기 등 동시에 여러 가지 일을 수행하는 빈도가 높았습니다. 반면 남자는 한 순간에 한 가지 일만 처리하는 경우가 많았죠.

이런 현상은 자식이 여럿인 엄마에겐 필수적인 능력입니다. 특히 아이가 둘 이상인 어머니에게 한 아이를 업고, 한 아이의 기저귀를 갈며, 울고 있는 다른 아이를 달래는 것은 흔히 벌어지는 일입니다. 피임이 없었던 구석기시대에는 한 양육자가 동시에 서넛의 아이를 보는 일은 비일비재했을 것입니다. 사냥을 통해 한 번에 한 가지에만 집중할 수 있는 능력을 가진 남자와 비교해 여자들은 동시에 여러 가지 일을 수행할 수 있는 능력을 타고났습니다.

이런 능력은 학교생활에 큰 도움을 줍니다. 국어, 영어, 수학, 과학, 음악, 사회, 미술, 체육, 실과 등 수많은 과목과 각기 다른 과제를 해야 하는 복잡한 학교생활에서 여학생은 남학생보다 두각을 나타냅니다. 미술시간 친구들과 자유롭게 떠들며 작품을 만들라고 했을 때 남학생은 대부분 시간 안에 작품을 완성 못합니다. 반면 여학생들은 대부분 시간 안에 자신의 작품을 끝마칩니다. 하지만 이 능력은 여러 가지 단

순 작업을 동시에 해도 산만해지는 정도가 덜 하다는 의미일 뿐 어렵고 힘든 과제들을 동시에 수행할 수 있다는 뜻은 아닙니다. 수학, 과학, 사회 같이 어려운 과목은 높은 집중력을 보여도 학습 내용을 습득하기 어려울 때가 있습니다. 어려운 과제는 여자도 한 번에 한 가지씩 처리해야 합니다. 음악을 들으며 공부하는 습관, 스마트폰을 들고 공부하는 습관은 수정해 주어야 합니다.

둘째로 여학생은 남학생보다 더 뛰어난 언어 능력을 가지고 있습니다. 남녀의 언어 능력을 탐색한 심리, 행동언어학 분야의 여러 연구들이 이 주장을 뒷받침합니다. 또한 언어 능력의 성차는 뇌 과학에서도 입증되고 있습니다. 스위스 베른대학의 심리학 교수 에넬리스 카이저Anelis Kaiser는 1995년부터 2005년까지 뇌 영상fMRI을 사용한 열아홉 개의 언어 처리 성차 연구를 분석한 결과 열두 개의 연구가 여성과 남성이 언어를 다루는 뇌의 작용이 다르다고 결론 내렸다고 합니다. 그중 미국 예일대학의 뇌의학자 샐리 세이비츠Sally E. Shaywitz의 연구는 매우 흥미롭습니다. 샐리는 뇌 영상을 촬영함으로써 언어를 쓸 때 남성은 좌뇌를 여성은 양쪽 뇌를 모두 사용한다는 사실을 발견합니다. 일반적으로 좌뇌는 언어, 논리, 수학 연산, 분석적 사고를 주로 관장하고, 우뇌는 표정 인식, 직관, 정서, 예술 등을 주로 관장한다고 알려져 있습니다. 즉, 여학생의 언어 능력은 남학생보다 훨씬 풍부한 자원을 바탕으로 형성됨을 알 수 있습니다. 특히 언어를 통해 인간관계를 쌓고 서로의 감정을 교류하는 능력이 뛰어납니다.

이런 이유로 여학생은 남학생과의 대화를 답답하게 여깁니다. 직선적이고 단순한 대화 방식을 가진 남학생들은 여학생들의 언어나 감정을 이해 못해 다툼을 벌이기도 하죠. 더구나 발달적인 측면에서도 여자의 언어 발달은 남자보다 보통 수년이 앞선다고 합니다. 아마 남성은 "오빠가 뭘 잘못했는지 알아?"란 질문에 여성이 만족할 만한 대답을 영원히 낼 수 없을지도 모릅니다.

여자아이들에게 사랑받는 교사 되기

공감해 주기

학급을 꾸려 가는 교사의 입장에서 여학생은 남학생에 비해 상대적으로 손이 덜 갑니다. 그 이유로 우선 여학생은 남학생보다 활동성이 낮고 안전을 추구하는 성향을 가집니다. 여학생이 안전사고를 저지르는 일은 매우 드뭅니다. 그래서인지 여학생들에겐 잔소리할 일도 남학생에 비해 적은 편입니다. 남학생들은 일정 부분 감독, 기강이 필요하지만 여학생은 남학생만큼 기강을 세우려 애쓰지 않아도 됩니다. 여학생들에게 감독이나 기강보다 더 중요한 것은 바로 지지입니다.

남학생이 선생님에게 달려올 때는 '문제의 해결'을 바라고 오는 경우가 많습니다. 하지만 여학생은 문제의 해결보다 선생님과 대화하고 공감받으려 다가오는 경우가 많습니다. 즉 선생님과 수다를 떨기 위해 다가오는 것입니다.

"선생님, 수학 너무 어려워요. 때려치고 싶어요."
"선생님, 준환이가 저보고 돼지래요!"

"선생님, 더워 죽겠어요."

여학생들이 던지는 이런 말들 저편엔 선생님께 공감받고 싶다는 욕망이 숨어 있습니다. 여학생들이 어떤 감정을 공감받고 싶어 하는지 혹은 어떤 위로를 받고 싶은지 잘 파악해 대답할 필요가 있습니다.

"맞어, 수학은 선생님도 정말 하기 싫어했어."
"준환이가 왜 그러는지 알아? 너한테 관심 있어서 그래."
"선생님도 더워 죽겠다. 어! 그런데 희연이 머리 잘랐네? 예쁘다."

이런 공감, 위로, 가벼운 농담들이 여학생들의 마음을 풀어 줍니다. '선생님이랑은 잘 통해, 내 마음을 이해해 줘.'라는 생각은 선생님에 대한 호감으로 발전하기 마련입니다. 여학생들이 선생님에게 호감을 가졌다면 교사의 감시, 감독의 필요성은 더욱 줄어듭니다. 좋아하는 선생님 마음에 들기 위해 열심히 노력할 것이기 때문입니다. 남학생에게 엄격한 기강이 필요하다면 여학생에겐 인위적인 위계질서보다는 자신을 이해해 주는 선생님의 마음이 선생님을 더 잘 따르게 만드는 열쇠가 될 수 있습니다.

여자아이들에게 권위 있는 교사 되기

권위의 의미
권위의 뜻을 알기 위해선 먼저 우리가 '권위'라는 단어를 어떻게 사용하는지 알아볼 필요가 있습니다. '권위'라는 단어가 사용되는 상황을 살펴보면 권위가 어디서 비롯되는 것인지에 대한 통찰을 얻을 수 있습니다. 우리 사회에서 '저 사람은 권위적이다.'라는 말은 보통 부정적 의미로 사용됩니다.

"어린 사람이 버릇이 없어, 아랫사람이면 아랫사람답게 처신해야지, 아랫사람이 왜 이렇게 말대꾸가 많아?"

이처럼 나이 혹은 지위를 바탕으로 고압적인 자세를 취하는 사람을 권위적이라고 부릅니다. 하지만 권위라는 말이 긍정적 의미로 사용되는 경우도 있습니다.

'그 분은 수업에 있어 권위 있는 전문가야.'

권위란 단어는 때론 부정적으로 때론 긍정적으로 인물을 묘사해 줍니다. 그렇다면 양쪽의 차이는 무엇일까요? 저는 권위가 누구로부터 부여되느냐에 따라 '권위'라는 단어의 용법이 결정된다고 생각합니다. 만약 A가 스스로 권위가 있다는 것을 보여 주려 애쓴다면 상대방은 권위라는 단어를 'A는 권위적인 사람이야.' 같이 부정적으로 사용할 것입니다. 반대로 주변 사람들이 자진해서 B에게 권위를 부여해 준 것이라면 B는 긍정적인 의미의 '권위 있는 사람'으로 인식되겠죠. 즉 진정한 '권위'란 교사라는 지위나 나이에 관계없이 주위 사람들의 자연스런 인정과 존경에서 비롯됩니다. '권위적인 교사'가 아닌 '권위 있는 교사'가 될 때 학생들은 자연스럽게 교사를 따르게 됩니다.

여학생에게 권위 있는 교사

앞서 '남자아이에게 존경받는 교사 되기'에서 권위 있는 교사가 가져야 할 조건으로 아이들의 신뢰, 믿음, 사랑을 이야기한 바 있습니다. 앞 장에서 남학생들이 중요하게 여기는 신뢰와 믿음에 대해 이야기한 만큼 이 장에선 교사의 사랑에 대해 이야기하려 합니다.

교사가 권위를 가지기 위해 가장 중요한 것은 '선생님은 우리를 좋아해, 사랑해 줘.'라는 믿음을 아이들이 갖게 하는 것입니다. 저는 교사의 사랑이 앞서 설명한 신뢰, 믿음보다 훨씬 더 중요한 가치라고 생각합니다. 이는 남녀 모두에게 해당됩니다. 하지만 제 경험상 여학생들에게 조금 더 중요한 가치라고 생각되기에 이 장에서 설명 드리겠습니다.

'선생님은 나를 미워해, 내가 바보 같다고 생각해.'라는 믿음을 주는 상대를 기꺼이 따를 사람은 아무도 없습니다. 그저 무서워서 혹은 혼나기 싫어서 억지로 따르는 척할 뿐이겠죠. 기회만 있다면 그 사람에게서 빠져나가려 할 것입니다. 이런 상대에게서 권위를 느낄 수 없습니다. 권위는 '저 사람은 나를 좋아해, 나를 위해 줘, 내 편이야.' 같은 애정과 사랑이 바탕이 되어야 합니다.

"얘들아, 영어 교실 가야죠? 줄 서세요."

영어 교실로 가기 전 쉬는 시간 공문을 처리하며 아이들에게 외쳤습니다. 그런데 효연이와 지혜는 여전히 창문가에서 장난을 치느라 제 말을 듣지 못하고 있었습니다.

"효연이와 지혜! 너희 뭐하는 거야! 왜 이리 말을 안 들어! 빨리 책 들고 줄 서지 못해!"

제 고성에 깜짝 놀란 효연이와 지혜는 번개 같은 속도로 책을 들고 줄을 섰습니다.

"장난치지 말고 빨리 가! 한 번만 더 그러면 진짜 혼날 거야!"

저는 영어실로 향하는 효연이와 지혜의 뒤통수에 대고 다시 한 번 목소리를 높였습니다.

"선생님, 이 아이들 좀 보세요!"

갑자기 교실 문을 열고 영어 선생님이 들어왔습니다. 그 뒤엔 효연이와 지혜가 고개를 숙인 채 끌려오고 있었습니다. 수업 시간 도중 영어 선생님이 직접 아이들의 손을 붙잡고 제 교실로 데려올 정도이니 '굉장히 큰일이 났구나.'란 걱정에 깜짝 놀라 물었습니다.

"네? 선생님 무슨 일이시죠?"

"이 아이들 책을 한번 보세요."

영어 선생님이 주신 영어책에는 조그마한 글씨로 낙서가 돼 있었습니다. 저는 책을 눈앞으로 가까이 당겼습니다.

'양곤성 열나 짜증 나, 병신, 재수 없어.'

"수업에 집중은 안 하고 계속 떠들길래 뭘 하나 봤더니 이런 낙서를 하지 뭐예요. 제가 수업 중이라 빨리 돌아가야 하니 선생님께서 이 아이들 좀 혼내 주세요."

영어 선생님이 떠난 자리에는 두 아이가 고개를 숙인 채 서 있었습니다.

눈앞의 아이들을 보며 참 여러 가지 생각이 났습니다.

'내가 그동안 얼마나 잘해 줬는데… 다 소용없구나…, 배신감 느껴진다…, 내 앞에서는 나 좋다고 난리치던 녀석들이 뒤에서는 이러고 다니는구나….'

지금 당장 하고 싶은 말이 많았지만 저 자신에게 했던 약속인 '화가 날 땐 잠시 쉬고 말하기'를 지키기 위해 아이들에게 말했습니다.

"지금은 수업 중이니 우선 영어 수업을 듣자. 그리고 오늘 끝나고 이 야기하는 게 좋겠어요. 지금부턴 영어 수업 집중할 수 있겠어요?"

"…네."

"그럼 영어실로 가 보세요."

아이들을 영어실로 보낸 후 천천히 생각해 보았습니다. 그 당시 저는 스카우트 및 방송 업무와 6학년 담임을 맡고 있었습니다. 거기다 대학 원 공부와 갓 태어난 아들의 육아에 쪽잠을 자며 생활한 탓인지 아이 들에게 자주 짜증을 내곤 했습니다. 특히 효연이와 지혜에게 최근 며칠 동안 자주 목소리를 높였던 기억이 떠올랐습니다. 한두 번은 자기가 잘못했다고 반성했겠지만 너무 자주 화를 낸 탓에 아이들도 많이 짜 증 났을 것 같다는 생각이 들었습니다. 그리고 쉬는 시간 줄을 서라고 소리 지른 것도 아이들의 행동에 비해서 제가 과했다는 생각이 들었습 니다.

'그래, 내가 개인적으로 힘들어 아이들에게 짜증 냈던 거야. 내가 짜 증 냈던 만큼 아이들도 나에게 짜증이 났겠지….'

오랜 고민 끝에 방과 후 효연이와 지혜 앞에서 제가 가장 처음 꺼낸 말은 사과였습니다.

"얘들아, 선생님이 가만히 생각해 보니 요즘 너희에게 짜증을 많이 냈던 것 같아. 그리고 오늘도 너희가 한 잘못보다 과하게 화낸 것 같네. 줄 안서고 떠들 수도 있는 건데. 선생님이 참 미안해요. 너희가 '열나 재 수 없어.'라고 쓸 만했다고 생각해."

"…"

"미안해요. 선생님이 너희한테 좋아한다고 사랑한다고 말만 하고 행동은 그러지 못했어. 앞으로는 선생님이 더 노력할게요."

"…"

"이제 선생님이 할 말은 끝. 너희도 빨리 집에 가고 싶겠다. 마무리하자. 하고 싶은 말 있어요? 없으면 가도 돼요."

"…선생님 죄송해요."

"하, 그래, 잘 알았어, 선생님도 미안해. 이제 가 봐도 좋아요."

제가 사과한 행동이 교사의 권위를 손상시키진 않을까, 혹시 더 버릇없어지지는 않을까 걱정도 들었습니다. 하지만 걱정보다 말로는 "너희가 최고야."라고 하면서 짜증만 부린 행동에 대한 자책감이 더 컸기에 사과하기로 결정한 것이었습니다. 그 후 다행히도 효연이와 지혜가 더 버릇없게 구는 일은 없었습니다. 오히려 반 아이들 누구보다 저와 즐겁게 지내고 졸업하였습니다.

저는 여학생들에겐 전통적인 권위보다 '선생님은 너희를 정말로 아끼고 좋아해.'라는 마음이 선생님 말을 잘 듣도록 만드는 비결이라고 생각합니다. 효연이와 지혜의 사건은 이 믿음을 더욱 강화시켜 주었습니다. 만약 여학생에게 권위가 떨어졌다면 그것은 무섭지 못해서가 아니라 '선생님은 정말 너희를 좋아해.'라는 믿음이 무너졌기 때문일 것입니다.

단짝 친구를 둘러싼 다툼에 대처하기

여학생은 자신이 타인의 감정을 잘 헤아려 주는 만큼 자신의 감정도 이해받고 공감받고 싶어 합니다. 그래서 자신의 이야기를 성심껏 듣고 이해해 줄 누군가를 강렬히 원합니다. 그리고 그런 누군가를 찾지 못할 시 좌절하고 우울해 합니다. 이 욕구는 때론 강한 소유욕으로 변해 여러 부작용을 낳기도 합니다. 여학생들에게 이 욕구를 충족시켜 주는 존재가 바로 '단짝 친구'입니다. 아이들의 은어로 '베프'라고 불리기도 합니다.

> '요즘 여주 때문에 너무 힘들다. 여주는 내가 말할 때마다 끼어든
> 다. 내가 한나랑 둘만 이야기하고 있으면 달려와서 내 이야기에 참견
> 을 한다. 정말 짜증 난다.'

5학년 담임을 맡고 있던 어느 날 일기를 검사하다가 정미의 하소연을 읽게 되었습니다. 저는 무척 놀라고 걱정되었습니다. 보통 여학생들이 이런 이야기를 일기에 쓸 때는 상황이 상당히 심각한 경우가 많기 때문입니다. 평소 정미, 한나, 예주는 서로 아무 문제 없이 친하게 지내던 사이였기 때문에 더 놀라기도 하였습니다. 저는 아이의 인적이 드문 점심시간 정미에게 말을 걸었습니다.

"정미야, 선생님이랑 이야기할 시간 있니?"

"네? 네…."

"그럼 선생님이 학년 연구실로 먼저 가 있을 테니 선생님 뒤를 따라 오렴."

선생님과 함께 연구실에 들어가는 모습을 친구들에게 보이는 것이 부담스러울까 봐 저는 학생과 시간차를 두는 방법을 자주 쓰곤 합니다. 그날도 제가 먼저 들어가고 잠시 후 정미가 뒤따라 들어왔습니다.

"정미야, 사실 선생님이 일기 보고 정미랑 이야기해 보고 싶어서 불렀어요. 요즘 여주 때문에 힘들다며?"

"…네."

"어떤 점이 힘드니?"

"그게…. 여주가 계속 저와 한나 사이에 끼어들려고 해요."

"그래? 어떻게?"

"제가 한나랑 이야기하고 있으면 따라와서 저랑 한나 이야기를 방해해요."

"그랬구나. 그래서 기분 많이 나빴나 보네."

"네, 근데 그것만이 아니에요. 제가 5학년 때 친하게 지내던 은지가 있어요."

"은지? 우리 학교 학생이죠? 몇 반이지?"

"1반이요. 제가 은지한테 자주 놀러 가거든요. 쉬는 시간에. 한나랑 같이 놀러 갈 때도 있고요. 근데 1반에서 은지랑 이야기하고 있으면 어느새 또 여주가 와서 끼어들어요."

"그래? 어떻게 끼어드는데?"

"그게…. 둘이서 이야기하고 있는데 계속 은지한테 말을 걸어요."

"그래, 그런데 혹시 은지랑 여주도 알던 사이는 아니었니?"

"아니요. 둘이 잘 모르는 사이었어요."

"그런데 어떻게 여주가 갑자기 은지에게 말을 걸게 되었을까?"

"아…. 저번 달 제 생일 잔치에서 같이 놀았거든요. 그때 알게 된 것 같아요."

"아…. 그렇구나. 그런데 여주는 왜 그런 행동을 할까? 생각나는 것 있니?"

"잘 모르겠어요. 그런데 계속 제 친한 친구들이랑 제 사이를 방해해요. 진짜 열 받아요."

저는 매 쉬는 시간, 점심시간마다 함께 떠들던 정미, 한나, 여주 사이에 이런 갈등이 도사리고 있을 줄 몰랐습니다. 정미와 이야기 후 여주는 어떤 생각일지 궁금해 여주와도 대화를 가졌습니다.

"여주야, 요즘 정미랑 사이가 어때요?"

"음…. 그게 별론 것 같아요."

"그래? 좀 더 자세히 설명해 줄 수 있을까?"

"음…. 요즘 정미가 저를 많이 미워하는 것 같아요."

"그래? 어떻게?"

"정미는 제가 한나랑 친하게 지내는 게 싫은가 봐요. 제가 말을 걸면 계속 제 말을 막고 그리고 말을 못하게 계속 끊어요. 그리고 또 있어요. 제 앞을 계속 가로막아요."

"응? 그게 무슨 뜻이야?"

"그러니까 제가 한나랑 같이 이야기하고 있으면 정미가 나타나 가운데 끼어들어 저를 가로막아요."

"그래? 여주 많이 속상했겠다."

"네…."

"그럼 정미가 왜 그런 행동을 할까? 혹시 짚히는 것 있니?"

"음…. 정미가 한나를 뺏긴다고 생각하는 것 같아요. 제가 뺏는다고요…."

"그래? 어째서 그런 생각을 할까?"

"모르겠어요. 아무래도 정미는 한나랑 먼저 친했으니까 그런 것 같기도 해요. 근데 그냥 다 같이 친하게 지내면 좋겠는데…. 잘 모르겠어요…."

여학생들은 나만의 단짝을 갖고 싶고, 서로에게 첫 번째인 베프가 되고 싶다는 열망이 강합니다. 두루두루 친하게 지내며 한 해 동안에도 몇 번씩 베프가 바뀌는 남학생과는 다른 모습입니다. 강한 열망이 때론 보이지 않는 전투를 일으킵니다. 서로 미워하고 질투하고 견제합니다. 그 과정 속에서 서로의 마음을 아프게 하고 때론 깊은 상처를 주고받기도 합니다. 그렇다 하더라도 조금만 살펴보면 정미, 한나, 여주 중 그 누구도 나쁜 마음을 먹었거나 천성이 못돼서 벌어진 일이 아니라는 걸 알 수 있습니다. 뛰어난 공감 능력을 가지고 따뜻하고 친밀한 인간관계를 중요시 하는 여학생의 특성상 어쩔 수 없이 벌어지는 일들입니다. 이런 상황에서 정미, 여주, 혹은 한나를 친구와 사이좋게 지내지 못한다고, 친구를 괴롭힌다고 혼낸다면 무척 억울한 일이 될 것입니다. 여자의 타고난 공감 능력과 따뜻한 우정에 대해 평소 격찬을 하다 갑자기 돌변해 "너희는 나빴어!"라고 말하는 것과 같습니다. 타인을 공감해주는 능력과 타인에게 공감받고 싶은 욕구는 동전의 양면처럼 떼려야 뗄 수 없는 한 몸이기 때문입니다.

저는 이 학생들을 혼내지도 못했고 억지로 화해를 시키고 "친하게 지내야 해."라고 말하지도 않았습니다. 아이들이 다툰 이유가 그저 친구를 너무 좋아해서라는 것을 알았기 때문입니다. 대신 아이들에게 다음과 같이 말했습니다.

"정미와 여주가 한나를 너무 좋아하고 더 친해지고 싶어서 그런 것 같아요. 친구랑 더 가까워지고 싶은 감정은 나쁜 것이 아니야. 오히려 소중히 해야 할 감정이죠. 그러니까 선생님이 너희에게 '한나를 덜 좋아해, 한나에게서 떨어져.'라고 말하진 않을 거야. 대신 누구를 좋아한다는 이유로 친구를 마음 아프게 해도 될까요?"

"아니요…."

"그렇지, 그것만 서로 생각해 주면 좋겠어. 선생님 마음에는 모두 친하게 지내라고 명령하고 싶어. 만약 너희가 저학년이라면 그렇게 했을 거야. 하지만 너희는 이제 고학년이니까 그렇게 이야기는 안 할 거예요. 다만 한 가지만 부탁할게. 서로에게 상처 입히지 않았으면 좋겠어. 정미랑 여주가 힘들어하는 만큼 한나도 속상할 거야. 물론 선생님 마음도 너무 아플 것 같아요. 그것만 약속해 줄 수 있니?"

"네…."

"그럼 선생님은 그것만 지켜볼게. 그리고 앞으로도 힘들면 언제든지 선생님에게 얘기해 줄래요? 선생님이 해결은 못 하더라도 열심히 들어 줄 순 있거든."

결국 제 결론은 '계속 지켜본다.'였습니다. 작은 상처는 어쩔 수 없더라도 서로 큰 상처를 입히진 않는지 계속 지켜보았습니다. 그리고 기회가 될 때마다 아이들의 이야기를 들어 주려고 노력했습니다. 시간이 지나자 아이들의 관계에 변화가 일어났습니다. 여주가 한나와 정미 사이에서 조금씩 떨어져 나오는 듯이 보였습니다. 그리고 여주는 다른 '베프'를 찾아 정착하였습니다. 나중에 정미와 이 과정을 이야기할 기회가 있었습니다.

"그냥, 귀찮고 힘들었어요. 짜증 나고…. 그래서 딴 친구를 찾았어요."

"그랬구나. 얼마나 힘들었을까….

"이젠 괜찮아요."

"지금은 한나, 여주와 어떻게 지내니?"

"그냥 지내요. 크게 싸운 것도 아니고 그냥 할 말 있으면 말하고 지금은 이게 더 편한 것 같아요."

제가 본 많은 5, 6학년 여학생들이 이와 굉장히 비슷한 경험을 했다고 정미에게 이야기해 주었습니다. 여자아이들이라면 누구나 겪는 일이고 정미, 한나, 여주 중 누군가 나쁘고 못돼 벌어진 일이 아니라고 말해 주었습니다. 이와 비슷한 일을 6학년, 중학교, 고등학교에서도 계속 겪을 것이고 그때를 대비해서 예습한 것이라고 이야기해 주었습니다. 특히 서로 크게 상처 주지 않고 다른 단짝을 찾아 정착한 정미의 교우 관계 능력에 대해 크게 칭찬해 주었습니다.

고학년을 맡은 해는 항상 이와 비슷한 사건을 목격했습니다. 정미, 한나, 여주처럼 자연스럽게 갈라진 그룹도 있고 완전히 해체된 무리도 있었습니다. 때론 서로 상처 주면서도 계속 유지된 그룹도 있었죠. 이런 여학생들의 행동들은 그저 타고난 성향대로 행동하는 것뿐이라는 사실을 깨달았습니다. 그리고 그 성향은 여학생들이 품고 있는 가장 밝은 빛의 그림자일지도 모른다는 생각이 들었습니다.

처음엔 무 자르듯이 해결하기 위해 아이들을 혼내고 강제로 친하게 지내라고 강요도 했었지만 여학생들의 마음까지 바꿀 순 없다는 것을 깨닫고 그저 열심히 지켜보고 들어 주는 쪽으로 방향을 선회했습니다. 학생이 못 견딜 만큼 힘들어하거나 정도를 넘어 친구를 괴롭힐 때만 직접적으로 개입합니다. 여학생들의 괴로움을 당장 해결해 주지 못해 무척 안타깝고 답답할 때가 많습니다. 지금은 '고난이 인간을 성장시킨다.'는 말을 믿으며 고난 속에서 아이들이 조금이라도 덜 상처받도록 지켜보는 중입니다.

관계적 공격성 다루기

제가 앞에서 '대부분의 경우 여학생을 감독하려 애쓸 필요가 없다.'라고 말했습니다. 지금부터 이 대부분의 경우에서 벗어나는 예외 상황에 대해 말씀드리겠습니다. 교사는 이 문제에서 만큼은 여학생들을 철저히 감시, 감독해야 합니다. 여학생들의 내밀하고 숨겨진 공격성, 바로 관계적 공격성이 바로 이번 장의 주제입니다. 여학생의 관계적 공격은 그 수법이 치밀하고 은밀해 겉으로 잘 드러나지 않습니다. 하지만 파급효과는 어마어마해 피해 학생의 가슴을 깊이 할퀴어 놓습니다. 교사가 눈치챘을 땐 이미 피해 학생의 가슴속에 평생 씻을 수 없는 깊은 상처를 입고 난 후일 수도 있습니다. 또한 가해 학생은 왕따 사건의 주범으로 몰려 피해 학생과는 또 다른 종류의 고통을 받을 수도 있습니다. 이런 이유로 관계적 공격은 사후 처리 보단 예방에 주력해야 합니다.

① 교실문화 만들기
첫째, 관계적 공격이 허용되지 않는 교실문화를 만들어야 합니다. 1캡, 2캡, 3캡… 10캡이란 말 기억나시나요? 저의 초등학교 시절 같은 반 아이들의 싸움 서열을 매기던 용어였습니다. 태현이가 1캡, 준성이가 2캡, 이에 더해 종원이는 전교 1캡, 표경이가 전교 2캡 같이 마치 FIFA(국제축구연맹)에서 국가별 축구 순위를 매기듯 싸움 등수를 매기곤 했습니다. 중, 고등학교 때는 담임 선생님이 교실에 상주하지 않아 매달 몇 번씩 남자들끼리 치고받는 싸움을 흔히 볼 수 있었습니다. 하지만 현재 초등학교에서는 이런 문화가 거의 사라졌습니다. 특히 최근 5년간 교실 내 신체적 폭력이 크게 줄어들었음을 느낍니다. 근 5년 들어 학생들이 갑자기 더 착하고 순해졌기 때문은 아닙니다. 학교폭력이 줄어든 가장 큰 이유는 '폭력은 나쁘다, 폭력을 행사하면 큰 불이익을 받는다.'라는 인식이 학생들 사이에 널리 퍼졌기 때문입니다. 이렇게 된 데에는 학교폭력으로 인한 여러 비극적인 사건이 언론에 조명을 받은 후 학교 내 신체적 폭력이 금지돼야 한다는 사회적 공감대가 형성된 탓이 큽니다. 근 5년 동안 우리 사회는 학교폭력 추방을 위한 사회적 캠페인, 공익광고부터 시작해 학교폭력 예방교육 의무 실시, 학교폭력자치위원회 수립 등의 다양한 제도적 장치를 마련했습니다. 덕분에 지금은 어떤 교사, 학부모, 학생도 "남자애들이 놀다 보면 치고받고 싸울 수도 있죠.'라는 말을 뱉지 않습니다.

불과 10년 전만 해도 '애들이 크면서 그럴 수도 있지.'라는 인식의 강력한 영향력 아래 심각한 학교폭력조차 아무 조치를 취하지 않고 유야무야 넘어가는 경우가 많았습니다. 1990년대만 해도 '술 먹다 보면 음주운전도 할 수 있지, 소주 두세 잔은 괜찮아.', '남자라면 담배는 피워야지.'라는 생각이 상식으로 통했던 상황과 비슷합니다. 그 당시 우리나라 음주운전 사망자는 세계 최고 수준이었고, 공공장소에서 흡연하는 모습을 흔하게 볼 수 있었습니다. 하지만 '음주운전은 살인 행위', '흡연은 타인의 건강을 해치는 폭력'이라는 인식이 사회적 상식으로 자리 잡은 후 현재 음주운전, 공공장소 흡연은 매우 부끄러운 일로 여기며 보기 힘든 모습이 되었습니다. 이처럼 사회적으로 합의된 공통 인식은 강력한 힘을 지닙니다. 때론 사회 전체를 변화시키기도 합니다.

학교 내 신체적 폭력을 용납해선 안 된다는 인식이 사회적으로 합의된 반면 뒤에서 수군대기, 나쁜 소문 퍼뜨리기, 눈 마주치고 비웃기, '쟤랑 짝하지 마라.'고 뒤에서 조종하기, 비언어적인 몸짓, 표정으로 기분 나쁘게 하기 등의 관계적 공격은 '해선 안 될 행동'과 '친구끼리 장난으로 그럴 수도 있지.'라는 두 가지 인식 사이 어딘가 쯤에 걸쳐 있습니다. 이 인식을 '그런 행동은 모두가 상처받는 일이야. 해선 안 돼!'까지 끌고 와야 합니다. 남학생이 주먹을 내질렀을 때 학생들의 반응과 여학생 여러 명이 한 아이를 비웃고 수군댔을 때 학생들의 반응이 똑같아지도록 만들어야 합니다.

일개 교사가 사회 전체에 인식의 전환을 가져올 순 없습니다. 하지만 교사가 가진 힘으로 한 집단의 생각을 바꿀 수는 있습니다. 바로 학급이라는 집단입니다. 교사의 힘으로 학급 내 관계적 공격에 대한 인식을 변화시킬 수 있습니다. 그러기 위해선 교사가 먼저 신체적 상처만큼 정신적 상처도 중요하게 여기는 태도를 가져야 합니다. 저는 학기 초 학교폭력 예방교육을 할 때 신체적 폭력, 욕 같은 언어적 폭력만큼 큰 비중으로 관계적 폭력을 다룹니다. 사실 신체, 언어폭력은 학생들이 이미 너무 잘 알고 있어 나눌 이야기도 별로 없습니다. 반면 관계적 폭력은 다릅니다.

"얘들아 학교폭력에 해당되는 행동이 뭘까요?"
"친구를 때리는 거요, 밀치는 거요, 발 거는 거요, 욕하는 것이요…"

"그래, 맞아요. 그런데 아직 까지 안 나온 행동이 있는데요?"

"집단 따돌림이요. 카톡으로 욕하는 것, 악플 다는 거요…. 그리고…"

"그렇지, 집단 따돌림, 사이버 폭력도 학교폭력이죠. 그런데 또 없을까?"

"…"

"그럼 선생님이 예로 하나를 들어 볼게. 효준이, 명수, 지효가 모여 유나를 쳐다보며 '야, 쟤 진짜 재수 없지 않냐? 짜증 나지 않냐?' 말하는 행동. 근데 유나한테는 안 들려."

"아…. 뒷얘기!"

"어때? 이런 행동 본 적 있어요?"

"하하. 네! 본 적 있어요."

"그렇지, 이건 폭력일까 아닐까?"

"…폭력이에요."

"…나쁜 짓이긴 하지만… 폭력은 아닌 것 같아요."

이처럼 신체적 폭력, 욕 같은 언어적 폭력은 너무나 잘 알고 있는 반면 관계적 공격에 대해선 폭력인지 아닌지 헷갈려 하는 학생들이 많습니다. 누군가는 그냥 별것 아닌 일, 장난으로 여기기도 합니다. 하지만 이런 일을 당했을 때 학생이 입는 상처는 신체적 폭력으로 인한 피해 그 이상일 수도 있습니다.

"이런 행동 당해 본 적 있는 사람?"

열 명 이상의 학생이 손을 들었습니다. 저는 그중 윤정이를 바라보며 물었습니다.

"윤정아, 그때 기분이 어땠어요?"

"나빴어요."

"얼마나 나빴는지 얘기해 줄 수 있어요?"

"되게 되게 짜증 났어요."

"그래? 그렇구나. 그럼 나는 윤정이와는 다르게 별것 아니다 라고 느낀 친구들 손들어 볼까요?"

세 명이 손을 들었습니다.

"그럼, 윤정이와 비슷하게 엄청 엄청 기분 나빴다, 마음에 상처가 됐다는 친구들?"

남은 학생 전원이 손을 들었습니다.

"많은 친구가 마음에 상처가 됐다고 하네요. 그럼 친구들 세 명이 모여 내 뒷얘기를 하고 있다고 한번 상상해 볼까요? 혹시 당해 본 경험이 있는 친구들은 그 경험을 떠올려 봐도 돼요."

잠시 생각할 시간을 준 후 학생들에게 물어봤습니다.

"기분이 어떨까요?"

"화나요, 짜증 나요, 성질나요…."

"그렇지, 그럼 친구가 내 앞에서 내 욕을 한 거랑 비교하면 어때요?"

"뒷얘기가 더 기분 나빠요. 차라리 앞에서 싸우는 것이 나아요…."

"그렇다면 신체적으로 때리거나 욕한 것은 아니더라도 친구의 마음에 상처를 줬다면 장난으로 봐야 할까요? 폭력으로 봐야 할까요?"

"…폭력이요."

"그래, 선생님은 이런 행동도 모두 폭력으로 생각하고 우리 반 모두 조심했으면 좋겠어요. 특히 여러 명이 한 명을 뒷얘기하는 행동은 분명한 폭력이라고 정하려고 해요."

"그렇다면 뒷얘기 이외에도 친구의 마음에 상처를 주는 행동은 뭐가 있을까요? 발표해 줄 사람?"

열 명에 가까운 아이들이 손을 들었습니다. 대부분 여자아이들이었습니다. 카톡으로 뒷얘기하기, 안 좋은 소문 퍼뜨리기, 너랑 안 놀아 하고 위협하기, 여럿이서 한 아이 쳐다보며 꺄르르 웃기, 한 학생을 집중적으로 노는 데 안 끼어 주기 등 수많은 예가 튀어나왔습니다.

"그래, 엄청 많이 나왔네. 그럼 이 행동들을 다 합쳐 뭐라고 부르면 좋을까요?"

관계적 공격이 폭력임을 확인한 후 교사가 할 일은 이 행동에 이름을 붙여 주는 것입니다. 얼핏 별것 아닌 듯이 보이는 이 일은 의외로 강력한 힘을 발휘합니다. 학생들이 관계적 공격에 대해 잊지 않도록 각인시켜 주는 역할을 하기 때문입니다. 제가 가르쳤던 학생들은 '우정 폭력', '뒷폭력(뒤에서 하니까)', '비겁 폭력', '마음 폭력' 등 다양한 이름을 지었습니다. 다양한 이름 중 학생들이 가장 직관적으로 받아들일 수 있는 이름을 정하는 것이 좋습니다.

"뒷폭력이라는 이름에 손든 친구가 가장 많네. 그럼 뒷얘기, 소문내기, 친구 따돌리기 등의 폭력을 뒷폭력으로 부르기로 해요. 선생님은 뒷폭력도 다른 폭력들과 동일하게 처리할 거예요. 우리 반이 평화롭기 위해선 무엇보다 너희의 도움이 가장 필요해요. 폭력을 보고도 모른 척하는 방관자가 되지 말아 주세요. 앞으로 뒷폭력도 신체적 폭력이나 욕하는 것과 마찬가지로 목격 시 선생님에게 꼭 일러 주세요. 그럴 수 있죠?"

저는 학교폭력 예방교육의 마지막에는 방관자가 되지 않기, 신고의 생활화를 강조하며 마무리합니다. 학교폭력을 신고하는 것은 고자질이 아니라 그 어떤 행동보다 친구를 위해 주고 도와주는 행동이라는 것을 강조합니다.

"어, 너 지금 뒷폭력한다."
"아니야, 그게 아니야."
"선생님! 진아가 뒷폭력했어요!"
"선생님! 그게 아니에요!"

학교폭력 예방교육 후에 교실에서 흔히 볼 수 있는 풍경입니다. 관계적 공격을 폭력으로 정의하고 해선 안 되는 행동이라는 공감대가 학급 전체에 형성된다면 어떤 처치보다 큰 예방효과를 거둘 수 있습니다.

② 여학생들의 관계 역동 살피기

교사가 평소 여학생들의 역동에 주의를 기울이는 것이 무엇보다 중요합니다. 저는 평소 아이들을 관찰하는 행동 이외에도 한 학기에 한 번, 최소 일 년에 두 번씩은 아이들과 1대 1 상담을 갖습니다. 부모님, 공부, 선생님에 대한 다양한 이야기를 나누는 데 제가 가장 주안점을 두는 것은 아이의 교우 관계입니다.

"혹시 요즘 힘들게 하는 친구는 없니?"
"친구 때문에 가장 화나거나 상처받은 사건 한 가지만 말해 줄래?

아무리 사소한 일이라도 무조건 한 가지만 말해 줘."

"혹시 주변에 친구 때문에 힘들어하는 친구를 본 적 없니?"

이런 질문을 통해 반 전체 학생들이 친구로 인해 힘든 일을 겪고 있진 않은지 확인합니다. 이 같은 1대 1 상담으로 음성화된 관계적 공격을 확인할 수 있습니다. 동시에 몰래 뒤에서 폭력을 행사하는 학생에겐 학급 학생 모두 담임교사와 1대 1로 교우 관계에 대한 상담을 갖는다는 사실 자체가 위협이 될 수 있습니다. 그래서 학생들 스스로 행동을 조심하게 만들어 주기도 합니다.

둘째로 여학생들 무리의 역동을 주의 깊게 관찰할 필요가 있습니다. 관계적 공격은 종종 여학생의 친한 그룹 내에서 발생하기 때문입니다. 여학생들의 경우 학급 내 무리 짓기가 뚜렷한 편입니다. 보통 한 학급 내 셋에서 여섯 명으로 구성된 무리가 둘에서 다섯 개 정도 존재합니다. 교사는 그 무리 내의 분위기, 우정의 이동, 권력 변화 등의 역동을 자세히 살필 필요가 있습니다. 다섯 명의 여자아이 무리 중 최근 들어 한두 명이 겉돌고 쉬는 시간에 혼자 떨어져 있다면 그 무리를 주목해 관찰해야 합니다. 저는 그런 상황을 목격할 경우 우선 그 무리와 이해관계가 없어 말하기 편한 무리 밖 여학생에게 먼저 접근합니다. 처음부터 무리 속의 여학생에게 직접 접근할 경우 진실을 은폐하려 할 수도 있기 때문입니다.

"얘들아, 요즘 주연이랑 애들이랑 사이가 어떠니? 조금 안 좋아 보이던데?"

이런 식으로 무리 밖의 여학생에게 그 무리에 대한 근황을 지나가듯 물어봅니다. 여학생들 사이엔 어떤 일이 벌어지는지 알고 있을 가능성이 높습니다. 그렇게 증거를 차근차근 모은 후에야 피해 여학생을 1대 1로 상담을 합니다. 물론 친구들이 모르게 실시해야 합니다.

"주연아, 요즘 많이 힘든 것 같아 주연이랑 이야기하고 싶어 불렀어. 어떻게 지내니?"

당사자와 대화할 때는 모아 둔 정보를 바탕으로 교사가 이미 알고 있다는 분위기를 풍기며 말을 시작합니다. 혹시나 학생이 부끄러운 마음에 혹은 무리를 보호하고 싶은 마음에 숨길 수도 있기 때문입니다.

관계적 공격은 그 성격이 은밀하기 때문에 쉽게 발견되지 않습니다. 그리고 교사의 개입이 늦을 시 아이가 받을 상처의 크기가 무척 크기 때문에 최대한 빨리 발견하여 개입해야 합니다. 이를 위해선 다양한 방법으로 여학생들의 변화를 확인하고 비밀스럽게 증거를 모아야 합니다.

③ 관계적 공격이 행해졌을 때

관계적 공격이 이미 진행되는 것으로 확인될 경우 교사의 즉각적인 개입이 필요합니다. 저는 우선 학생들 간 다툼과 공격의 정도를 확인합니다. 그리고 그에 따라 대응 방법을 달리합니다. 여학생들의 다툼이 가볍거나 아직 초기 상황이라고 판단될 경우엔 저는 먼저 가해 여학생, 혹은 가해 무리에게 선생님이 주시하고 있다는 신호를 계속 보냅니다.

"얘들아, 너희 요즘 사이가 안 좋아 보이네요. 혹시 싸웠니?"
"진희가 요즘 기분이 안 좋아 보이네. 가영아, 너희 친구들 사이의 문제인 것 같은데, 선생님에게 할 말 없나요?"

혹은 직접적인 메시지를 전달할 때도 있습니다.

"선생님이 요즘 너희 지켜보고 있어요. 그리고 걱정하고 있고요. 무슨 일 때문인지는 알고 있죠?"

이미 학기 초에 여학생들 간의 관계적 공격도 폭력의 일종이며 신체, 언어적 폭력과 똑같이 다룰 것이라고 이야기해 놨기 때문에 이런 가벼운 언질로도 아이들은 자신들의 행동을 조심하게 됩니다. 욱했을 때 앞뒤 가리지 않는 남자들에 비해 여학생은 선생님이 주목하고 있다는 신호만으로도 큰 효과를 거둘 수 있습니다.

만약 여학생들의 관계적 공격이 심각한 수준이고 오랜 시간 동안 진행된 상태라면 교사가 직접 개입해 우선 공격을 멈추게 해야 합니다. 이를 위해 가해 학생 혹은 가해 무리와 직접 터놓고 이야기할 필요가 있습니다.

그런데 관계적 공격은 그 성격상 명확한 공격 정황을 포착하기 힘듭니다. 막상 이야기를 나누려 해도 "전 그런 적 없는데요? 전 그냥 장난 친 건데요?"라는 대답이 돌아와 아무런 개입의 효과도 거두지 못할 수 있습니다. 이런 상황을 피하기 위해 가해 학생과 이야기하기 전 피해 학생의 증언, 카카오톡, 문자, 주변 친구들의 이야기, 목격담 등 되도록 많은 증거를 수집해야 합니다. 수집한 증거들을 바탕으로 가해 학생이 자신의 행동을 인정하도록 해야 합니다. 피해 학생, 가해 학생 모두가 관계적 공격을 인정했을 경우 저는 신체적 폭력과 동일하게 처리합니다. 피해, 가해 학생 부모에게 모두 알리고 부모, 교사, 학생 모두가 잘못에 대한 사과와 재발 방지를 함께 약속합니다.

때론 반 아이들 모두와 함께 이야기를 나눠 보는 시간을 가질 수도 있습니다. 물론 이런 토의를 하기 전 사건과 관련된 학생들에게 2차 피해가 가지 않도록 관련 학생과 부모의 동의를 구하는 것이 필수적입니다. 또한 토의 시간이 가해 학생을 성토하는 마녀사냥의 자리가 되어선 안 될 것입니다. 이를 위해 교사의 세심한 손길이 필요합니다.

"오늘 이 시간은 마음 아픈 친구가 다시는 생기지 않기 위한 자리입니다. 친구들을 비난하기 위한 자리가 아닙니다. 이 시간은 자기반성과 올바른 행동을 한 친구에 대한 칭찬을 하기 위해 마련된 자리예요. 책망은 오직 자신한테만 할 수 있고, 남한테는 오직 칭찬만 할 수 있습니다. 우리 반 친구가 상처받는 상황에서 나는 어떤 행동을 했는지 생각해 보세요. 내가 친구를 상처 주는 폭력 상황의 가해자였는지, 동조자였는지, 방관자였는지, 방어자였는지 생각해 봅시다. 그리고 자기반성 이후에는 다른 친구들 이야기를 해 보죠. 다른 친구 이야기는 오직 방어자에 관해서만 말할 수 있어요. 우리 함께 칭찬받을 친구들을 찾아 보죠."

관계적 공격에 대해 학급 모두와 이야기를 나누는 이유는 다시는 이런 일이 학급 내에서 재발되지 않게 하기 위함입니다. 직접적인 가해 행동을 하진 않았어도 마음속으론 거드는 동조자이진 않았는지, 친구가 상처받고 있다는 사실을 알고 있었음에도 모른 척하는 방관자 역할을 하진 않았는지 반성하는 시간을 갖습니다. 만약 불이익을 무릅쓰고 피해 친구에게 도움의 손길을 뻗친 방어자 학생이 있다면 학급 모두가 함께 칭찬해 주는 시간을 가져야 하겠지요. 무엇보다 폭력 없는 교실을 만들기 위해선 학급 모두의 노력이 필요하단 사실을 되새기는 기회로 만들어야 합니다.

남녀 차이보다 중요한 것
성차에 대한 지식의 올바른 사용법

신규 교사 시절 저는 남학생과 여학생의 가치관과 행동 양식의 차이는 가정과 사회의 교육에 의해 형성된 것이라는 믿음을 가지고 있었습니다. 즉 남녀 간 타고난 성차는 없을 거라 믿었습니다. 하지만 그 믿음은 그리 오래 가지 못했죠. 아이들과 함께 지내며 '남녀 간엔 뚜렷한 차이가 있구나.'라는 믿음이 강해져 갔습니다. 남녀의 뚜렷한 차이가 보일 때마다 제 머릿속에서는 '왜 그럴까?'라는 질문이 끊임없이 떠올랐습니다. 이 질문의 해답을 찾던 중 만난 다양한 이론, 심리 실험들은 '남녀는 타고나길 다르게 태어난다.'라는 사실을 확신시켜 주었습니다.

그러나 인간심리와 관련된 모든 이론이 그렇듯 성차에 관련된 연구도 절대적 진리가 될 순 없습니다. 성차를 탐구한 수많은 연구와 저의 교사로서의 경험 모두 남, 여학생들의 대체적 성향을 기술한 것일 뿐입니다. 즉, 항상 예외는 존재합니다. 모든 학생은 남녀를 떠나 독특한 개성을 가진 개별적 인간이기 때문입니다.

수많은 연구에서 남성과 여성의 폭력성, 충동성, 공감 능력, 공간지각 능력 등 다양하고 분명한 남녀 차이가 반복해서 관찰되었습니다. 그리고 그 성 차이는 이제 상식으로 받아들여집니다. 하지만 개인의 성향을 결정하는 데에는 남녀의 타고난 성향 이외에도 부모의 양육, 교우 관계, 사회 경제적 환경 등 수많은 개인적 요인이 존재합니다. 이 개인적 요인들의 영향은 남녀의 성향보다 훨씬 큰 영향을 줄 수 있습니다. 제 교직 생활 동안 조용하고, 운동을 싫어하는 남학생도 수없이 봐 왔고 축구를 좋아하고 거칠고 왈가닥 여학생도 무수히 보았습니다. 관계적 공격을 사용하는 남학생도 있었고 신체적 폭력을 쓰는 여학생도 많았습니다. 그러므로 개인차를 무시한 채 성차에 관한 지식을 맹신하는 것은 위험한 행동입니다.

때문에 제가 기술한 남녀의 특징들을 '남자면 더 활발하고 씩씩해야지. 쪼잔하게 그게 뭐니. 남자답게 행동해.', '여자는 얌전하고 조신해야지. 넌 여자인데도 왜 이리 산만하니? 여자답게 행동해.' 같이 학생들의 행동을 교정하는 근거로 사용해선 안 될 것입니다. 이는 남녀의 성향보다 더 거대한 개인의 개성을 간과한 그릇된 강요이기 때문입니다. 또한 학생에게 편견을 심어 주고 스트레스를 준다는 면에서 정서적, 교육적으로도 지양해야 할 행동입니다. 성급한 확대 일반화는 때론 학생들에게 폭력이 될 수 있습니다.

제가 생각하는 남녀 특성에 대한 가장 바람직한 활용법은 남녀의 특성을 학생을 이해하는 도구로 사용하는 것입니다. 교사와 아이들은 알게 모르게 서로에게 많은 상처와 아픔을 줍니다. 저의 경우 '도대체 쟤는 왜 저럴까?'라는 의문이 해결되지 않을 땐 곧잘 '쟤는 못된 애라 그래, 날 골탕 먹이려고 그래.'라는 게으른 해답을 찾곤 했습니다. 미움은 더욱 커질 수밖에 없었죠. 반대로 '쟤가 그래서 그랬구나.'라고 이유를 깨달았을 때 아이들을 감싸안고 포용하기 더 쉬웠습니다. 진실된 용서와 화해는 서로에 대한 이해의 바탕 위에서 나타나는 것이기 때문입니다.

성차에 관한 저의 글이 아이들을 용서하고, 아이들과 화해하는 데 작은 도움이 됐으면 합니다. 더 나아가 아이들을 사랑하기 위한 이해의 도구로 사용된다면 저는 더 이상 바랄 게 없을 것입니다.

심리학이
말하는
학습
그리고
감정

성적도 아이의 감정과 관련이 있다고요?

감정과 학습(뇌 과학1)

인간은 이성적 동물?

그리스로마 신화의 최고신 제우스는 여러 동물을 만들 때 각기 선물을 주었다고 합니다. 여우에게는 꾀, 호랑이에게는 힘, 토끼에게는 빠른 발을 주었습니다.

그때 인간이 말했습니다.

"제우스 신이여, 어찌 우리에게는 아무것도 주시지 않으십니까?"

제우스는 대답합니다.

"나는 너희에게 어떤 동물에게도 주지 않은 특별한 것을 주었다."

인간이 묻습니다.

"그게 무엇입니까?"

제우스가 대답합니다.

"바로 이성이다."

위 이야기는 인간은 지구상 유일하게 이성을 가진 동물임을 설명하는 이솝우화입니다. 인간은 이성적 동물이라고 불리며 이를 매우 자랑스러워합니다. 하지만 정말 인간은 이성적, 논리적으로 행동할까요? 그렇지 않기 때문에 이성적인 동물임을 더욱 강조하는 것은 아닐까요? 우리는 종종 매우 비이성적으로 행동하는 자신을 볼 때가 있습니다. 술에 취해 비틀거리고, 건강을 해치는 담배를 피우며, 억 소리 나는 어마어마한 가격의 사치품에 열광하는 우리의 모습을 단지 이성만으로는 설명할 수 없습니다. 또한 자살, 전쟁 같은 극단적인 자기 파괴적 행동도 논리적으론 이해하기 힘듭니다.

　인간을 통합적으로 이해하기 위해 이성과 더불어 반드시 필요한 것이 바로 감정입니다. 이미 말씀드린 바 있듯이 학생을 대할 때 학생의 감정을 헤아리는 것은 매우 중요합니다. 만약 우리 학생들이 순수하게 이성적이기만 하다면 어떤 상황에서도 자신의 밝은 미래를 위해 열심히 공부에만 매진할 것입니다. 하지만 이런 아이들은 매우 드뭅니다. 오히려 당장의 기쁨이나 잠깐 전의 슬픔에도 학습 집중력이 흐트러집니다. 이는 감정이 이성에 앞서기 때문입니다. 그렇다면 이성을 압도하는 감정은 과연 어디에서 비롯된 것일까요?

문화 vs 본능

　인간이 느끼는 감정은 주변으로부터 배운 걸까요? 아니면 타고난 것일까요? 이 질문의 답에 따라 감정을 바라보는 관점과 이를 다루는 방법이 전적으로 달라질 수 있습니다. 만약 감정이 학습된 것이라면 우리는 교육을 통해 아동의 감정을 완전히 통제하는 것도 가능해지기 때문입니다.

폴 에크먼Paul Ekman은 미국 캘리포니아 대학 심리학과 교수이며 인간의 감정을 드러내는 가장 직접적인 통로인 표정을 평생토록 연구해 온 심리학자입니다. 그가 표정에 대해 연구하던 1960년대 인간의 감정과 그에 따른 표정은 문화에 따라 다르다는 의견이 주류였습니다. 그 시기 에크먼은 매우 재미있는 실험을 실시하기 위해 남태평양으로 날아갑니다. 그는 미국 대학생들의 분노, 슬픔, 놀람 등 다양한 감정이 담긴 얼굴 사진을 들고 파퓨아 뉴기니 2000m 고지대에 사는 포레족을 찾아갑니다. 포레족은 거의 외부와 교류하지 않고 살아간다고 알려져 있습니다. 즉 자기 부족 이외의 사람들과의 접촉이 거의 없었다고 할 수 있습니다. 에크먼은 포레족에게 미국인들의 사진을 보여 주곤 질문을 던졌습니다.

폴 에크먼

"지금 어떤 일이 벌어지고 있나요?"

"이 사람이 이 표정을 짓기 전에 무슨 일이 벌어졌을까요?"

"그리고 다음에는 무슨 일이 벌어질까요?"

결과는 놀라웠습니다. "그는 놀란 것이다. 그는 슬픈 일이 있었다." 등 포레족과 미국 대학생들의 대답은 정확히 일치했다고 합니다. 이후 다양한 문화권에서 이뤄진 여러 후속 연구를 통해 '인간의 표정과 감정은 문화에 관계없이 공통적이다.'라는 결론이 내려지게 됩니다. 학자에 따라 몇몇 감정들은 문화에 따라 표정이 다르다는 주장도 있습니다. 하지만 '기분 좋음, 혐오, 놀람, 슬픔, 화남, 두려움'의 기본적 감정들은 문화와 인종을 초월해 인간이라면 누구나 느끼고 같은 표정으로 표현된다는 데에는 모두 동의합니다. 만약 모든 문화마다 감정과 표정이 다르다면 21세기 대륙의 동쪽 맨 끝자락에 살고 있는 우리가 서쪽 맨 끝자락에서 수백 년 전(15세기)에 그려진 그림을 보며 예수님과 그 제자들의 놀람, 분노, 슬픔, 의심의 생생한 표정을 읽고 감동할 순 없었을 것입니다. 마찬가지로 우리나라에서 제작된 〈뽀로로〉가 전 세계 아동들에게 웃음을 선사할 수 있었던 이유도 여기 있습니다.

인류는 모두 동일한 감정과 동일한 감정 표현 방법을 가지고 태어났습니다. 감정은 부모나 사회의 교육으로부터 학습된 것이 아니라 타고난 본능의 영역입니다. 그렇다면 왜 인류는 모두 동일한 감정을 지니게 되었을까요?

〈최후의 만찬〉 디지털 복원본, 레오나르도 다빈치

왜 감정이 필요할까?

인간 모두가 갖고 있는 기본 감정(기분 좋음, 혐오, 놀람, 슬픔, 화남, 두려움)을 다시 한 번 살펴보시기 바랍니다. 뭔가 특징을 발견하실 수 있었나요? 한눈에 봐도 긍정감정보다는 부정감정이 많습니다. 정확히는 '기분 좋음'을 빼고는 모두 부정적인 감정입니다. 인간은 긍정감정보다는 부정감정을 훨씬 풍부하고 다양하게 표현합니다. 또한 긍정적 감정을 인지하는 속도보다 부정적인 감정을 인지하는 속도가 훨씬 빠르다고 알려져 있습니다. 이를 보여 주는 심리학 실험이 있습니다.

① 긍정적 감정이 나타난 표정 사진 수십 장 중 공포, 두려움을 띄는 표정 사진 몇 장을 섞어 놓습니다.
② 공포, 두려움을 나타내는 수십 장의 사진 속에 웃는 얼굴 사진 몇 장을 섞어 놓습니다.

이 두 가지 상황에서 특정 표정을 찾는 과제를 내고 그 속도를 비교해 보았습니다. 결과는 ①번 상황에서 공포, 두려움의 사진을 찾는 속도가 ②번 상황에서 긍정적 얼굴의 사진을 찾는 속도보다 훨씬 빨랐다고 합니다.

또 다른 실험으로는 아직 말을 채 배우지도 못한 7개월짜리 아이에게 다양한 표정의 사진들을 보여 준 결과 두려움을 나타내는 사진을 가장 오랫동안 응시했다는 결과도 있습니다. 우리는 여기서 왜 감정이 생겨났는지에 대한 힌트를 얻을 수 있습니다.

인간의 본능 영역에 속한 성향은 대부분 진화상 필연적인 이유가 존재합니다. 감정이 생겨난 이유 역시 과거 인류가 살아온 환경을 살펴보면 발견할 수 있습니다. 앞서 언급한 것처럼 인류는 지금까지 99%의 시간 동안 정글에서 수렵채집 생활을 해 왔습니다. 현재 우리가 살고 있는 도시와는 달리 정글, 초원은 인간에게 생명을 위협하는 수많은 위험과 공포가 도사리고 있습니다. 예를 들어 수렵채집사회에서 사자, 표

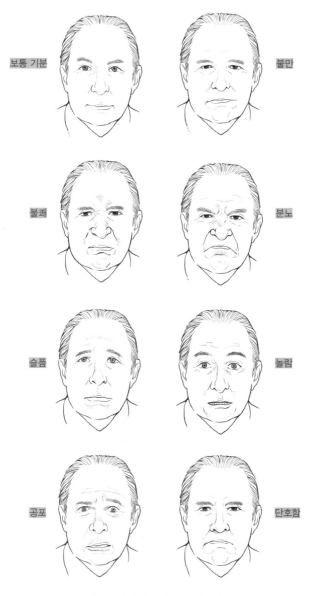

보통 기분   불만

불쾌   분노

슬픔   놀람

공포   단호함

폴 에크먼 교수가 직접 보여 준 인간의 감정 표정

범, 뱀, 거미 등의 치명적인 동물들을 봤을 때 혹은 다른 부족이 약탈을 위해 공격해 올 때 이는 생명과 직결되는 중대한 위기 상황임이 틀림없습니다.

이 일촉즉발의 상황에서 뇌가 울리는 긴급 경보가 바로 감정입니다. 놀람, 공포, 두려움은 맹수나 타 부족의 공격으로부터 재빨리 떨어지라는 경보입니다. 또한 세균이 득실거리는 동물의 배설물이나 거미 같은 독충에 대해선 혐오라는 감정이 경보로 사용됐을 것입니다.

이 경보로 인해 나타나는 표정은 집단의 생존에 도움을 줬을 것입니다. 표정 자체가 자신의 부모, 아들, 딸, 동료들에게 울려 주는 경고 신호가 됐기 때문입니다. 모든 인간은 자기 주변의 누군가가 공포에 질린 표정을 짓는다면 자신도 모르게 비슷한 감정을 느낍니다. 자세한 사정은 몰라도 타인의 표정을 본 것만으로 본능적으로 위험상황에 대처하기 위한 준비 태세에 들어가게 되는 것입니다. 그림, 문자, 말, 수신호 등 그 어떤 신호보다 훨씬 빠르고 간결하게 작동하는 이 경보는 생존의 위협에서 가족과 동료들의 생명을 구하는 역할을 해 왔습니다.

감정에 따른 신체의 변화를 살펴보면 감정이 생겨난 이유가 더욱 명확해집니다. 공포나 두려움을 느낀 순간 심장은 빨리 뛰기 시작합니다. 심장은 더욱 크고 빠르게 펌프질하며 더 많은 양의 혈액을 온몸으로 보냅니다. 특히 팔, 다리로 보내는 혈액양이 급속도로 증가한다고 합니다. 호흡은 가빠집니다. 이는 폐가 산소의 공급량을 급격하게 늘리기 위함입니다. 이와 반대로 위, 장 등의 소화기관은 소화 과정을 잠시 멈춥니다. 소화에 소비되는 에너지를 조금이라도 절약하기 위해서입니다. 동공의 크기는 확장되어 더 많은 시각 정보를 수집합니다. 이 모든 신체의 변화가 '공포'라는 감정으로 인해 촉발됩니다. 공포가 우리 신체에

주는 메시지는 분명합니다. '내가 보내는 신호에 맞춰 빨리 움직여! 도 망쳐!'

부정적인 감정이 생명의 위협으로부터 탈출하기 위한 신호였다면 행복, 즐거움 등의 긍정적인 감정은 왜 필요했을까요? 우리가 언제 긍정적인 감정을 느끼는지 생각해 보면 알 수 있습니다. 우리는 배고픔에서 벗어나 포만감을 느낄 때, 추위에서 벗어나 따뜻함을 느낄 때 긍정적인 감정을 경험합니다. 또한 주변 동료들에게 인정받을 때, 사랑을 받을 때, 나의 유전자를 물려받은 자식을 출산했을 때 긍정감정을 느끼죠. 적절한 온도, 음식의 섭취, 소속된 무리에서의 인정, 성관계, 자녀 출산, 모두 생존과 번식을 위해 필수적인 요소들입니다. 만약 이 요소들로부터 긍정적인 감정을 느낄 수 없다면 우리는 배가 고파도 밥을 먹으려 하지 않을 것이고 타인에게 인정받고 무리에 소속되려는 욕망도 없이 홀로 지내게 될 것입니다. 주변 사람들로부터 긍정적 감정을 얻지 못했다면 로미오와 줄리엣도 자살하지 않았을 것이며 육체와 정신을 갉아 먹는 출산과 육아는 엄두도 내지 않았을 것입니다. 부정적인 감정이 생명의 위협으로부터 탈출하기 위한 수단이라면 긍정적인 감정은 생존과 번식에 유리한 환경을 인간 스스로 따라가게 만드는 촉매제 역할을 합니다. 생존에 위협을 주는 요소에서 멀어지도록, 생존에 유리한 요소를 가까이 두도록 만드는 뇌의 동기화 프로그램이 감정의 정체입니다.

292

3층으로 구성된 뇌

"영수야, 머리를 써야지."

교사들이 어려운 문제에 끙끙대는 학생에게 흔히 던지는 말입니다. 이처럼 우리는 인지적 기능과 머리, 즉 뇌가 밀접한 연관이 있다는 사실을 자연스럽게 받아들입니다. 하지만 뇌의 인지적 기능이 너무 강조된 나머지 뇌를 인지적 기능만을 위해 존재하는 신체 기관으로 여기기도 합니다. 하지만 인지 기능은 뇌가 하는 일의 일부분일 뿐입니다. 뇌는 인지 기능보다 훨씬 더 중요한 역할을 하루 24시간 1초도 쉬지 않고 수행하고 있습니다. 그 역할이란 바로 '인간의 생존'입니다. 인간 생존에 필요한 동기화 프로그램이 감정인 만큼 감정은 인지적 기능보다 우선 순위를 두고 작동합니다. 이것은 심리적, 비유적인 표현이 아닌 뇌의 구조에 기반을 둔 사실입니다.

미국 예일의과대학 교수였으며 뇌신경과학의 권위자였던 폴 맥린Paul D McLean 박사는 뇌의 구조를 설명하기 위해 삼위일체 뇌 모델을 제시했습니다. 그의 모델에 따르면 뇌는 3층 부로 구성되어 있으며 각 층은 순서대로 진화하며 발달해 왔습니다.

폴 맥린

맨 밑의 1층은 뇌간으로 불리며 '파충류의 뇌-생명 뇌'라는 별명을 가지고 있습니다. 이 뇌간의 구조와 기능이 도마뱀, 악어 등의 파충류의 뇌와 비슷하기 때문입니다. 주로 심장박동, 호흡 등 생명에 직접적으로 연관된 기능을 관장합니다. 누구도 심장박동을 자유자재로 멈추고 뛰게 할 수 없듯이 이 부분은 의식적으로 조절할 수 없는 영역입니다. 가장 기초적인 뇌로 인간 진화 과정에서 가장 먼저 형성되었습니다.

2층은 변연계라고 불리며 '포유류의 뇌-감정 뇌'라는 별명을 갖고 있습니다. 개, 고양이, 고래 등의 포유류가 비슷한 구조, 기능을 가진 뇌를 지니고 있기 때문입니다. 바로 이 2층이 우리가 다루고 있는 감정과 본능적 욕구의 원천입니다. 분노, 공포, 슬픔, 기쁨은 물론 식욕, 성욕도 이곳에서 발생됩니다. 이 2층에서 가장 주목해야 할 기관은 편도체amygdala입니다. 이 편도체가 앞서 이야기한 공포, 두려움, 놀람 같은 부정적 감정을 느끼고 조절하는 핵심 기관이기 때문입니다. 만약 편도체가 파괴되면 동물은 공포심을 잃게 됩니다. 실제 편도체가 파괴된 쥐는 고양이를 전혀 두려워하지 않는다고 합니다. 2층에서는 이번 장의 주제인 학습과 관련된 기관 또한 존재합니다. 바로 기억을 관장하는 해마hippocampus입니다. 그 생김새가 물고기 '해마'와 닮았다고 붙여진 이름입니다. 이 해마는 기억력을 관장하는 기관으로 해마의 크기 자체가 사람의 기억력에 영향을 미친다고 알려져 있습니다. 이 해마가 안정적으로 작동할 때 기억력이 증진됩니다.

3층은 대뇌피질로 불리며 '인간의 뇌, 사고하는 뇌'라는 별명을 갖고 있습니다. 고도의 논리적 사고, 창조 기능을 담당하며 침팬지, 오랑우탄 등의 영장류에게서 비슷한 구조의 뇌가 발견됩니다. 그리고 인간에게 가장 발달된 부위이기에 이런 별명이 붙어 있습니다. 3층에서 가장 주목해야 할 부위는 전두엽입니다. 우리의 이

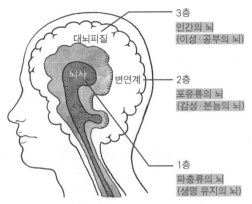

뇌의 3층구조(bsjcam.tistory.com/218)

마, 즉 머리 앞쪽에 위치해 이 같은 이름이 붙었습니다. 전두엽은 우리가 인간만이 가졌다고 자랑하는 고차적 기능들의 핵심이 되는 부위입니다. 사고력, 기획력, 판단력, 집중력 조절, 감정 조절 등을 이곳에서 처리합니다. 즉 공부할 계획을 세우고, 계획을 실천하고, 이해하고, 사고하며, 놀고 싶은 마음을 인내하고, 과제에 집중하는 능력 모두 이 전두엽이 중심이 되어 관장합니다. 감히 '물리적 이성'이라고 불리기에 손색이 없는 인간 뇌의 핵심 부위입니다.

수백만 년의 진화 과정 속에서 인간의 뇌는 1, 2, 3층의 순서로 쌓아 올려졌다고 합니다. 이 말은 3층의 이성적 사고보다 2층의 감정적 느낌이 먼저 생성됐다는 의미입니다. 또한 뇌는 당장 생존에 필요한 기능을 우선해 진화했기 때문에 2층이 더욱 생존에 필수적인 기능을 한다는 의미도 됩니다. 그래서 뇌는 1 → 2 → 3층의 순서로 더 빠르고, 강력하고, 우선적으로 작동합니다.

승리하는 감정

'내 미래를 위해서라도 열심히 집중해 공부해야지.'
vs '아, 공부 지겨워, 짜증 나. 놀고 싶어!'

교실에 앉아 있는 아이들의 머릿속에서 매일매일 벌어지는 이 싸움, 바로 이성 vs 감정의 대결입니다. 대부분의 싸움에서 감정은 이성을 K.O 시킵니다. 감정이 손쉽게 승리를 거두는 이유론 첫째, 감정이 이성에 우선해 작동하기 때문입니다. 앞서 말씀드린 대로 감정은 생존에 중요한 본능적 경보 시스템입니다. 그러므로 부정적 감정이 주는 신호(지겨워)와 긍정적 감정을 느끼라는 명령(친구랑 놀고 싶어) 모두 이성(공부해야 해)보다 더 강력하게 작동합니다. 교사들 역시 "심민수! 집중 안해!"(감정) 같이 버럭 소리 지르고 나선 '짜증 내듯 소리 지를 필요까진 없었는데…'(이성)라고 후회하곤 합니다. 이처럼 급격한 감정의 물결이 몰려올 때면 이성은 차마 끼어들 틈조차 없습니다.

둘째, 뇌 구조상 감정이 이성보다 더 뇌의 기저에 잡고 있기 때문입니다. 뇌의 1, 2, 3층은 그 순서대로 생존과 더 밀접한 관련이 있습니다. 우리 뇌는 신체의 생존을 최우선시해 작동합니다. 대학수학능력시험 같이 매우 중요한 시험을 앞두고 있더라도 뇌는 3층(전두엽)의 활성화를 위해 1층(뇌간)의 심장 스위치를 끄지 않습니다. 마찬가지로 기말고사 하루 전 날 가장 친한 친구와 크게 싸운 민영이의 편도(2층, 부정적 감정 관할)는 '지금은 공부보다 분노, 불안, 슬픔의 감정이 훨씬 중요해! 전두엽(3층) 이걸 먼저 해결해!'라고 외치며 공부를 방해합니다. 이처럼 이성과 감정의 싸움은 기울어진 운동장에서 벌어지는 달리기 시합과 같습니다. 이성이 아무리 힘을 내 올라가도 내리막길을 달리는 감정을 이기긴 힘듭니다.

이에 더해 뇌의 2층의 발달은 유아기 때 완성되는 데 반해 뇌의 3층, 전두엽의 발달은 성인이 돼서야 완성됩니다. 완성 시기엔 성 차이가 있는데 여자는 20대 초반, 남자는 20대 중후반이 된 후에야 전두엽은 완성된다고 합니다. 특히 10대 시절엔 뇌를 리모델링하는 대공사가 일어나 뇌 속은 뒤죽박죽 엉켜 있다고 합니다. 10대 시절 전두엽의 영향력은 상대적으로 약할 수밖에 없습니다. 이런 현상을 사춘기 일탈 행동의 원인 중 하나로 보는 관점도 있습니다.

우리 학생들이 놀고 싶고, 자고 싶고, 바깥으로 나가 뛰어 놀고 싶은 욕구와 감정이 공부해야 한다는 이성을 압도하는 것은 당연합니다.

"쓸데없는 생각 말고 공부나 해."
"꾹 참고 공부하면 커서 네가 하고 싶은 것 다할 수 있어."

모두 공부의 필요성을 논리적으로 설득하기 위해 어른들이 하는 말들입니다. 우리 어른들도 청소년 시기 수백 번 넘게 들었지만 아시다시피 별 효과는 없는 말들입니다. 이처럼 이성 vs 감정의 싸움에서 이성만을 편들고 감정을 공부의 적으로 매도하려고만 한다면 감정은 계속 승리의 나팔을 부를 것입니다.

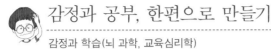

감정과 공부, 한편으로 만들기

감정과 학습(뇌 과학, 교육심리학)

'이길 수 없다면 한편이 되어라.'란 병법의 격언이 있습니다. 이길 수 없는 적은 맞서 싸우려 하지 말고 차라리 화해를 모색하라는 의미입니다. 이 말은 학생들의 감정을 다루는 데도 많은 시사점을 던져 줍니다. 학생의 감정이 본능적인 것이고 이성보다 강력하다면 우리는 감정과 싸우기보다는 어떻게든 감정을 한편으로 끌어들여야 합니다. 감정을 한편으로 끌어들이기 위해선 어른들의 도움이 필수적입니다. 이 도움은 크게 ① 정서적으로 안정시키기, ② 학습과 긍정 정서 연결시키기, ③ 정서 조절 익히기로 나눌 수 있습니다.

정서적으로 안정시키기

"아, 골치야.", "머리 아퍼."

이 말들은 친구와 다퉜을 경우, 혹은 집안에 문젯거리가 생겼을 경우 등 해결책이 보이지 않는 걱정거리에 맞닥뜨렸을 때 사용하는 표현입니다. 문제로 인해 정서적으로 불안하지만 마땅한 해결책이 떠오르지 않아 무의식적으로 나오는 탄식이기도 하죠. 언제부터 사람들이 쓰기 시작했는지 모를 이 관용적 표현 안에는 현대 뇌 과학에서 밝혀낸 과학적 지식이 숨겨져 있습니다.

집에서 부부싸움을 크게 벌인 후 학교에 와서 바로 복잡한 업무를 처리하신 적 있으신가요? 이 경우 업무처리는커녕 짜증 때문에 업무를 쳐다보기조차 싫으실 테지요. 이처럼 화가 난 경우, 깜짝 놀란 경우, 슬픈 경우 등 부정적 정서를 느낄 때 뇌의 인지적 기능은 현저히 느려집니다. 뇌의 3층(사고하는 뇌) 전두엽의 기능이 저하되기 때문입니다.

우리의 뇌는 급격한 부정적 감정을 생명의 경보장치로 사용해 왔습니다. 여기서 편도가 중추적인 역할을 합니다. 급격한 위협을 느꼈을 때 편도가 활성화되어 뇌에 경보를 울립니다. 이 경보는 뇌와 신체 곳곳에 전달되어 심장을 빨리 뛰게 하고 팔다리에 혈액을 과공급하며 호흡을 가쁘게 합니다. 우리의 에너지를 전부 도망칠 준비에 쏟는 것입니다. 도망치는 데 에너지를 쏟은 만큼 반대로 에너지를 뺏기는 부분도 있습니다. 뇌의 3층에 혈류 공급량이 급격히 줄어들게 됩니다. 빨리 본능적으로 재빠르게 도망가는 기능이 뇌의 1, 2층(생명뇌, 감정뇌)에 집중돼 있기 때문에 1, 2층에 대부분의 혈액이 집중되는 만큼 뇌의 3층(사고 뇌, 전두엽)에는 혈류가 감소하게 되는 것입니다. 자연스럽게 3층의 기능도 저하됩니다. 이것이 우리가 분노, 놀라움, 슬픔을 느꼈을 때 머리가 잘 돌아가지 않는 첫 번째 이유입니다.

인지적 기능이 저하되는 두 번째 이유도 편도에 있습니다. 편도의 과활성화는 코르티솔coltisol이란 호르몬의 발생을 촉진시킵니다. 코르티솔은 원래 스트레스 상황에서 분비됩니다. 코르티솔은 긴장을 유지시켜 줌으로써 우리가 스트레스 상황을 극복하는 데 도움을 줍니다. 그러나 스트레스 상황에 지속적으로 노출되어 코르티솔이 장기적으로 과다 분비될 경우 오히려 집중력이 떨어지게 됩니다. 그리고 신경이 예민해져 짜증이 늘어나게 된다고 합니다. 특히 뇌가 급격히 성장하는 유아기, 아동기에 스트레스 경험이 잦을 경우 뇌가 코르티솔에 지속적으로 과다하게 노출됨으로써 뇌의 전반적 발달이 저해된다고 합니다. 특히 코르티솔에 흠뻑 젖어 버린 뇌는 뇌 3층(사고하는 뇌, 전두엽)과 측두엽(언어를 관장하는 뇌)이 제대로 발달하지 못하며 이 부위에 손상이 생길 수도 있다고 합니다. 전두엽(깊은 사고력, 주의 집중 능력, 판단력, 계획을 세우는 능력), 측두엽(학습에 필수적인 듣기, 말하기, 읽기, 쓰기의 언어 능력)이 제대로 발달하지 못한 학생에게 좋은 성적은 불가능합니다. 실제 아동기 부모의 학대 경험으로 만성적으로 코르티솔 과분비 경향이 있는 아이들은 그렇지 않은 아이들에 비해 집중력이 현저히 떨어진다는 연구 결과도 있습니다.

결국 학생의 정서가 안정되어야 공부할 수 있는 뇌가 만들어집니다. 안정적인 정서 속에서만 뇌의 인지적 기능이 충분히 발달하고 작동합니다. 학생의 정서가 불안한 상태에서 공부를 잘하길 바라는 일은 두 다리가 묶여 있는 아이에게 빨리 달리라고 재촉하는 것과 다름없습니다. 학생의 학습을 도와주기 위해 어른이 제일 먼저 해야 할 것은 학생의 묶인 두 다리를 풀어 주는 일이 될 것입니다.

엄마, 아빠는 널 사랑해

첫째, 안정적인 부모-자녀의 애착 관계가 가장 중요합니다. 학생의 정서를 가장 좌지우지할 수 있는 사람은 누가 뭐래도 부모입니다. 특히 아이의 뇌가 가장 폭발적으로 성장하는 1~3세의 영아기에 아이의 정서 회로를 설계해 주는 존재가 부모입니다. 1~3세의 영아는 혼자선 생명을 유지할 수조차 없는 유약한 존재입니다. 부모가 제공하는 집, 음식, 육아가 없으면 채 며칠을 살지 못합니다. 부모 없이 이 세상을 살아간다는 것은 죽음과 같기에 유아들에게 부모는 빛이자 소금, 구원이자 신 그 자체입니다. 부모가 보이지 않을 때, 부모가 자신에게 관심을 주지 않을 때 혹은 낯선 사람과 마주했을 때 유아들은 극심한 생존의 위협을 느낄 것입니다. 유아들이 부모가 웃으면 따라 웃고, 부모가 화내면 울음보를 터뜨리는 이유, 세상이 떠나갈 듯 울던 유아도 부모가 안아 주고 달래 주면 곧 울음을 그치는 이유, 모두 홀로 남겨진다는 공포로부터 벗어났다는 유아의 안도감에서 비롯된 현상일 것입니다.

우리 부모님은 날 버려두지 않아. → 우리 부모님은 나를 아끼고 보살펴 줘. → 우리 부모님은 날 사랑해 줘.

위와 같은 단계로 발전하는 유아의 정서적 유대감을 애착attachment 이라고 부릅니다. 다시 말하면 유아가 자신의 보호자에게 가지는 '신뢰'가 바로 애착입니다. 부모-자녀 간의 긍정적 애착 관계는 정서적 안정의 토대가 되며 아이의 학습 능력(뇌 3층, 전두엽)을 발달시켜 줍니다. 반대로 애착 관계가 제대로 형성돼 있지 못하다면 학습 능력(뇌 3층, 전두엽)의 발달은 저해됩니다. 또한 그나마 있는 학습 능력도 제대로 발휘하지 못할 것입니다.

'엄마, 아빠는 내가 미운가? 엄마, 아빠가 혹시 날 버리고 도망가는 것 아닐까?'

영아기부터 이런 생각이 머릿속에 자리 잡은 학생은 끊임없는 불안 속에서 살게 됩니다.

'친구들은 내가 미운가?'

'선생님은 나를 싫어하나?'

'내 여자 친구, 남자 친구는 날 정말 좋아할까?'

'내 남편은 날 사랑하지 않나?'

유아기에 형성된 애착 불안은 위와 같이 부모에게서 시작해 친구, 선생님, 배우자로 대상만 바뀐 채 아동, 청소년기 나아가 성인기까지 계속 이어져 비슷한 불안을 야기합니다. 애착 관계의 불안으로 시작해 교우 관계, 대인 관계에 만성적인 불안, 초조함을 가진 학생들이 공부에 집중하지 못하는 것은 어찌 보면 당연한 일입니다.

반대로 안정된 애착 관계가 형성된 학생은 똑같은 스트레스를 받아도 불안한 애착 관계를 가진 학생보다 훨씬 정서적으로 안정된 상태를 보입니다. 실제 미국 미네소타대학의 교수이자 아동발달심리학자 메간 가너Megan R. Gunnar는 생후 초기 따스한 보육으로 안정된 애착이 형성된 아이들은 웬만한 스트레스에도 잘 견딘다는 사실을 발견합니다. 그리고 안정된 애착이 형성된 아동들의 뇌를 살펴본 결과 스트레스 호르몬인 코르티솔 분비가 일반 아동보다 낮다는 연구 결과를 보여 주었습니다. 코르티솔이 뇌의 인지 기능 발달 및 수행에 부정적인 영향을 주는 만큼 안정 애착이 형성된 아동들이 자신의 타고난 인지 능력을 학습 상황에 더욱 충분히 활용할 수 있는 것입니다.

만성적인 정서 불안정

학생이 수업 중 가만히 있지 못하고 집중하기 힘들어하며 감정적 기복이 심하다면 교사는 우선 학생, 부모 관계를 먼저 살펴볼 필요가 있습니다. 만약 학생의 정서적 불안이 부모와의 뿌리 깊은 불안정 애착 관계에서 비롯된 것이라면 교사는 학생의 성적 상승보다는 정서적 안정을 위해 우선 노력해야 합니다. 정서적 안정이 선행되지 않고선 그 어떤 보충 학습이나 학습 훈련도 큰 효과를 보긴 힘들기 때문입니다.

가장 효과적인 방법은 학생과 가장 가까운 부모가 새롭게 안정된 애착 관계를 형성하는 것입니다. 다행히 애착 관계는 유아기에 형성되기는 하지만 그 후 변화 가능하기 때문입니다. 많은 연구에서 애착 관계는 아동, 청소년기에도 부모와의 상호작용에 따라 긍정적으로 때론 부정적으로 변화한다고 합니다. 지금 학생이 몇 살인지는 관계없습니다. 학생이 가정에서 편안함, 행복함을 느끼는 환경을 만들어 준다면 학생의 애착 관계는 긍정적으로 변화할 수 있습니다. 만약 학부모가 교사의 말에 호의적 반응을 보인다면 부모가 먼저 변하도록 유도하는 것이 최선의 방법입니다.

학생의 정서적 안정에 두 번째로 큰 영향을 미칠 수 있는 존재는 교사입니다. 10대들이 가장 많이 시간을 보내는 곳은 학교이기 때문입니다. 가정에서 정서적 지지를 받지 못하는 학생들에게 교사는 다만 1년이라도 학생이 잠시 기대 쉴 수 있는 버팀목이 되어 줄 수 있습니다. 이를 위해서 정서적으로 불안정한 학생의 성적 걱정은 조금 뒤로 미루고 교사, 학생 관계의 질적 향상에 집중할 필요가 있습니다.

학생과 눈 마주치고 웃으며 대화하기.

학생의 농담에 웃어 주기.

조그마한 일에도 칭찬해 주기.

학생의 불평에 귀 기울여 주기.

학생의 걱정을 들어 주고 공감해 주기.

학생의 교우 관계에 관심 갖고 도와주기.

가벼운 실수는 넘어가 주기.

다양한 예들을 길게 나열했지만 핵심은 한 문장으로 줄여 말할 수 있습니다. 핵심은 '선생님의 애정, 관심을 학생이 알기 쉽게 표현하기'입니다. 이를 정서적으로 불안정한 학생이 교사의 애정을 쉽게 눈치 챌 수 있도록 조금 과하다 싶을 정도로 표나게 차별적으로 대우해 주시면 됩니다. 이는 기계적 평등의 잣대로 비판할 순 없는 교사의 교육 행동입니다. 수학 실력이 부족한 학생에겐 보충학습을 해 주듯 정서적으로 불안정한 학생에겐 특별한 정서적 지지를 보내 주어야 합니다.

긍정적 애착 관계가 형성되면 뇌 발달이 촉진될 뿐 아니라 뇌가 온전히 기능하게 됩니다. 또한 똑같이 힘든 일을 겪어도 스트레스를 훨씬 잘 견딥니다. 즉 더 집중하며 공부할 수 있게 만들어 줍니다.

일시적인 정서 불안정

안정된 애착 관계를 가진 아이라 할지라도 일시적으로 불안정한 정서를 가질 수 있습니다. 자신의 단짝과 크게 다툰 후, 선생님께 크게 혼이 난 후, 부모님의 부부싸움을 목격한 날 학생들은 공부가 손에 잡히지 않습니다. 만약 책을 잡았다 해도 머릿속에선 계속 다른 생각들만 떠오릅니다.

이러한 정서적 스트레스 요인을 교사가 직접 제거해 줄 필요는 없습니다. 학생의 모든 문제에 교사가 개입할 수 없을 뿐더러 학생에게 바람직하지도 않을 것입니다. 하지만 간접적인 도움을 줄 순 있습니다. 그 방법으로 첫째, 학생의 정서적 반응으로 인한 일탈 행동들에 잠시 눈을 감아 주는 것입니다. 평소 학습에 열성적이던 학생이 그날 따라 유독 집중을 못한다면 저는 그 학생과 따로 이야기할 시간을 갖습니다.

"혹시 무슨 걱정거리가 있니?"

가정의 문제, 부모님의 강도 높은 꾸중, 친구와의 다툼 등 감정에 동요를 일으키는 일이 있다면 그리고 이를 솔직히 말해 준다면 저는 학생에게 이렇게 말합니다.

"그래, 그랬구나. 그럼 오늘은 조금 공부에 소홀하더라도 선생님이 지적하진 않을게요. 단 다른 친구들만 방해하지 않으면 돼. 오늘 하루는 푹 쉬고 내일부터 열심히 공부하자."

누구도 강렬한 정서에 휩싸인 상태에서 학습에 전념할 순 없습니다. 이런 상태에서 가장 필요한 것은 자신의 감정을 추스르고 다시 복귀할 시간입니다. 교사는 에너지를 충전할 시간을 제공해 줄 수 있습니다.

둘째, 교사는 학생의 이야기를 들어 줄 수 있습니다. 교사들과 안정된 관계를 맺고 대화를 많이 하는 학생일수록 정서적 위험 요소로부터 멀어질 수 있습니다. 다양한 연구에서 교사, 학생 관계가 긍정적인 학급일수록 학교폭력의 발생률이 더 낮다고 합니다. 또한 학생의 교우 관계 스트레스도 훨씬 적은 것으로 나타납니다.

정말 심각한 고민이 있을 때 누군가 옆에서 관심 가지고 들어 주기만 해도 정서적으로 훨씬 안정될 수 있습니다. 그리고 자신의 고민을 모두 털어놓을 수 있는 사람, 내 편이 돼 주는 사람이 있다는 사실만으로도 스트레스를 이겨낼 힘을 얻을 수 있습니다. 이를 위해선 평소 학생의 생활에 대해 꾸준히 관심을 갖고 대화하려는 노력이 필요합니다. 어느 날 갑자기 '네 걱정을 털어놔 봐.'라고 말하는 상대에게 자신의 진심을 이야기할 사람은 없을 것입니다. 학생이 "아무 일 없어요.", "괜찮아요, 내버려 둬요."라고 말하더라도 "나는 너의 고민이 궁금하고 듣고 싶어."라는 메시지를 꾸준히 전달해 줄 때 학생들은 자신의 마음을 조금씩 열어 보일 것입니다.

학습과 긍정감정 연결시키기

공부중독

"술을 자주 드시나요? 담배를 피시나요? 스마트폰을 손에서 놓지 못하시나요?"

이 엉뚱한 질문에 "네."라고 대답하셨다면 지금부터 제가 할 이야기를 더 잘 이해할 수 있으실 것입니다. 그렇다면 술, 담배, 스마트폰의 공통점은 무엇일까요? 정답은 중독입니다. 자기도 모르게 버릇이 되는 현상을 '중독'이라고 부릅니다. 중독이 심해지면 일상생활 중에도 그 행동을 반복해서 떠올리게 되며 때론 하기 싫어도 어쩔 수 없이 반복 행동하게 됩니다. 밤새도록 스마트폰을 하느라 빨개진 학생들의 눈도 이 중독 현상과 관련 있습니다. 스스로를 조절하지 못하도록 만드는 이 중독 현상은 왜 벌어질까요?

우리 뇌에 부정적 감정과 스트레스를 느끼는 부위가 있고 이것이 지속적으로 활성화될 때 인지적 기능이 저하된다는 사실을 설명한 바 있습니다. 이와 대조적으로 우리의 뇌에는 인간을 행복하게 해 주는 쾌감 중추도 존재합니다. 이곳이 자극되면 도파민dopamine이란 호르몬이 분비되는데 이 호르몬이 분비되면 쾌감, 즐거움, 행복감을 느끼게 됩니다. 도파민은 '뇌 속의 마약'으로 불릴 정도로 중독성을 자랑합니다. 도파민으로 우리의 뇌가 느끼는 행복감은 너무 커서 일단 도파민이 분비된 행동은 뇌에 각인됩니다. 그리고 뇌는 이 행동을 의식적, 무의식적으로 반복하려 합니다. 이 도파민을 인위적으로 조작하는 것이 코카인, 메스암페타민 등의 마약입니다. 마약이 끊기 힘든 이유는 자기가 원하는 순간에 도파민의 양을 조절해 엄청난 쾌감을 느낄 수 있기 때문입니다. 흡연, 음주, 도박, 마약, 담배, 게임, 스마트폰 등 다양한 중독 현상들이 바로 도파민의 작동 원리로 어느 정도 설명될 수 있습니다.• 같은 원리로 도파민은 성취감, 자발적 행동 같은 동기부여에 관여하는 호르몬입니다.

알코올중독, 마약중독, 스마트폰중독 등 '중독'이란 단어는 일반적으로 부정적 의미로 쓰입니다. 하지만 중독 앞에 붙은 단어들을 긍정적 의미로 바꿔 보면 어떨까요? 예를 들어 기부중독, 봉사중독, 선행중독까지 우리는 도파민의 작동 원리를 이용하여 학생들이 긍정적 의미의 중독에 빠져들게 할 수 있을 것입니다. 만약 이 강력한 도파민을 학생들의 학습과 연결시킨다면 공부중독에 빠뜨리는 것도 가능할 것입니다. 그렇게 하기 위해선 무엇보다 공부와 긍정적인 감정을 연결시켜야합니다. 도파민은 긍정적인 감정을 느끼는 상황을 따라다니는 호르몬이기 때문입니다. 공부와 긍정적인 감정을 연결시킬 수 있다면 우리 학생

• 도파민이 중독의 유일한 원인은 아닙니다. 그 외 다양한 요인들이 중독에 관여합니다.

들은 공부에 대한 흥미(공부를 재밌어 함), 동기(공부를 하고자 함), 과제 지속력(어려움에도 공부를 지속)이 높은 수준으로 유지되는 공부중독에 빠질 수 있을 것입니다. 지금부터는 학습과 긍정적인 감정을 연결하는 방법을 설명하겠습니다. 이 방법은 크게 ① 자기효능감 형성하기, ② 노력으로 귀인하기, ③ 부정적인 정서 줄이기로 나눌 수 있습니다.

(1) 성공 경험을 통해 자기효능감(Self-efficacy) 형성하기

공부와 긍정감정을 연결시키기 위한 가장 효과적인 방법은 공부로 성취감을 느끼는 것입니다. 어떤 분야 건 '내가 해냈어.'라는 성취감은 뇌의 쾌감중추를 자극하는 중요한 요소입니다. 성취감을 가장 전략적으로 활용하는 매체는 바로 게임입니다. 한때 전 국민을 사로잡았던 '애니팡'이란 게임을 예로 들어 보겠습니다. 애니팡의 규칙은 누구나 따라할 수 있을 만큼 쉽습니다. 같은 동물 모양을 맞추기만 하면 됩니다. 그리고 길어야 5분 이내에 한 게임이 끝나고 바로 결과를 확인할 수 있습니다. 게임의 결과는 바로 점수로 표시되며 그 점수를 친구들과 비교해 자신이 몇 위인지 그 자리에서 확인할 수 있습니다. 결과를 확인한 후에는 언제든지 재도전할 수 있습니다. 애니팡이 성취감을 자극하는 방법을 정리하면 다음과 같습니다.

① 너무 어렵지 않고 조금의 노력으로도 성공할 수 있는 도전 가능
  과제
② 활동 후 즉시 성공, 실패 여부를 명확히 알 수 있음
③ 다시 도전할 수 있는 기회를 무한정 제공
애니팡뿐 아니라 대부분의 게임 속에는 인간의 도전정신, 성취감을

자극하는 요소가 있습니다. 게임은 참여자의 성취감을 전략적으로 자극해 도파민과 긍정적인 감정을 이끌어 냅니다. 학생들이 게임중독에 빠지게 되는 과정도 이와 크게 다르지 않습니다.

우리는 공부중독을 위해 이 과정을 그대로 공부에 적용시킬 수 있습니다. 첫째, 학생에게 성공 가능한 과제를 제시해야 합니다. 학생이 어렵지 않게 성공 경험을 할 수 있는 과제는 뇌의 쾌감 중추를 자극해 줍니다. 반대로 학생이 분수의 개념을 이해 못 하는데 통분, 약분을 가르치려 한다면 학생은 실패감을 느낄 수밖에 없습니다. 공부로 인해 부정적인 감정, 스트레스가 야기되며 공부가 싫어집니다. 교사는 수업 설계 시 현재 학생의 수준에 맞게 10분 정도의 노력으로도 성공할 수 있는 과제들을 제작, 제시해야 합니다.

성공하기 힘든 과제만을 접한다면 공부와 부정적인 감정이 연합됩니다. 요즘 열풍이 부는 고난이도의 1, 2년 앞선 선행 학습은 학생이 공부와 좌절감을 연결 짓게 만드는 대표적인 예입니다. 실패, 좌절감에는 자연스럽게 스트레스 호르몬이 분비되기 때문에 학생은 공부를 싫어할 수밖에 없습니다. 그렇다고 너무 쉬운 과제를 제시하는 것 역시 성취감을 방해하는 요소가 됩니다. 세 자리 수 곱셈을 할 줄 아는 학생에겐 구구단 문제는 성취감을 주지 못합니다. 성취감을 주기 위해선 학생이 느끼기에 조금 어려운 과제를 제시하는 것이 가장 좋습니다. 학생의 학년, 진도에만 매이지 말고 학생의 수준이 어느 단계인지, 학생의 집중력은 10분인지, 20분인지, 1시간인지 다양한 능력을 고려해 학생이 시간 내에 포기하지 않고 성공 경험을 할 수 있도록 과제 내용 및 과제량을 적절히 설계해 주어야 합니다.

둘째, 과제의 결과는 최대한 빨리 명확하게 통지해 주어야 합니다. 단원 평가가 끝나자마자 "선생님, 저 몇 점이에요?" 하며 달려오는 학생들이 있습니다. 채점할 시간도 주지 않은 채 저를 닦달하죠. 이런 학생들의 공통점은 시험 준비를 열심히 했다는 사실입니다. 열심히 과제를 수행한 학생일수록 빨리 결과를 알고 싶어 합니다. 자신의 노력의 성과가 궁금해 견딜 수 없기 때문입니다. 그런데 결과를 알 수 없다면 학생은 맥이 빠질 수밖에 없습니다. 과제의 결과를 너무 늦게 알아도 마찬가지로 맥이 빠져 버립니다. 다음 시험에서 더 열심히 할 의욕을 잃어버릴 수도 있습니다. 그렇기 때문에 시험이나 과제의 결과는 최대한 신속하게 알려 주는 것이 좋습니다. 결과가 좋지 않으면 좋지 않은 대로 다음 과제를 기약할 수 있고 결과가 좋을 경우엔 당연히 더 열심히 공부할 의욕에 불탈 것입니다. 최악의 상황은 온 힘을 다해 노력했는데도 그 결과를 알 수 없을 때, '이거 해서 뭐해.'라는 생각이 들게 만드는 것입니다.

셋째, 실패한 학생이 다시 도전할 수 있는 환경을 만들어 줘야 합니다. 교사는 실패한 학생을 위한 도우미가 될 수 있습니다. 도우미는 학생의 실패를 비난하거나 탓해선 안 됩니다. 도우미는 학생이 재도전할 수 있도록 격려하고 도와줘야 합니다. 왜 실패했는지 원인을 분석하고 수정해야 할 점을 알려 줌으로써 '이것만 고치면 성공할 수 있겠는데? 다시 해 볼까?'라는 생각이 들게 만들어 줘야 합니다. 도움이 효과적이었다면 학생은 실패를 별것 아닌 일로 생각하게 될 것입니다. '실패해도 다음에 다시 잘하면 되지. 모르면 선생님이 도와줄 텐데 뭐.'라는 믿음을 심어 준다면 학생의 도전 의지는 사라지지 않을 것입니다.

적절한 과제 제시, 즉각적 피드백, 재도전 협력을 통해 학습 성공 경험이 누적된다면 학생의 뇌 속에선 공부와 긍정감정이 연합됩니다. 그

결과 학생의 머릿속에선 학습에 대한 자기효능
감self-efficacy이 형성됩니다. 자기효능감이란 모
방학습을 발견한 것으로도 유명한 스탠포드
대학의 인지행동심리학자 앨버트 밴듀라Albert
Bandura가 제시한 개념으로 자신의 능력에 대
한 믿음을 뜻합니다. '나는 분수 문제를 풀 수
있어.', '나는 이번 영어 시험을 잘 볼 수 있어.'

앨버트 밴듀라

나아가 '나는 공부를 잘해.' 같은 자신의 능력에 대한 신념이 바로 자기
효능감입니다.

자기효능감과 관련된 연구들에서 주목할 점은 자기효능감이 높은 학
생이 과제에 몰두하는 능력인 과제 지속력이 매우 높은 것으로 나타난
다는 점입니다. 즉 자기효능감이 높을수록 공부에 투자하는 시간이 훨
씬 깁니다. 또한 높은 자기효능감을 가진 학생들은 상대적으로 공부에
대해 긍정적인 감정을 지니고 있었으며 학습에 대한 흥미, 동기도 훨씬
높았습니다.

얼핏 생각하면 '능력이 뛰어나니까 혹은 성적이 높으니까 자기효능감
이 높은 것 아니야?'라고 생각할 수도 있습니다. 하지만 수많은 연구 결
과가 학생의 능력은 자기효능감과 부분적인 연관은 있지만 일치하지는
않는 것으로 나타납니다. 90점 이상을 받는데도 '난 공부를 못해.'라고
생각하는 학생, 성적이 보통 혹은 평균 이하 수준이어도 '역시 난 공부
를 잘해.'라고 생각하는 학생이 존재한다는 의미입니다. 이처럼 자신의
학습 능력에 대한 신뢰가 꼭 성적에만 달린 것은 아닙니다.

오랜 세월 누적된 학습 성공 경험의 횟수가 높은 자기효능감을 형성
하는 핵심 열쇠입니다. 교사가 적절한 과제를 제시하고, 즉각 피드백해

주며, 재도전을 도와준다면 학생은 수많은 성공을 경험할 수 있을 것입니다. 이는 학생의 능력이 낮다 해도 교사의 노력 여하에 따라 충분히 가능한 일입니다. 수많은 성공 경험은 학생의 자기효능감을 1년 동안 몰라보게 성장시켜 줄 것입니다.

(2) '노력'으로 귀인하기

공부와 긍정감정을 연합시키는 첫 번째 방법이 성공에 대한 신념을 가지는 것이었다면 두 번째 방법은 이 성공을 자기확신으로 확장시키는 일입니다. 미국 U.C.L.A의 심리학자였던 버나드 와이너Bernard Weiner는 학생이 학습의 성공, 실패의 원인을 무엇으로 생각하느냐에 따라 특정한 정서와 동기가 야기된다는 귀인이론

버나드 와이너

Attribution theory을 제시하였습니다. 귀인歸因이란 '원인의 귀착'의 줄임말로 자신이 행동하거나 벌어진 사건의 원인을 설명하는 방법을 의미합니다.

와이너의 귀인이론에 따르면 학습에 대한 정서는 학생 본인이 평가하는 성공, 실패 등의 학습 결과와 더불어 '내가 성공한 원인이 뭘까? 혹은 내가 실패한 원인이 뭘까?'에 대한 학습자의 이해가 다양한 감정을 불러일으킨다고 합니다. 그 감정은 자부심, 즐거움, 희망 등의 긍정적 감정일 수도 있고 불안, 무기력, 수치감 등의 부정적 감정일 수도 있습니다. 예를 들어 수학 성적이 낮은 학생이 '나는 머리가 나빠서 수학을 못해.'라고 귀인한다면 학생은 좌절감을 느끼게 됩니다. '내 지능은 타고났어. 앞으로도 계속 변하지 않을 거야.'라고 생각하기 때문입니다.

또한 아무리 수학 성적이 좋더라도 그 원인을 '내가 똑똑해서가 아니야, 그저 운이 좋았던 거야.' 혹은 '문제가 쉬웠던 거야.'라고 자신의 능력 밖에 있는 원인으로 귀인할 경우 학생은 무기력감을 느끼게 됩니다. 학업적 성공을 거두었다 하더라도 부정적 감정을 느낄 수도 있는 것입니다. 이처럼 성취 결과의 원인을 어떻게 이해하는가에 따라 학생이 느끼는 감정도 다양하게 변화합니다.

그렇다면 어떻게 성취 결과의 원인을 인식해야 학생이 긍정적인 감정을 느낄까요? 해답은 다음과 같습니다.

① 학업 성취 결과의 원인은 내 자신에게 있어. 교육, 학습 내용, 선생님, 부모, 학원 등 외부에 있는 것이 아니야. (내부에서 원인 찾기)
② 학업 성취 결과는 조절 가능한 나의 노력 때문이야. 지능이나 과제 난이도 같이 바꿀 수 없는 것들 때문이 아니야. (변화 가능한 원인 찾기)
③ 학습 결과는 내 노력, 의지에 의해 달라질 수 있어. (내가 통제할 수 있는 원인 찾기)

자신의 성취 결과의 원인을 자신의 내부, 변화 가능한 요인, 통제 가능한 요인으로 인식할 경우 학업적 성공에 대해 즐거움, 자부심 같은 긍정적 감정을 더욱 강하게 느끼게 됩니다. 설혹 결과가 부정적이라 하더라도 좌절감, 무력감 같은 부정적인 감정을 훨씬 적게 느끼게 된다고 합니다.

학생의 학습 과정, 평가를 모두 관장하는 사람이 교사인 만큼 학생이 자신의 성취 결과를 바람직한 방향으로 귀인하기 위해선 교사의 역할이 무엇보다 중요합니다. 이를 위해 첫째, 교사는 학생의 성취 결과보다 노력을 더 높이 평가해 줘야 합니다.

① "와, 95점이네. 성진이는 참 똑똑해."
② "와, 멋진 감상문이다. 연수는 글에 재능이 있구나."
③ "원기둥의 겉넓이는 어려운 문제인데 잘 풀었네. 현우는 머리가 좋구나."

"똑똑하다, 머리가 좋다, 재능이 뛰어나다."는 매우 흔히 쓰이는 칭찬들입니다. 하지만 이런 칭찬들 속엔 학업 성취 결과는 지능이나 재능 등 타고난 능력에 의해서 결정된다는 메시지가 숨겨져 있습니다. 이런 칭찬을 듣는 당사자와 주위 학생들은 은연중에 높은 학업 성적은 타고난 재능이 가장 중요한 것이라고 여기게 됩니다. 또한 상대적으로 낮은 성취를 보이는 학생들은 '나는 머리가 나빠서 혹은 내가 재능이 없어 성적이 낮구나.' 같이 자신의 실패를 재능의 부족 때문으로 여기게 될 것입니다. 학생들은 타고난 지능과 재능은 노력해도 변할 수 없다고 여기기 때문에 '난 어차피 해도 안 되겠네.' 같이 무기력한 감정을 느끼게 됩니다.

① "와, 95점이네. 성진이 이번 시험 준비 열심히 했구나."
② "와, 멋진 감상문이다. 연수야 이 글 쓰는데 얼마나 걸렸어? 정말 열심히 썼구나. 책의 주제를 파악한 구절을 보니 책을 자세히 읽었구나."
③ "원기둥의 겉넓이는 어려운 문제인데 잘 풀었네. 선생님이 지켜보

니 현우는 계산을 천천히 꼼꼼히 하더라."

저는 학생을 칭찬할 일이 있을 땐, 사소한 칭찬이라도 학생의 노력을 치하하려고 의식적으로 노력합니다. 위와 같은 칭찬들은 칭찬을 받는 학생 및 학급 구성원들에게 성공의 가장 큰 요인은 바로 노력이라는 메시지를 전달해 줄 수 있습니다.

또한 저는 학생의 성적에 실제 '노력 점수'를 반영합니다. 수행평가나 실기평가 등 교사의 주관이 개입할 수 있는 평가에 한해서 저는 최선을 다하는 학생에겐 더 높은 점수를 부여합니다. 제가 노력 점수를 주기까진 '평가의 엄정함이 저해되는 행동이 아닐까…. 역차별이 아닐까….' 등의 많은 고민이 있었습니다. 하지만 학교 교육은 불과 몇 점의 차이로 합격과 불합격을 가르기 위한 선발을 목적으로 하지 않습니다. 그러므로 노력 점수로 인해 평가의 공정함이 약간 훼손된다 하더라도 성취 결과가 자신의 노력에 달려 있다는 신념을 심어 줄 수 있다면 그것이 교육적으로 더 올바른 길이라고 생각합니다.

이때, 주의할 점이 있습니다. 결과 위주의 학생 간 상대 비교를 지양하고 개인적인 성취가 강조되는 학급 분위기를 만들어야 합니다. 90점 이상, 100점, 우등생 등 학업 성취 결과만을 강조할 경우 자연스럽게 학생들 사이에 상대적 비교가 만연하게 됩니다. 끊임없는 결과 강조와 상대 비교는 우등생 vs 열등생, 80점 이상 vs 80점 이하 같이 성공과 실패를 뚜렷이 나눠 버립니다. 그런 학급 분위기 속에선 학생 대부분이 '실패'만을 경험할 수밖에 없습니다. 우등생의 기준을 80점이라 가정할 때, 50점 이하의 학생들은 자신을 절대 성공할 수 없는 실패자로 낙인찍을 것입니다. 감히 넘을 수 없다고 느껴지는 벽을 만날 때 인간은 실패의 원인을 지능, 유전, 환경 등 변화시킬 수 없는 요인의 탓으로 돌려 버립니다. 그리고 변명하며 포기해 버리죠. 이를 막기 위해선 상대적 비교보다 개인적 성취가 강조되는 학급 분위기를 형성해야 합니다. '10등 안에 들어야 한다. 80점을 넘어야 한다.' 같은 기준은 되도록 지양하는 것이 좋습니다. 대신 개인의 과거와 지금의 성적을 비교하고 얼마나 노력했는지, 얼마나 더 노력해야 할지로 관심을 돌려야 합니다. 비록 사회 점수가 50점이라 해도 평소 30~40점을 받던 학생이었다면 "와! 정운이 정말 열심히 노력했구나, 대단하다."라고 말해 줌으로써 학생이 '내가 성공했구나.'라고 느끼게 만들어 줘야 합니다.

최대한 많은 학생이 성공 경험을 느낄 수 있도록 그리고 성공의 원인을 자신의 노력으로 귀인할 수 있는 환경이 갖춰진다면 학생들은 학습에 대해 즐거운 기분을 느낄 것입니다.

(3) 학습과 관련한 부정적인 정서 줄이기

도파민-코르티솔의 시소

우리 학생은 공부와 관련해 부정적 정서를 많이 느낄까요, 긍정적 정서를 많이 느낄까요? 대부분의 학생은 "공부 짜증 나요!" 같이 부정적 정서를 느낀다고 대답할 것입니다. 제 경험상 "공부가 왜 짜증 나니?"라는 질문에 "어려워요, 지루해요."라는 응답이 가장 많았습니다. 그러나 두 번째 대답은 의외로 공부 그 자체와는 별 관련이 없습니다. 그 대답은 바로 "엄마한테 혼나요, 선생님한테 혼나서 싫어요."입니다.

제가 만나 본 많은 수의 학생이 공부 자체보다 성적에서 비롯되는 어른의 압박이 더 힘들다고 호소하곤 했습니다. 공부보다 어른의 잔소리가 더 스트레스를 주는 것입니다. 앞서 말씀 드렸듯이 뇌 내 스트레스 호르몬과 쾌감 호르몬이 존재하는 목적은 매우 간단합니다. '배부름, 시원함, 따뜻함, 사냥 성공에서 얻는 성취감, 부모, 동료로부터의 사랑은 생존에 유리하다. 호르몬 분비해 쾌감을 줄 테니 계속해라.'라는 신호입니다. 반면 스트레스 호르몬은 '굶주림, 추위, 맹수, 독충, 적대적인 인간 등의 스트레스 요인은 우리의 생존에 위험하다. 최대한 멀리 떨어져라.' 라는 경고 수단입니다. 만약 어른들이 지속적으로 공부 스트레스를 준다면 학생의 뇌는 공부를 위험 요인으로 인식하게 됩니다. 그리고 공부로부터 최대한 멀리 떨어지라고 명령할 것입니다.

그렇다면 '아무런 스트레스도 주지 않고 어떻게 공부를 시키느냐?' 라고 반문할 수도 있습니다. 공부는 누구나 지루하고 힘든 과제인 만큼 스스로 공부하려는 학생은 많지 않습니다. 아무리 관대한 부모, 교사라도 공부에 한해선 결국 잔소리하게 되죠. 오직 '칭찬'만으로 학생이 공부를 좋아하게 만드는 일은 불가능에 가깝습니다. 스트레스를 주면 더욱 공부에서 멀어질 것이고 그렇다고 스트레스를 주지 않을 수도 없습니다. 그렇다면 이 문제는 결국 스트레스-쾌감, 즉 코르티솔-도파민의 균형을 조절하는 데 달려 있다고 할 수 있을 것입니다.

2대 1 지키기

저는 도파민-코르티솔의 균형을 맞추기 위해 공부로 인한 칭찬 2, 공부로 인한 꾸중 1, 즉 2대 1의 비율을 지키려 노력합니다. 만약 한 번 공부로 혼냈다면 공부로 인한 칭찬, 격려를 두 번씩 일부러 만들어서라도 하려고 노력합니다. 최소한 공부로 인한 꾸중의 횟수, 강도가 공부로 인한 칭찬을 넘지 않도록 2대 1을 유지하려고 안간힘을 씁니다. 여기서 주의해야 할 점은 기계적인 횟수만이 아니라 질적으로도 2대 1의 비율을 지켜야 한다는 점입니다. 예를 들어 지나가듯 건성으로 "잘했네."라고 한 말을 칭찬 한 번으로 세어선 안 됩니다. 길게, 정성을 다한 칭찬을 한 번으로 세어 주어야 하겠죠. 꾸중도 마찬가지입니다. 간혹 흥분해서 쏟아 부은 강렬한 꾸중은 제 머릿속에서 꾸중 세 번으로 체크되기도 합니다. 이를 만회하려면 여섯 번의 칭찬을 해 주어야 하겠죠. 이런 식으로 큰 꾸중 후에는 일부러라도 칭찬거리를 찾아 격려해 주려고 노력합니다.

아무리 살펴보아도 칭찬거리를 찾기 힘든 학생들이 있습니다. 그런 학생의 경우에는 잠깐이라도 평소보다 노력하는 모습을 보여 줄 때 칭찬할 수 있습니다. 앞서 말씀드렸듯이 노력에 대한 칭찬은 아무리 많이 해도 부족함이 없습니다. 그 외 직접적 칭찬은 아니더라도 학생에게 위안이 되는 공감, 인정을 제공함으로써 칭찬만큼 긍정적인 효과를 거둘 수 있습니다. 아래는 노력에 대한 칭찬과 뚜렷한 칭찬거리가 없어도 학생에게 사용될 수 있는 인정과 격려들입니다.

오늘은 어제보다 두 문제나 더 풀었네. 갈수록 노력하는구나.

10분이나 걸려서 한 문제를 풀었어? 진짜 고민하고 노력했구나. 대단하다.

이 어려운 문제를 포기하지 않고 끝까지 풀었네. 틀린 건 중요치 않아. 풀려고 노력한 것만으로도 대단해.

이번 사회시간에는 옆 친구와 한 번도 떠들지 않았구나. 집중하려고 많이 노력해 줘서 고마워.

어제 선생님한테 꾸중을 듣더니 오늘은 조심하는구나. 선생님 말에 따르려고 노력해 줘서 정말 고마워.

이번 시험은 어려웠으니까 많이 틀린 것이 당연한 거야. 너무 상심하지 않아도 돼.

이번 수학 3단원 공부하는 동안 미정이 정말 열심히 하더라. 선생님은 단원 평가 점수에 상관없이 미정이가 이번 단원에선 최고로 잘했다고 생각해.

공부하느라 힘들었지? 선생님도 공부가 너무 힘들고 짜증 났어.

선생님 초등학교 때보다 훨씬 어렵다. 얼마나 힘들까?

우와, 이건 선생님도 생각 못했던 의견이네. 정말 깊이 생각했구나.

"당장 들어가서 공부 안 할래!"

혼내서 하는 공부로 당장의 효과는 거둘 수 있을지 모릅니다. 그러나 학생이 자라며 부모, 교사가 더 이상 무섭게 느껴지지 않을 시기가 됐을 때 누적된 부정적 감정은 부메랑이 되어 한꺼번에 돌아올 수 있습니다. 당장의 조급함에서 잠시 비켜서서 장기적인 관점에서 학생을 바라보면 어떨까요? 스트레스를 받는 빈도보다 격려와 지지를 받는 빈도를 더욱 높일 때 학습에 대한 긍정적인 감정은 물론 학습 동기 또한 높게 유지될 수 있을 것입니다.

감정 조절하기

'아 짜증 나, 열 받아'

공부하는 아이들이 가장 자주 뱉는 말들입니다. 현대적인 학습, 그 자체가 지난한 훈련과정을 동반하는 만큼 필연적으로 짜증, 화 같은 뇌의 투정(부정적 감정)이 동반됩니다. 지속되는 부정적 감정은 학습 능력을 저해하므로 부정적 감정을 잘 추스를 줄 아는 학생이 더 뛰어난 학업 성취를 거둘 수 있을 것입니다. 실제 정서 조절과 학습 간의 관계를 살핀 수많은 연구가 정서 조절 능력이 뛰어난 학생이 집중력이 좋고, 출석률이 높으며, 학교를 이탈하는 비율이 낮고, 교사의 전반적 평가가 높으며, 학업 성적이 뛰어나단 사실을 보여 주었습니다. 이처럼 정서 조절 능력을 기르는 일은 높은 학업 성취를 거두는 지름길이 될 수 있습니다.

정서 조절 능력을 기르기 위해 가장 필요한 것은 부모-자녀 간의 안정적 애착 관계입니다. 애착 관계의 중요성에 관해선 이미 말씀드린 바 있는데 정서 조절 능력 형성에 있어서도 애착 관계는 매우 중요한 요소입니다. 부모의 든든한 사랑과 신뢰를 느끼는 아이는 쉽게 화내거나 흥분하지 않습니다. 저는 학기 초에 모든 학생과 기초 상담을 실시합니다. 가장 중요한 주제 중 하나가 학생과 부모님과의 관계입니다. 이때 부모님이 너그럽고 사이가 좋다고 말하는 아이들은 교우 관계도 원만할 확률이 매우 높습니다. 친구들과 잘 다투지 않고 너그럽습니다. 더불어 성적도 비교적 높은 편에 속합니다. 반대로 부모님과 관계가 나쁜 아이들의 경우 부정적인 정서를 보일 때가 많습니다. 정서 조절 능력의 관점에서 살펴보면 부모-자녀 관계가 좋지 않은 학생은 부모-자녀 관계가 좋은 학생에 비해 매우 불리한 게임을 하고 있는 것입니다. 그러므로 교사는 부모와의 관계에 따라 학생의 정서적 문제를 대하는 태도를 달리할 필요가 있습니다. 저는 부모-자녀 관계가 나쁜 학생의 짜증, 화 같은 정서적 부적응 행동은 더 너그럽고 지지적인 태도를 보이려 노력합니다. 그리고 평소에 의식적으로 더 칭찬해 주고 격려해 주기도 합니다.

둘째, 부모, 선생님 등 어른들이 바람직한 정서 조절 모델이 되어야 합니다. 아이는 어른의 모든 것을 보며 배웁니다. 그중 가까운 어른의 정서 조절 능력이 아이들에게 끼치는 영향은 매우 큽니다. 학생들의 행동 양상의 대부분은 부모에게서 그 뿌리를 찾을 수 있습니다. 쉽게 화를 내고, 짜증 내는 부모를 둔 아이들은 쉽게 화내고 짜증 내게 됩니다. 친절한 부모의 아이들은 자기도 모르게 친절이 몸에서 배어 나옵니다. 아이들은 비록 말로 표현 못할지라도 아빠, 엄마를 평생을 자신을 지켜 준 슈퍼 히어로로 여기며 아이언맨, 스파이더맨 보듯 좋아하고 존경합니다. 의식적으로, 무의식적으로 아빠, 엄마의 행동거지가 아이에겐 자신이 추구해야 할 본보기가 됩니다. 자아정체성이 확립되는 후기 청소년기가 되기 전까진 아이들은 부모의 행동을 그대로 학습하고 모방합니다.

학생에게 가장 큰 영향력을 가진 두 번째 성인으로 교사를 꼽을 수 있습니다. 특히 초등학교 교사들은 수업 시간, 쉬는 시간, 점심시간 할 것 없이 하루 대부분을 학생들과 얼굴을 맞대고 생활합니다. 5, 6학년 쯤 되면 하루 약 6~7시간을 담임 선생님과 함께 보내게 됩니다. 이는 부모님과 함께 있는 시간보다 더 길 수도 있습니다. 학기 중반쯤 되면 교사들끼리 "3반은 갈수록 담임 선생님을 닮아 가는 것 같아."라는 농담을 던지곤 합니다. 물론 반쯤 우스갯소리이지만 담임 선생님이 차분하면 아이들도 같이 조금씩 차분해지고 담임 선생님이 열정적이면 아이들도 조금씩 열정적으로 변하는 것은 실제 여러 번 목격한 사실입니다. 학생들의 행동 기저엔 담임 선생님의 영향력이 분명 존재합니다. 선생님이 격한 상황에서도 감정을 자제하는 모습을 자주 보일수록 학생은 그 모습을 관찰하고 더 모방하게 됩니다. 교사의 뛰어난 정서 조절 능력을 본 학생은 '아, 선생님은 화가 나도 짜증 내지 않고 행동하는구나. 나도 저렇게 해야지.'라고 생각할 가능성이 높습니다. 반대로 교사가 별것 아닌 일에도 짜증 내고 화내는 모습을 자주 보인다면 '우리 선생님도 화나면 이렇게 짜증 내고 소리 지르는데, 나도 그럴 수 있어. 나도 선생님만큼 화났단 말이야.'라고 생각하게 됩니다. 학생들이 관찰한 교사의 행동은 어느새 학생 내면의 도덕적 기준으로 자리 잡습니다. 교사의 행동이 아이에게 모범 답안으로 여겨지게 되는 것입니다. 누군가의 모범 답안이 된다는 것은 자랑스럽지만 또한 매우 두려운 일일 것입니다. 교사로서 최소한 반면교사가 되진 않도록 바른 모습을 보여 주려 노력해야 할 것입니다.

셋째, 학생에게 올바른 감정 표현 방법을 가르쳐 주어야 합니다.

"저 안 할래요."

수업 중 가만히 엎드려 있는 길웅이의 대답이었습니다. 길웅이는 쉬는 시간 친구들이 제로게임에 끼워 주지 않았다는 이유로 이어진 수업에서 파업을 선언했습니다. 소란을 피우진 않았지만 가만히 엎드린 채 아무것도 참여하지 않을 것임을 공표해 버렸습니다. 길웅이는 친구들에게 소외감, 서운함을 느꼈을 것입니다. 학생이 표현하는 격렬한 감정들은 대부분 본능적으로 솟아오릅니다. 감정 그 자체를 비난하지 말고 수용해야 하는 이유가 여기에 있습니다. 하지만 감정을 수용해야 한다고 해서 감정을 표현하는 방식까지 수용해야 한다는 의미는 아닙니다. 길웅이가 서운함을 느낀 것은 안타깝지만 그로 인해 수업 참여를 거부하는 식으로 감정을 표현하는 방식은 옳지 못합니다. 몇몇 특수한 경우를 제외하곤 학생의 바람직하지 못한 감정 표현 방식을 수용해 줘선 안 될 것입니다. 분명한 거부의 의사를 밝히는 것은 물론 감정을 표현하는 적절한 방법을 가르쳐야 합니다.

"기웅이 얼굴이 많이 안 좋네. 혹시 아픈 거니?"

"아니요."

"그럼…. 혹시 마음이 속상해 그래?"

"…네."

"음…. 지금 어떤 마음인지 물어봐도 될까?"

"…짜증 나서 아무것도 하기 싫어요."

"그렇구나. 뭔가 기웅이가 짜증 나는 일이 있었구나. 선생님이 알겠어. 그런데 아무리 화가 났더라도 수업에 참여하지 않으면 안 돼요. 수업은 참여해 줄래? 대신 수업이 끝난 후 선생님에게 기웅이가 속상했던 이야기를 자세히 이야기해 주면 어떨까? 그럼 선생님이 최대한 도와줄게요. 그렇게 할 수 있겠어요?"

"…"

"그럼. 기웅이가 마음을 추스를 시간을 줄게요. 5분 동안은 엎드려 있거나 딴청을 피워도 선생님이 못 본 척할게. 대신 5분 후부터는 수업 들어야 해요."

"…"

"그건 할 수 있겠어?"

"…네."

"그래, 그럼 수업 끝나고 더 이야기하자."

기웅이처럼 불복종 시위를 할 때, 떼쓰듯 울 때, 비명을 지를 때, 폭력을 사용할 때 등 규칙을 어기고 남에게 피해를 주는 정서 표현 방식을 허용해 주어선 안 됩니다. '너의 속상한 마음은 이해하지만 선생님은 이런 표현 방식을 허용할 수 없어.' 같이 일관된 거부반응을 보여 줘야 합니다. 또한 '너의 그런 표현 방식으로는 원하는 것을 얻을 수 없어.'라는 메시지도 전달해 주어야 합니다. 그러기 위해선 그릇된 방식으로 감정을 표현하는 학생의 요구를 들어주어선 안됩니다. "그래, 기웅아, 속상하면 이번 수업은 듣지 마." 같은 반응은 특별한 상황에서 매우 드물게 사용돼야 할 것입니다. 아무 때나 부정적 정서 표현을 수용할 경우 부적응 행동을 강화시켜 주는 일이 될 수 있습니다.

부적응적 감정 표현 방식을 거부한다는 의사를 전달한 후에는 어떻게 자신의 감정을 표현하는 것이 올바른지 가르쳐 줘야 합니다. 격한 감정을 전달할 가장 바람직한 감정 표현 방법은 무엇일까요? 저는 '대화'라고 생각합니다.

"속상한 일이 있어 선생님에게 올 때는 우선 화나는지, 짜증 나는지, 억울한지 자신이 느끼는 감정을 말로 표현해 주세요. 그리고 그렇게 된 사정을 되도록 자세히 설명해 주면 좋겠어요. 마지막으로 만약 원하는 것이 있을 경우에는 선생님이 어떻게 도와야 할지 구체적으로 말해 주세요. 그저 아무 말 않고 울고 있거나 소리 지르기만 하면 선생님은 돕고 싶어도 도울 수가 없어요. 그렇게 괴로워하는 너희를 보면서 아무것도 할 수 없어 선생님도 슬프고요. 감정이 격해질 땐 우선 선생님에게 와서 이야기해 주세요. 그리고 어떤 도움이 필요한지 정확히 이야기해 주면 더 좋겠지. 그럼 선생님이 너희를 더 잘 도울 수 있으니까. 그렇게만 해 준다면 선생님은 있는 힘껏 너희를 도와줄게요. 약속해요."

감정 조절이 힘든 학생들이 꼭 습득해야 할 감정 표현 방법은 자신의 감정 상태 및 그렇게 된 사정을 말로 전달하는 것입니다. 초등학교 1, 2학년 아이의 경우 크게 울고, 격하게 표현할수록 문제가 쉽게 해결된다는 유아기적 문제 해결 전략을 많이 사용합니다. 저는 그런 아이에겐 감정을 정리하도록 혼자만의 공간과 시간을 만들어 줍니다. 그리고 학생이 진정한 후 이야기를 시작합니다. 학생의 사정을 말로 전달받고 난 후에 비로소 학생의 요구를 들어줍니다.

부적응적 감정 표현 방식은 인간관계를 어렵게 만듭니다. 반대로 올바른 방식으로 감정을 표현한다면 주변 사람들은 그 감정을 수용해 줍니다. 친구, 선생님, 부모 등 더 많은 사람과 함께 나눌수록 부정적 감정은 그 지배력을 잃게 됩니다. 그렇기에 정서 조절 교육의 최우선 과제는 자신의 감정을 적절한 방식으로 전달함으로써 주변 사람들과 함께 나누는 법을 배우는 일이 될 것입니다.

최고의 조력자 감정

학습 능력의 대부분은 학생의 지적 능력에 달려 있습니다. 높은 학교급으로 갈수록 지능이 학생의 성적을 크게 좌우합니다. 하지만 지적 능력은 유전적인 것으로 후천적으로는 변화시키기 힘듭니다. 아동기 이후엔 그 어떤 도움도 학생의 지능을 비약적으로 높일 순 없습니다. 대신 우리 어른들은 학생의 감정을 이끌어 줌으로써 학생의 타고난 지적 능력이 최대한 발휘되도록 도울 수 있습니다. 또한 숨어 있던 잠재력이 찬란히 꽃피우도록 이끌 수도 있겠죠. 학생의 감정을 올바른 방식으로 다루는 것이야 말로 학습을 위해 어른들이 해 줄 수 있는 최고의 응원이 될 것입니다.

'이성이 인간을 만들어 낸다고 한다면 감정은 인간을 이끌어 간다.'

18세기 프랑스의 계몽주의 사상가이며 《에밀》을 저술한 교육학자이기도 한 장 자크 루소Jean-Jacques Rousseau의 격언입니다. 아이들을 이끄는 감정과 적으로 맞설 때 감정은 괴물로 변해 우리 아이들의 학습을 방해할 것입니다. 하지만 감정과 손을 맞잡고 함께 걷는다면 감정은 우리 아이들이 몰라보게 변하도록 도와주는 최고의 조력자가 될 것입니다.

참고 문헌

- 《교육심리학》, 애니타 울포크, 김아영·백화정·정명숙 옮김, 박학사
- 《뇌를 알면 아이가 보인다》, 김유미, 해나무
- 《상담심리학의 이론과 실제》, 노안영, 학지사
- 《소녀들의 심리학》, 레이첼 시먼스, 정연희 옮김, 양철북
- 《스키너의 심리상자 열기》, 로렌 슬레이터, 조중열 옮김, 에코의서재
- 《얼굴의 심리학》, 폴 에크먼, 이민아 옮김, 바다출판사
- 《정신분석으로의 초대》, 이무석, 이유
- 《진정한 사람되기》, 칼 로저스, 주은선 옮김, 학지사
- 《진화심리학》, 데이비드 버스, 이충호 옮김, 웅진지식하우스
- 〈학습상황에서의 정서의 존재: 학습정서의 원천과 역할〉, 김민성, 《아시아교육연구》 제 10권 제1호
- 《화-화가 풀리면 인생도 풀린다》, 틱낫한, 최수민 옮김, 명진출판사